TU CHOISIRAS LA VIE

Editions Mon Village S.A., CH — 1085 Vulliens
ISBN 2-88194-009-9

Armand Spicher

TU CHOISIRAS LA VIE

ROMAN

ÉDITIONS MON VILLAGE S.A., 1085 VULLIENS (VD)
SUISSE

La friche, c'est cette saloperie de broussaille qui envahit tout dès que l'homme n'a plus assez de force pour cultiver la terre. Mais de toutes les friches, la plus terrible, c'est la friche du cœur.

Prologue

Au printemps des années 1980, quelque part dans les contreforts des montagnes jurassiennes.

Sa longue, toute longue carcasse usée, il la balade sur le chemin qui mène au petit bois, dans le silence. Les années entassées sur ses épaules l'ont courbé, mais ses yeux verts, plissés par le temps, lavés par les chagrins, conservent cette petite étincelle de malice quand il regarde l'horizon danser sous les vapeurs presque jaunes de ce petit matin de printemps.

Il se sent bien, presque neuf. Un petit air frais vient lui chatouiller le cou. D'un geste vif, il remonte le col de sa grosse veste de toile, lissée par la crasse. Les beaux jours ne sont pas encore là, il le sait bien, le vieux. Il ne se laissera pas prendre au piège d'un hiver qui refuse de s'enfuir. Son gros bâton martèle les cailloux du chemin. Parfois, il s'arrête pour observer les champs vides, déjà assaillis par les premières broussailles. Tout autour, la terre est désertée, livrée à elle-même et la poignée de vaches rousses qui tournent lentement leur mufle fumant semblent égarées dans ce paysage de néant.

Alors, il se rappelle le passé. Ça sert à ça les vieux, à remettre un détail à sa place pour que l'ensemble continue à tenir debout... Il se souvient du temps pas si lointain où chaque pré grouillait de la symphonie des bêtes, où les clarines tintaient jour et nuit, où la terre lourde, engrossée, laissait monter son odeur fade dans le jour naissant.

Il soupire et reprend sa marche, la tête hantée de vieilles images qui n'ont jamais voulu le quitter.

Ce vieux qui marche dans les vapeurs d'un matin d'avril, on l'appelle la Mémoire. La nature, dans sa mystérieuse bonté, lui a donné le privilège de se souvenir de tout. Pas un détail ne lui échappe, tous les souvenirs du village sont rangés dans de petits tiroirs qu'il ouvre et ferme au gré de son humeur. Il connaît chaque famille, chaque dispute, chaque secret enfoui au plus profond des maisons, recouvert par le temps. On le redoute et on le respecte parce que, dans ce monde de silence, celui qui sait possède le pouvoir. Mais maintenant qu'il arrive sur l'autre versant de la vie, il se demande s'il doit encore en tirer gloire. La mémoire est une bénédiction quand les hommes s'en servent pour avancer, c'est un malheur quand plus personne n'est là pour la recueillir...

Perdu dans ses pensées, il marche par habitude ou peut-être par instinct. Ses pas le mènent jusqu'à l'orée du bois. Là, perdue dans la brume bleutée du jour naissant, il aperçoit une silhouette basse et trapue sur un tracteur. La Mémoire n'a pas entendu les pétarades du moteur, il regarde les minuscules pousses verdâtres pointer leur velours froissé, un long frisson lui remonte le dos. Planté derrière la clôture, il sort une grosse pipe tordue et commence à la bourrer, il attend tout auréolé de nuages. Lentement, l'engin se rapproche en balançant des gerbes noires et puantes, un homme jeune encore fait de grands signes puis descend, il s'approche; il a le pas lourd des gens de la terre.

C'est Martin, le dernier paysan du village, sa grosse patte rugueuse vient confisquer celle du vieillard. Les deux hommes sourient mais restent silencieux, ils regardent le bois qui s'étire, là, à quelques enjambées, noir et humide, qui vient les narguer dans le matin frisquet...

«Fichue saloperie de forêt! Elle arrête pas d'avancer. Elle a encore avalé toute une partie du champ aux Ménier. C'est vrai qu'ils sont plus là pour le cultiver...

— Y'a pas que ceux aux Ménier, mon gars. Le bois avance partout. Du côté de la grand-route, il est passé par-dessus les murs et, mon pauvre vieux, même si tu voulais lui faire la guerre à la friche, t'aurais pas assez de tout le temps qui te reste à vivre pour la faire reculer! Le village est en train de se faire prendre. Tu sais ce que ça veut dire...»

Le gaillard hoche vaguement la tête, tapote ses grosses bottes pour en faire gicler la terre et souffle dans ses mains rougeaudes. Bien sûr qu'il sait! Quand le bois reprend aux hommes ce qu'ils ont mis des siècles à lui confisquer, c'est que leur temps est écoulé...

Alors, il pense à la vie qu'il aurait pu avoir s'il était né un demi-siècle plus tôt. Tout aurait été tellement simple! Il aurait trouvé une petite femme, il l'aurait emmenée dans la ferme de son père et il l'aurait mariée. Tout le village aurait fait la fête et les cloches auraient sonné pendant deux jours. Ils auraient travaillé la terre entourés d'une marmaille beuglante... Une vie simple, une vie normale en somme. Et voilà qu'au lieu de tout ça, il se retrouve seul. Seul à cultiver une terre pauvre qui se réduit d'année en année, seul à rentrer le soir pour retrouver une mère cassée par les travaux, rongée par la solitude. Seul pour rêver un avenir qui n'a plus de sens.

Chaque jour qui passe lui rend le présent plus douloureux; il a fini par prendre peur de la vie. Rapide, il jette un regard au vieux qui tire sur sa bouffarde.

«C'est fini ici, et tu le sais bien, la Mémoire... Qu'est-ce que tu veux qu'on fasse, on n'est plus assez fort! Sept gosses, tu te rends compte, y'a sept gosses à l'école! On voit même plus le curé... Sitôt la messe finie, il repart en courant, comme un voleur. Regarde ce chemin, la commune a même plus assez de sous pour boucher les trous! Dis-moi, qui c'est qui pourrait vivre encore ici? Hein, dis-moi...»

Le vieux se tait; il le regarde sans le voir.

«Pourtant, Martin, le printemps revient. Tu entends le raffut que font les oiseaux? Et la couleur du matin, tu l'as vue? Et ce parfum tiède qui monte de la terre... Tout ça, c'est la vie, mon gars!»

La silhouette lourde a baissé les yeux; le gars hausse les épaules, rassemble ses forces comme pour un effort immense.

«A toi, je peux bien le dire parce que tu peux comprendre. Je crois bien que je vais tout arrêter, je peux plus, je suis pas assez fort. C'est pas qu'une question d'argent, tu sais... Bien sûr, faut payer et y'a la mère à nourrir, mais c'est pas ça. Je suis éteint, la Mémoire, comme si le sang voulait plus passer en moi, je supporte plus la solitude, le travail bête qui finit jamais. Je suis encore jeune, j'ai le droit de vivre... Ici, y'a plus que la mort. Si je reste, je vais crever... Comme le village!»

Le vieux secoue la tête, il a posé son bras sur l'épaule large et solide. Pour sûr qu'il comprend... Il la connaît cette panique du lendemain, cette angoisse qui vous glace le sang. Lui aussi, il a vécu de la terre pour finir, éreinté, avec une retraite de trois sous. Lui aussi a ressenti au creux de l'estomac cette boule de rancœur, cette hargne que même le labeur quotidien ne parvient pas à dissiper. Métier maudit! Race maudite!

Pourtant, il parle en pesant bien ses mots.

«Tu peux pas t'arrêter! C'est pas possible... Il faut un paysan au village, même un seul. Je peux pas t'expliquer, mais c'est important, il faut me croire.»

Et puis, il se tait. Figés dans leur silence, ils fixent la forêt sans savoir vraiment s'il faut l'aimer ou la haïr. Ils sont perdus dans leurs pensées. Soudain, une voix aigrelette, derrière eux, les fait sursauter, une voix froide et pointue de vieille femme.

«Ils regardent le bois et ils lisent dans ses yeux verts toutes leurs peurs... Ils se croyaient forts et doivent réapprendre l'humilité. Pauvres gens...»

Ils se retournent d'un même geste qui fait ricaner la vieille de toute sa mâchoire tordue. La Chouette les a surpris dans leur faiblesse de mâles; ils sont à la fois penauds et agacés. C'est le vieux qui réagit.

«D'où sors-tu encore et où est-ce que tu cours avec ton panier? T'irais pas des fois ramasser de ces herbes bizarres que tu mets dans tes médecines?»

Elle rit plus fort de toute sa bouche édentée et s'approche. Les deux gaillards reculent, machinalement. Au village, on n'aime guère la Chouette. Elle joue les sorcières à ses moments perdus et on préfère l'éviter, sauf quand on se retrouve avec une épaule démise ou le ventre en accordéon. Dans ces cas-là, on ferme les yeux et on bénit presque ses mixtures... Personne ne la connaît vraiment; elle a toujours été vêtue de noir et pue comme un putois. Elle habite une vieille masure à l'entrée du bois, et aussi loin qu'on remonte dans le temps, tout le monde l'a connue vieille. Certains faibles d'esprit disent qu'elle est immortelle...

«Vous la voyez avancer tous les jours et vous ne pouvez plus rien contre elle. La forêt vous ronge et vous avez peur quand vous l'entendez chanter la nuit, mais tout ça, c'est normal, vous avez vendu votre âme! Elle vient réclamer son dû et au fond de vous-mêmes, vous le savez bien...

— Arrête de déraisonner, la Chouette! C'est vrai, on regarde la friche qui gagne, mais c'est pas la première fois et on l'a toujours repoussée derrière les murs!

— Cette fois, c'est trop tard... Vous ne pourrez plus rien! Le temps est venu et tu le sais bien, la Mémoire! S'il en est un qui sait, ici, c'est toi... Pourquoi tu leur racontes pas ce qui est écrit? Pourquoi tu leur parles pas de la légende?»

Elle est déjà loin sur le chemin qui mène au petit bois, sa démarche bancale lui donne des allures de crapaud. Le jeune ne comprend pas, il regarde l'ancien qui détourne les yeux.

«Faut pas écouter tout ce qu'elle raconte, elle vire cinglée!»

Puis reprenant comme pour lui-même:

«C'est vrai qu'y a une légende sur le village, mais c'est une histoire tellement vieille...»

Chapitre 1

Le grand échalas qui s'avance en dodelinant dans les premières lueurs d'un matin lourd de nuages, c'est le Toinet... Ses yeux rapprochés remontent comme deux petites fentes vers des oreilles démesurées qui pendouillent sous sa tignasse rousse. Il est affublé de son éternel chandail bariolé qui lui donne l'air d'un arc-en-ciel dans la clarté matinale. Dessous, un grand froc en velours tombe sur des godillots sans lacets. Il rêve.

Le Toinet passe sa vie à rêver, à fixer le ciel. Il écoute le temps couler, un bâton à la main. Parfois, il s'assoit contre le vieux mur du lavoir et il laisse le soleil le caresser. Il fait des ronds dans l'eau et les regarde mourir en d'infinis échos. Il ne dit jamais rien.

Mais il sourit, seul dans un univers que personne ne franchit.

Le Toinet, c'est l'idiot du village, le simplet, l'illuminé... Cette espèce de chose pas vraiment humaine qui débarque un beau jour et refuse de pousser droit. Une herbe folle et malodorante que personne n'a le temps d'entretenir. Le village le tolère... mais prend bien soin de l'ignorer.

Ce grand gaillard n'a pas d'âge mais sur ses larges épaules repose la fonction sacrée confiée depuis la nuit des temps à tous les simples d'esprit: le Toinet est le réceptacle des saletés du village, la tête de Turc! C'est lui qui essuie toutes les colères, qui subit tous les mépris. C'est après lui que courent les gosses en lançant des cailloux et c'est sur lui que pleuvent les insultes et parfois les coups quand les hommes reviennent de bringues, pleins de haine et de vin…

. Ce rôle de victime expiatoire fait de lui le roi du village... Indispensable et éternel, miroir des peurs et de la sottise humaines. Il a vu tant et tant de choses dans sa vie que son regard vert pénètre les gens au-delà de leur intimité. Il regarde dans les âmes.

Mais par bonheur, il se tait et c'est tant mieux. Le village a tellement de secrets à cacher...

De sa grande carcasse sèche, personne ne sait rien en vérité. Il est né bancal et aussitôt les regards se sont détournés de lui. D'aucuns n'aiment que ceux qui leur ressemblent!

Il a poussé en silence dans le coin d'une cour, avec les poules et les chiens. Il en a conservé une sorte de méfiance pour le genre humain et l'œil triste de ceux qui vivent à l'écart. Il avait bien des parents, mais comme ils l'ignoraient, il fut un peu l'enfant du village. On lui donnait un bol de soupe, un bout de pain et il voguait d'une baraque à l'autre, au gré de la générosité des gens, jusqu'au jour où la guerre amena par là une tripotée de soldats teutons qui alignèrent contre le mur de l'église quelques pauvres bougres accusés de sabotage. Son père et sa mère eurent la mauvaise idée de faire partie du lot...

En réalité, cet incident ne changea rien à sa vie. Ses parents étaient morts pour lui sitôt qu'il était né et il ne manifesta pas la moindre tristesse. De ce jour, on lui attribua un mauvais fond et même... le troisième œil.

Il continua de pousser à l'aveuglette, tantôt chez l'un, tantôt chez l'autre et la plupart du temps nulle part... Le Toinet disparaissait des jours durant sans que personne ne sût jamais où il passait. Les habitants s'interrogèrent longtemps sur ces disparitions mystérieuses, mais, ne comprenant rien, ils s'y habituèrent sans rien dire!

L'idiot poussa, il s'épaissit. Alors, on utilisa cette énergie gratuite et silencieuse à retourner la terre, à boucher les trous des chemins, à faucher, à planter. Sans jamais rechigner, le Toinet se pliait à la tâche, il semblait inépuisable et comme il souriait sans cesse, il devint très vite indispensable.

Les paysans du village, qui croient toujours tout savoir, pensaient qu'ils avaient d'autant plus de droits sur cet être informe et vide d'esprit qu'il ne se plaignait jamais. Ils en firent une bête de somme... Il fallut un sermon du curé et les promesses peu ragoûtantes de l'enfer pour que l'on se calmât un peu et qu'enfin une famille lui ouvrît ses bras et sa porte. Le Toinet atterrit un beau jour chez les Baptiste où il s'engouffra dans la grange. Le temps passa, il y dort encore aujourd'hui...

Ce que les uns et les autres ignorent toujours de ce singulier personnage, c'est qu'il ne connaît ni la peur ni la douleur. Jamais il n'est malade, il a cet étrange pouvoir de manger les plantes les plus nocives sans souffrir du moindre malaise et la nature étant particulièrement ironique, elle lui a fait don de soigner par la simple imposition de ses mains. Bien sûr, dans leur grande ignorance, les gens refusent son aide parce que, c'est bien connu, si les idiots se mettent à faire des miracles, c'est l'ordre immuable des choses qui est remis en cause...

Le Toinet est un drôle de bonhomme! Dans son univers à lui, tout s'agence harmonieusement. Le soleil le caresse aux matins de printemps et brûle sa peau au plus fort de juillet. Les froidures de l'hiver le font grelotter et la pluie lave son corps... Et de ses yeux coulent des larmes quand il trouve un oiseau mort...

*

Et le voilà maintenant qui danse dans cette aube naissante, feu follet qui virevolte autour de la grande ferme des Baptiste. Sitôt les premières lueurs du jour, il a sauté de sa paillasse, enfilé ses frusques et quitté sa grange sans un bruit. Dans la bâtisse, tout le monde dort.

Comme chaque matin, le Toinet procède à un rituel

immuable. Il agite ses bras dans tous les sens et jette la tête en arrière. Pendant de longues minutes, il reste là, planté à observer la course des premiers nuages dans le ciel, ses narines se dilatent, il hume l'air frais qui vient par l'ouest, chargé des mystères de la nuit. Avec le soir viendra la pluie, il le sait d'instinct parce que les lois de la nature sont inscrites en lui.

Il a pris son bâton et s'est mis en marche.

D'abord, il contourne la maison, une fois, puis deux, puis trois... Sentinelle aux aguets, il avance à pas mesurés et s'arrête au bord du puits, lève à nouveau la tête et contemple le ciel. De longues traînées mauves lacèrent l'horizon. De la touffe d'arbres, derrière la ferme, montent les premiers piaillements d'oiseaux impatients; il poursuit jusqu'au bosquet le plus proche, écarte les branches nues et pose ses grosses pattes sur l'écorce charnue d'un chêne. Là, immobile, il mêle son sifflement à celui des merles. Le temps défile.

Quand le jour a envahi le ciel, il retire ses mains et sourit, puis s'enfuit sur le petit chemin qui mène aux communaux. Sa silhouette se découpe dans la lumière bleutée.

Son bâton à la main, il va maintenant traverser les champs et laisser le village loin derrière lui. On le voit qui file, il paraît voler. Quand il arrivera à l'orée du petit bois, il apercevra au loin la masse lourde du Martin et les traits cassés de la Mémoire se dessiner vaguement dans les vapeurs grises de la terre. Il verra aussi l'ombre noire de la Chouette rejoindre la forêt. Alors, il se faufilera entre les sous-bois pour passer inaperçu.

Quand il atteindra la chaîne des ronciers aux épines encore noires, il se frayera un passage au travers des fourrés. Il parviendra enfin devant cet océan de friche qui ronge la terre des hommes et assombrit leur vie. D'un geste brusque, il saisira une branche de ronce et la tordra. Le bois craquera, sans se rompre toutefois. Satisfait, il contemplera son œuvre, sourira, puis reprendra sa route.

Ainsi, une fois encore, il aura crié son appétit de vivre. Une fois de plus, il aura, à sa manière, pris part au grand combat contre le néant. Puis le Toinet regagnera le village encore endormi et rejoindra sa grange en attendant que la maison s'anime...

Tel est le personnage étrange qui hante cette histoire. Mi-homme, mi-bête, ne serait-il pas plutôt l'un de ces êtres qui traînent encore sur le versant mystérieux de ce monde dont on refuse l'existence mais qui respire à chaque instant autour de nous.

Un de ces êtres venus nous tendre la main.

Un de ces êtres dont il est si difficile de reconnaître la beauté.

Pour tous, il sera désormais «Toinet la Friche».

*

L'autre, là, qui tourne dans son petit lit en bois, l'autre qui ne laisse dépasser de ses gros draps blancs et rêches qu'un bout de nez en trompette, c'est le gamin... L'enfant, le gosse, le môme ou le gamin, comme on veut! De toute façon, il s'en moque. Il n'a pas de nom, il refuse d'en avoir. Il ne veut pas se laisser ligoter, même par des lettres tressées.

Lui, dans ce petit jour naissant, il n'est ni au bord d'un champ, à discuter avec un ancêtre, ni sur les rives de la friche, à casser des branches. Il n'est pas vieux, il n'est pas idiot. Il serre son petit oreiller dodu entre ses bras frêles et il pleure. Il pleure comme tous les matins, quand il revient épuisé de son combat contre la nuit. Il pleure sur ces ombres qui le harcèlent et l'enveloppent du passé.

Il a mal, ce gosse! Il a mal à sa mère qui vient chaque fois que recommence le jour lui tendre la main et lui chuchoter des mots sucrés. Il a mal du vide, de cet abîme entre elle et lui, entre son image de mère au sourire câlin qui fuit un peu plus chaque jour et sa réalité à lui, triste comme une journée sans caresse, sans sourire.

Il voudrait oublier, reposer tranquille, ne serait-ce qu'une nuit, une seule petite nuit, même courte, même infirme... Il voudrait, comme il voudrait la paix, une vraie nuit de gamin de son âge, bouffie de sommeil et de rêves croustillants! Mais c'est impossible! Depuis qu'il est dans ce village, dans cette ferme, dans cette famille, il n'a jamais connu une nuit de repos. Chaque matin, sa mère revient le caresser et alors il tend la main, il sourit, il appelle. Oui, il appelle si fort qu'il en perd la voix et il la prend dans ses bras et il lui parle... Tous ces mots de gosse qui voudraient chanter la vie, mais qui se bousculent, noirs et glacés, et tissent un océan de vide, une couronne de néant.

Et il sent le parfum de ses baisers, le souffle de ses lèvres sur ses joues. Il la voit qui sourit, qui lui répète les mots doux de son enfance. Alors, il veut la retenir, l'emmener avec lui dans cette journée vide qui l'attend, mais elle vacille, s'essouffle, puis disparaît. Et chaque matin, à la même heure, il se réveille... Les bras passés autour de son oreiller, la tête enfouie dans les draps, seul avec toutes ces larmes autour, mouillé. Oui! Il est mouillé de son amour. C'est ça, pleurer... C'est imbiber tout ce qu'on touche de ce liquide chaud qui vient tout droit du cœur.

Et il sait que maintenant vont venir les détails, coups de couteau froids et brûlants en même temps, tellement brûlants. Il va revoir le lit blanc oublié dans le recoin d'un couloir d'hôpital, même pas une chambre, un bout de corridor comme pour un chien. Et puis, le fer rouge de la douleur, la maladie qui déforme le corps, qui abrutit l'esprit, la peur de la souffrance et la mort souhaitée comme une délivrance. Les enfants des morts savent tout ça, ils ont appris à pousser plus vite, comme s'ils se réveillaient un matin déjà vieux.

Et une nouvelle bataille recommence pour lui, dans son petit lit, couché sur le dos, encore étonné d'avoir des larmes presque froides sur ses joues. Il va maintenant lutter de toutes ses forces pour repousser ces images, pour les effacer. Il le fait chaque matin, sans trêve... Plus de cinq cents matins, plus de cinq cents victoires et autant de combats à recommencer, jusqu'à l'épuisement. Pour se libérer du poids du passé.

Il est là depuis un an et demi, en prison entre ces montagnes, perdu dans trop d'espace, dans cette poignée de baraques vieilles et sales, puantes de fumier et de crasse. Il déteste le village, il déteste la campagne. Son univers à lui, c'est la ville, ses hautes façades, ses morceaux de ciel découpés au couteau et le bruit qui ne finit jamais, comme une seconde peau, comme une présence insupportable et finalement acceptée. Le bruit et les odeurs... Ces relents indéfinissables où viennent se fondre mille parfums anonymes de vie qui s'étirent, d'existences qui se croisent sans jamais s'entrevoir.

Sa ville lui manque. Il lui manque surtout d'être libre, de vagabonder au hasard des rues dans l'aventure d'un jour qui commence, de cueillir toutes les miettes de bonheur qui traînent pour réinventer la vie, la repeindre, la faire chanter.

Sa vie à lui a chanté, il y a longtemps, mais ses souvenirs s'enfuient comme si son cœur n'était pas assez gros pour les contenir tous. Les souvenirs logent dans le cœur tant que les enfants refusent de grandir. Après, ils s'en vont au cerveau et ce ne sont déjà plus des souvenirs...

Ses jours de toute petite enfance ont chanté, quand il trottinait dans les allées d'un parc immense peuplé de pigeons bavards. Il avançait en butant sur les cailloux, les mains tendues pour attraper ces boules de plumes qui sans cesse fuyaient. La main de son père retenait son petit corps, une main large et chaude, poilue comme sa peluche mais tellement douce et sa mère riait dans son grand manteau raide. Elle était déjà pâle, sa mère... Il l'a toujours vue blanche, étrangement calme et blanche, comme sur son lit d'hôpital.

Ces images sont les seules rescapées de son cœur de gosse, elles n'ont jamais voulu partir.

Plus tard, il y a eu une autre ville, plus grande encore, plus mystérieuse et les disputes d'abord retenues dans l'ombre de la nuit, puis lâchées comme des chiens en pleine lumière. Il collait ses mains de gosse sur ses oreilles pour ne pas entendre, pour ne pas avoir à choisir dans le fleuve d'amour qui débordait de lui. Il fuyait, il courait dans les rues et partait s'enfermer dans ce petit atelier oublié, tout près de la rivière et, là, il se blottissait dans un coin, bien dans l'ombre, les genoux repliés et il se cachait. Il n'y avait personne, mais il se cachait quand même, il avait honte. Honte des cris de ses parents, honte de leur déchirement, honte de rester impuissant et il laissait le temps filer au rythme régulier de la rivière. L'eau l'a toujours lavé de ses peurs. Il restait des heures à écouter gronder ce flot qui portait au bout du monde sa tristesse de gosse.

Les disputes ont cessé quand son père est parti, un matin, sans rien dire. Tout s'est passé si simplement... Un matin calme, des tartines qu'on plante dans un grand bol fumant, des sourires de mère et le regard fatigué d'un homme dont on ne devine pas qu'il va s'en aller, dans quelques minutes, et ne reviendra plus... Qu'on ne peut pas imaginer en train de partir! Comment a-t-il fait pour partir? A-t-il pris un sac, comme dans les films? A-t-il dit quelque chose, un mot à répéter au petit, pour qu'il essaie de comprendre, pour qu'il ne juge pas? Est-il parti avec de la haine? A-t-il seulement ramassé une photo avant sa longue route?

Il ne sait toujours pas et, avec le temps, il a compris qu'il lui faudrait toute sa vie inventer ce départ, le répéter des millions de fois pour se fabriquer une certitude que la vie lui refuse.

Son père l'aimait. Bien sûr qu'il l'aimait... Il le lui a dit si souvent, il l'a lu tant de fois dans son regard, dans le pli de ses lèvres quand il racontait une histoire. Dans ces moments-là, l'œil d'un père ne ment pas, ne sait plus mentir. Il l'aimait et pourtant il est parti! C'est le mystère de la vie.

Il n'a jamais revu son père. Aucune nouvelle, rien qu'une lettre, un jour, venue d'Italie pour lui dire qu'il ne devait pas juger, que dans la vie, parfois, les êtres se déchirent sans vraiment savoir pourquoi, qu'il n'entendrait plus jamais parler de lui et qu'il devait être fort pour deux. Il l'a toujours conservée sur lui, cette lettre... Même sa mère ne l'a jamais lue. C'est une lettre d'homme, trop simple pour une femme et trop dure pour une mère... Lui-même, d'ailleurs, ne sait toujours pas vraiment la déchiffrer...

Mais il saura, un jour, quand il sera enfin devenu grand, quand il aura décidé de rejoindre le monde des hommes. Pour le moment, il a trop de choses à régler avec son enfance, avec cette fuite paternelle en forme d'énigme et, surtout, avec le lent, si lent départ de sa mère vers la mort.

Sa mère si pâle, si calme... Elle n'a pas pleuré, elle a pris cette fuite comme un ultime cadeau, elle a refermé ses ailes de mère sur son enfant. Elle a continué à vivre, à égrener les jours, à combler de tendresse toutes les heures laissées vides par le père. Elle s'est épuisée à la tâche, crevée à ramener de quoi peindre encore en gerbes multicolores les jours du gosse, à gommer tous ces affreux détails qui le rendaient différent, déjà handicapé du bonheur.

Tout ça s'est passé doucement. Elle sentait bien, sa mère, que son fils poussait déjà tordu. Elle le lui disait avec les yeux, avec un brouillard bleu qui submergeait son regard. Et lui comprenait, il savait toutes ces portes intérieures qui se fermaient peu à peu en lui pour ne plus laisser place qu'à la grisaille, à un univers dur et rugueux comme un granit. Il savait, mais ne pouvait rien. Plus rien en lui ne lui obéissait, son bateau voguait sur une mer infernale, sale et déchaînée, pleine de gouffres sans fond.

C'est comme si la tendresse lui était interdite. Pourtant il la voulait, il la sentait poindre, mais elle se transformait en boule de dégoût, même pas de la haine. Il s'est mis à ne plus rien voir, à passer au milieu de tout sans rien ressentir, vide, nu et lisse... Presque transparent.

Et le visage de sa mère s'est tout à coup transformé, les yeux ont creusé d'horribles trous noirs, la peau s'est plissée, jaunie, le souffle s'est fait court. Alors, pour quelque temps, pour quelques instants d'une vie, la gangue du gamin s'est effritée. Il a quitté sa carapace, il a rejoint le monde des humains, tendu la main à celle qui n'était déjà plus sa mère, mais une femme au bord de la mort.

On appelle ça la maladie, une longue et terrible maladie. On appelle aussi ça le cancer, tout bêtement. Sa mère s'est éteinte du cancer aussi simplement qu'on allume une cigarette. Elle est partie d'un cancer fait de trop d'amour mal reçu, de trop de coups du sort mal compris, de trop de peines accumulées... De trop de poids de la vie. La vie l'a tuée. Sa mère n'était pas taillée pour la vie.

Et c'est ce sourire de tendresse qu'il rejoint chaque matin. Le seul legs qu'il a accepté, qu'il a enfermé en lui pour l'empêcher de fuir et de mourir. Oui, un sourire, même d'une mère, finit par s'éteindre dans l'oubli, comme les braises infimes d'un feu qu'on s'efforce de ranimer. Lui, s'épuise à pleurer, pour laver les impuretés du temps qui ternissent les souvenirs.

Et chaque matin, il ne pleure pas sur lui, sur l'injustice de sa vie, sur le vide. Il pleure sur le sourire de sa mère, pour l'accompagner un petit moment encore jusqu'à un monde de paix où il pourra s'éteindre enfin. C'est sa prière à lui, bien plus belle que celles qu'on lui a mises dans le crâne, à l'école des Frères, vides de tendresse et pleines d'orgueil.

Il sait qu'il doit accompagner le sourire de sa mère, que le temps du repos n'est pas encore venu. Alors, chaque matin, il accepte ses pleurs presque comme des cadeaux. C'est son secret à lui.

Il a un autre secret, aux cheveux bruns, aux yeux pétillants, aux grosses mains velues et tellement douces... Un secret parti quelque part suivre ses rêves en le laissant sur le bord de la route. Son cœur n'a pas de rancune pour ce père moustachu, il ne l'a jamais jugé: on ne juge pas le souffle de la vie, la force du rêve. Pourquoi ne juge-t-il pas? Pourquoi est-il incapable de haïr? Sans doute un autre cadeau de sa mère, l'amour... Aussi beau, aussi grand, aussi doux que son sourire. Elle l'a supplié de ne pas maudire et il n'a pas maudit, il n'a même pas eu besoin de pardonner. S'il a durci son cœur, il a laissé une petite place pour l'amour. Ce gosse est un gosse de l'amour, il a été pétri dedans. C'est comme ça, c'est surprenant et pourtant c'est vrai!

Ce gamin a tout perdu, son père enfui dans les limbes du temps et sa mère, dépecée par la douleur sur un lit blanc d'hôpital. Il a perdu bien plus... Il a perdu le temps d'une jeunesse, cette lumière qui brille tout au fond des yeux des gosses et ne dure que quelques instants d'éternité. Lui, il a perdu tout ça, comme un joueur qui vient de jouer son va-tout et ne comprend pas qu'il ne lui reste rien...

Mais il a aussi gagné! Il a appris la douleur. Pas celle de perdre! Celle de voir les êtres et tout ce qu'ils ont tissé autour d'eux se décomposer doucement. Trois années de douleur, depuis le départ de son père jusqu'au corps raide de sa mère à l'hôpital. Une éternité rythmée par une douleur de gosse.

Après, au foyer, il n'a aimé personne. Il s'est replongé dans son silence intérieur, il s'est laissé porter. On met les gosses dans des foyers quand ils sont définitivement seuls... Lui, il l'était bien avant, mais ça, personne ne pouvait le savoir, ni cette belle jeune femme qui venait lui dire d'être fort, ni cette vieille qui lui faisait remplir des pages d'exercices débiles. Il se contentait du souvenir, il passait des journées entières à s'imprégner du sourire de sa mère. C'est là qu'il a commencé à lui parler, en silence au fond de lui-même, bien protégé par sa douleur. Elle lui répondait. Pas avec des mots, trop petits, trop étriqués... Avec des désirs, des sensations, des envies étranges qu'elle faisait naître en lui et qu'il accueillait avec délice.

Depuis, ils n'ont pas cessé de bavarder en silence.

Et puis un jour, dans ce foyer, gare de triage des destins de gosses, on lui a mis devant le nez un couple tout droit sorti des montagnes du Jura. Il n'avait jamais entendu parler du Jura. Le Jura, c'est loin des villes, c'est exactement le contraire... Il n'avait jamais entendu parler, non plus, des Baptiste, lointains résidus familiaux à jamais oubliés! Mais ces gens n'avaient pas d'enfants et ils lui offraient leur toit.

A douze ans, on ne choisit pas. La rencontre s'est faite dans le parloir glacé, sous la lumière cruelle des ampoules blanches et sèches. Elle regardait ses souliers vernis qu'elle frottait sur le carrelage usé. Ca sentait la cire et l'eau de Javel. Elle était encore jeune et ses longs cheveux clairs dégringolaient en sautillant sur ses épaules, son regard vert n'avait pas de fond. Elle était mal à l'aise. Elle était belle. Lui, balançait au vent ses grosses pommettes rouges et son nez énorme. Sa moustache épaisse laissait entrevoir des dents jaunes et tordues. Il était laid, affreusement laid dans son pantalon de velours noir mais son sourire était franc et simple. Ces deux-là composaient le couple le plus grotesque qu'il ait jamais vu... Ils ne dirent presque rien et ce fut bien. De toute façon, ils n'avaient rien à se dire.

Quelque temps plus tard, un car en ruine le laissa en plein midi sur la place du village, sa petite valise à la main. La dame aux escarpins rouges qui l'accompagnait détestait l'odeur du fumier. Elle le déposa comme un paquet, s'empressa de signer une liasse de papiers sans dire un mot et remonta dans le car.

Ainsi commença pour lui une nouvelle vie, sous les regards invisibles de tout un village à l'affût derrière des vitres sales...

Ce matin, dans son petit lit, perdu dans ses larmes, le gamin revoit toutes ces images. Il n'espère rien. Une journée nouvelle va commencer, drapée dans la même solitude. Une autre journée qui va venir grossir le tas énorme des cinq cents journées déjà consumées par le vide.

Naufragé de l'espoir, il attend que s'effilochent les heures pour refaire les mêmes gestes d'automate.

Ce qu'il ignore, le gosse, c'est que le doigt du Destin l'a touché, là, dans ce village noyé par les montagnes, dans l'odeur fétide du purin...

*

Celui qui fait courir ses doigts sur les morceaux de buis, qui les remue dans tous les sens et les pose sur son étrange machine, c'est le père Baptiste. C'est lui qui élève le gosse depuis près de dix-huit mois dans sa ferme. On l'appellera simplement le Père...

Lui, en ce début de matinée, il a filé dans son atelier au fond de la grange. Il a tourné son gros interrupteur et retrouvé ses vieilles bécanes. Il ne demande rien de plus à la vie. Sa vie, elle est là, au milieu des tours à bois, des sacs de jute et des copeaux qui dansent dans les courants d'air. Le Père est tourneur, métier hérité de son père qui le tenait déjà de son père... Dans cette région pauvre, les paysans ont toujours été obligés d'avoir plusieurs métiers pour passer les hivers trop longs et remplir les bas de laine trop vides.

Le Père, il a eu la chance d'apprendre les gestes... Quand il était gosse, toute la famille jonglait avec les morceaux de bois, c'était l'ouvrage collectif, l'œuvre de la tribu. Il se souvient des processions en forêt où son père et ses frères allaient couper les frênes et les charmilles, les ramenaient en hoquetant sur le vieux char à bois branlant avant de les scier dans la grange et de les mettre à sécher pendant des mois. Rituel qui se reproduisait dans chaque famille. C'est à cette époque, quand il était trop petit pour prendre part aux travaux et qu'il restait des heures à jouer avec les tas de bois, à se remplir de leur parfum... Oui, c'est à cette époque qu'il s'est laissé ensorceler par le métier. Bien à l'abri de l'atelier, dans le parfum sucré de la résine, il se roulait dans les copeaux. Il regardait, fasciné, les gouges et les burins, les lames fines aiguisées à la main et il rêvait de manier les vieux tours, surtout le tour à pédales qui trônait encore sous la fenêtre baignée de la lumière du sud.

Le Père a eu de la chance, il n'a jamais aimé la terre! De toute la famille, de tout le village, il est le seul à avoir compris son métier de tourneur, à l'avoir aimé pour en faire autre chose qu'un gagne-pain de paysan...

Et dans ce jour qui commence, sous la lumière fade des

grosses lampes, chaque bouffée d'air qu'il avale le replonge dans son monde. Il sait que ses grosses paluches ont cette capacité de transformer la matière et de faire d'un simple bout de bois sec un objet pour les hommes, un objet de vie. La vie... C'est ça qu'il manie à longueur de journée, c'est ça qu'il s'épuise à transmettre quand il tourne une quille ou un sifflet, un pion d'échec ou une corde à sauter! Il a lu dans des livres savants qu'on pouvait appeler ça de l'alchimie. Lui, dans sa simplicité, il sait que c'est un miracle, simplement un miracle...

Mais le miracle s'épuise! C'est possible ça, que les miracles finissent par se lasser! De tous, il est le seul encore debout au village. Bancal, mais debout... Les gosses d'aujourd'hui ne sautent plus à la corde; ils jouent aux dames et aux échecs avec des jeux en plastique et, s'ils rêvent encore, ils ne rêvent plus en bois. Le métier se meurt.

Alors, il soupire devant le vieux tour à pédales couvert de poussière, antique vestige d'une époque qui n'est plus. Il n'est pas pressé de mettre les moteurs électriques en route; ils vont encore lui parler, lui raconter ses ambitions déçues, ses rêves atrophiés. Qu'a-t-il fait de sa vie, lui qui n'a jamais eu d'autre désir que de voir passer les jours, tranquille dans son atelier? Quelque part au fond de lui, il a honte... Une vie, une vraie vie d'homme debout, c'est faire de chaque instant un défi, c'est bâtir un monde juste, beau et propre. Un monde qui peut se regarder dans les yeux. Un monde qui a un avenir.

Là, dans son atelier, au milieu de sa sciure parfumée, il sait bien que son monde à lui n'a plus d'avenir et il a envie de pleurer.

Alors il pense au grand bol de café brûlant que sa femme lui prépare dans la cuisine. Il la voit faire les menus gestes du matin: la cafetière, le sucre, les cuillères et les grosses tranches de pain. Il la voit occuper l'espace, vaquer du meuble à la table et mettre tout en place pour que chacun soit heureux de s'asseoir. Il voit ses longs cheveux noués en tresses et il sent sa bonne odeur de femme encore toute emmêlée de sommeil.

Il ne regrette rien. Le regret assèche le cœur et épuise le corps. A quarante-cinq ans sonnés, il n'a pas à se plaindre; il a toujours vécu dans son pays, sur la terre de ses ancêtres, dans l'odeur de la forêt. Et, s'il a vu ses trois frères se crever à la tâche pour quelques vaches et une poignée de terre ingrate, au moins est-il toujours vivant, robuste et bien décidé à durer, soutenu par une femme qui l'aime.

Pour tout ça, pour les moments d'amour, pour toutes les joies du quotidien, il remercie le ciel. Mais le Père est profondément croyant et il le remercie aussi pour cet enfant qu'il n'a jamais eu, pour ses frères morts, pour sa mère partie elle aussi...

Croyant... Si un mot n'a plus de sens, c'est bien celui-là. Croire, c'est être sûr, c'est presque savoir! Lui, il ne sait rien, il n'est sûr de rien, mais il espère et il ressent une grande paix. Des fois, les jours de grisaille, il se dit qu'il faut être fou pour croire encore que cette vie a un sens, que s'il tourne ces milliers de bouts de bois pour en faire des objets, c'est parce que ses gestes ont une signification, quelque part. Toutes ces questions l'effraient, elles l'épuisent aussi. Il préfère se laisser porter par le fleuve des jours et se dire que chaque instant passé est une parcelle d'éternité qui se consume. De toute façon, il ne parvient pas à imaginer un monde livré à lui-même, il a trop contemplé la vie, trop médité sur son établi pour douter du superbe enchevêtrement des choses et des êtres...

Et puis, il croit aussi parce que c'est bien pratique pour gommer toutes les petites défaites, toutes les erreurs accumulées. Il n'ose pas se le dire, mais il le sait et ça suffit! Ses échecs si mal digérés chaque fois qu'il briguait la place de maire, ses croisades contre les «rouges»... Et même, bien avant, les amours qu'il s'est fait chiper, les bagarres du samedi soir. Tout ce fatras qui fait une vie d'homme trouvera sa récompense un jour... Ailleurs. Et cette perspective lui fait chaud au cœur.

La porte de la cuisine vient de s'ouvrir, une voix douce l'appelle, il sourit. La silhouette fine de la Mère se détache dans le chambranle. La Mère, c'est comme ça qu'on l'appellera, désormais! La Mère, elle tient la barre dans ce grand vaisseau. C'est elle qui rassemble tous les hommes dans sa cuisine, qui sait les écouter et les consoler. C'est elle qui comprend les silences, qui trouve les mots.

Elle, elle est étrangère au village, le Père l'a volée au Bas-Jura pour la remonter jusque dans les montagnes, comme on ramène une flamme précieuse. Depuis, elle illumine sa maison. Au début, les autres femmes l'ont trouvée fière et trop belle. Dans les campagnes, on se méfie toujours de ce qui est beau parce que c'est forcément louche, surtout quand ça vient d'ailleurs. On a tout dit d'elle: qu'elle courait, qu'elle retrouvait des hommes quand son mari tournait le dos et comme aucun enfant ne naissait du ménage, on en a déduit que c'était une punition du ciel. Elle s'est tue et personne n'a jamais rien su des larmes qu'elle a versées. Avec les années, les ragots se sont éteints, mais elle n'a rien oublié.

Elle n'aime pas le village. Elle, c'est une princesse qui s'est trompée d'histoire, qui a loupé son prince charmant! Cette femme, elle était faite pour danser, pour rire et danser... Il suffit de l'observer quand elle marche, quand elle balance ses hanches souples. Vingt ans de montagne ont raboté ses ailes; elle ne les ouvre plus que pour rejoindre parfois de vieux rêves oubliés. Elle s'est alourdie, ses gestes se sont faits plus gauches, ses yeux plus vides, mais elle conserve la noblesse du cœur, celle qui ne s'éteint jamais.

A quoi songe-t-elle dans l'encadrement de la porte? A sa jeunesse envolée ou aux petits bonheurs accumulés patiemment au fil des jours? Personne ne le sait... Après tout, peut-être pense-t-elle aux amants qu'elle n'a jamais eus, à de mystérieuses aventures au bout du monde. Personne ne doit savoir, et c'est bien mieux ainsi!

Pour le Père, en cet instant, elle n'est que la Mère, celle qui a préparé le café du matin qui rassemble la maisonnée. Dans son regard, il imagine les gestes simples qui l'ont préparé, il attend ce moment magique des cuillères qui cognent les bols, du pain qui glisse sous le couteau. Il attend aussi les yeux rouges du gosse, rouges des chagrins qu'il connaît et qu'il subit depuis des mois chaque matin, comme un immense échec, l'échec de son amour. Malgré ses mots, malgré tous ses efforts, il n'a jamais pu endiguer ces flots de détresse qu'il respecte parce qu'ils sont les marques de la vie.

Et puis, s'il en a envie, le Toinet sera là aussi, affamé et déjà absent.

Une famille de bric et de broc, une famille au rabais qui n'aura d'attention que pour celle qui multiplie les sourires et semble danser dans le jour enfin levé. Celle qui sait par sa seule présence rafistoler les chagrins et peindre un jour en bleu...

Dans cette énorme ferme, tout au bout du village, vivent ensemble tous ces personnages. Ils se croisent, ils se parlent... On les voit qui se fâchent, s'embrassent; parfois ils pleurent ou rient... Mais ils vivent chacun dans leur monde et ces mondes ne parviennent pas à s'épouser. Le gamin, par exemple... Il ne sait rien du Toinet! Pour lui, l'idiot du village vit sous le même toit que lui et les choses en restent là. Et la Mère, elle n'a jamais pu franchir les secrets du gosse, ses larmes restent pour elle une énigme, presque une accusation.

Et l'autre, calé au fond de sa chaise, l'autre qu'on porte jusqu'à la grande table et à qui on donne la cuillère. L'autre, perdu dans sa vieillesse, la tête en bourlingue qui ne dit jamais rien ou toujours la même chose. L'autre, oublié de la vie qui voudrait partir et ne le peut pas... C'est le Vieux, le père du Père qui traîne encore en s'excusant avec les yeux.

Ils se côtoient sans se voir réellement, sans vouloir se voir ou alors avec trop de maladresse, ce qui revient au même.

C'est pourtant eux qui vont porter, chacun à sa manière, le poids de l'histoire qui s'avance dans la brume bleutée de ce matin de printemps.

Chapitre 2

De longs chapelets de nuages lourds balancent leurs énormes bedaines dans un ciel noir comme de l'encre. Depuis trois jours, le calendrier bat la breloque, l'hiver a confisqué la montagne, il la tient, il l'enlace de ses grosses pattes sales. Une espèce de neige molle a recouvert les prés et les bois, le brouillard s'est installé, il s'accroche à tout ce qui dépasse: les rochers, les sapins et même le clocher de la chapelle, là-haut sur sa colline.

C'est comme ça l'hiver, dans ce coin de montagne! Il n'en finit jamais, il ruse, il triche... Sournois, il laisse monter les premières chaleurs de mars et, quand avril débarque, il vient tout ensevelir. On l'entend rire en courant dans le fond des ravins. Le vent hurle avec lui, ce vent glacé qui coupe le souffle et mord le visage. Ici, on l'appelle la bise, mais c'est le vent de l'hiver, le vent du froid et de la mélancolie qui repousse les hommes au fond de leurs maisons. Ce vent qui empêche maintenant le gamin d'avancer en le noyant dans ses bourrasques.

Dans la crasse de cette matinée, le village se tait, courbé sous la neige. Le gosse traîne ses bottes sur le petit chemin étroit qui mène jusqu'à la baraque, un peu à l'écart du village. Le dernier raidillon lui fait tirer la patte, la chair de son genou écorché colle à son pantalon, il fait la grimace. Il a mal, mais il avance, la tête enfouie dans sa pèlerine.

Il s'est encore battu. Toujours la même impérieuse nécessité de montrer qu'il n'est pas pareil à la meute, qu'il n'a rien de commun avec les gamins du village... Depuis dix-huit mois, il subit leurs mots, leurs idées, leur odeur fade et leurs ongles sales... Il n'a rien à partager avec eux. D'ailleurs, ils lui rendent bien sa haine. Les gamins sont comme ça, ils fonctionnent par instinct, c'est ce qui fait leur force et leur beauté.

Il s'est empoigné avec Barbouzin, le fils de l'adjoint! Entre eux, c'est plus qu'une rivalité, c'est un défi permanent... Depuis le début, depuis qu'il a mis les pieds dans cette école où tous les gosses sont parqués dans la même classe, sous le regard mauvais d'une institutrice en exil, tout est prétexte à la bagarre... Un rien... Une gomme qui tombe, un cahier qu'on oublie, un crayon qu'on chaparde. Et même bien moins que ça: un regard, un geste, une course pour ouvrir la porte, pour aller taper la brosse... Ils se battent pour des bricoles, comme ça, devant les autres, presque par plaisir. Les autres qui les regardent avec leurs grands yeux, qui ne comprennent pas ces bagarres de grands, mais qui, déjà, les admirent.

Ils se ressemblent tellement! Grands, bien trop grands pour être encore dans cette école. Beaux, forts et par-dessus tout fainéants, tellement fainéants... Ils ont treize ans bien sonnés tous les deux, grands gamins perdus dans les dédales d'un enseignement trop étroit pour eux. Ils souffrent dans cette classe aux fenêtres trop haut perchées, aux murs tristes. Ils égrènent les jours comme des tôlards gravent le temps sur les murs de leur cachot.

Ils l'ignorent, mais entre eux s'est tissé une forme d'amour. Oui, d'amour! Simplement, cet amour n'arrive pas à s'exprimer. Il faudrait un détail pour le faire éclore. Peut-être une fille... Peut-être cette fille, là, quelques maisons plus loin qui aide sa mère dans la cuisine. Elle est belle, inaccessible, à peine plus jeune qu'eux mais déjà au collège, tellement loin de leur pauvre monde!

Dans leur éternelle confrontation est née une sorte de respect. Ils expérimentent tous les deux dans la douleur la fraternité des opprimés. Il faut imaginer la somme d'efforts qu'ils déploient pour rester à leur place toute une journée, pour subir sans broncher le mépris de la maîtresse, pour supporter l'avalanche de punitions. Un enfer! Leur vie est un enfer, l'enfer de tous les cancres en liberté surveillée, toujours suspects, jamais innocents...

Alors, ils se battent. Et ils tapent fort, ces deux-là! Comme si les coups reçus et donnés servaient de jauge à leur détresse, comme s'ils étaient nécessaires pour les laver de leur tare de mauvais gosses.

Hier soir, ils se sont battus, au portail de l'école, les cartables ont volé. Deux coqs en furie... Des coups de poing, des coups de pied... Le nez de Barbouzin qui saigne, le genou du gamin qui éclate! Les choses en sont restées là, tout s'est réglé en quelques secondes, la maîtresse n'a rien remarqué. Elle ne voit plus rien sitôt qu'elle sort de sa classe.

Ils savent qu'ils se retrouveront, seuls dans leur défi; ils ne font qu'attendre cet instant.

*

Le gamin avance en boitant. Il aime cette ferme perchée sur sa butte. Même par un temps pourri comme aujourd'hui, elle rayonne, à croire que la mince lumière du ciel s'est concentrée sur cette baraque lourde et basse.

En passant devant la barrière, en bas de la côte, il a secoué la clochette. Dans le silence de ce matin froid, elle a résonné comme un carillon. Il sait que derrière la grosse porte, un homme l'attend dans la chaleur de sa maison. Cet homme, il n'est ni jeune, ni vieux. Il a le visage serein des gens qui ont trouvé quelques réponses à leurs angoisses. Lui, il a trouvé les réponses dans la peinture, dans la sculpture aussi... Un petit peu. Il s'est réfugié dans ce coin perdu, justement, pour des journées comme celle-là, pleines de vide et de silence... Tout ce qui est impossible à traduire!

C'est l'ami du gosse. Il n'a que deux amis dans ce village, le gamin! Etienne, le peintre, et Brantouille, le pochard. L'un parce qu'il sait pénétrer le mystère des formes et l'autre parce qu'il sait aimer la vie... Et les deux parce qu'ils sont aussi perdus que lui!

Le gosse tape ses pieds à côté de la porte, sur la petite barre de fer qui se met à siffler en vibrant, il secoue son habit, la neige fondue fait une flaque lourde. Il entre, sans rien dire. Il sait que l'Etienne l'attend au milieu de ses couleurs, dans la clarté de la grosse cheminée en pierre.

D'abord, il ne voit rien. L'énorme pièce dissimule mille recoins et l'ombre joue avec les formes. Un vrai musée, cette pièce toute couverte d'objets étranges sortis d'on ne sait où... C'est qu'à l'entendre, le bonhomme a roulé sa bosse! Entre le crocodile du Nil, les flèches maories et les masques malgaches, le gamin n'arrête pas de parcourir le monde. Dans ce capharnaüm traînent aussi des toiles incompréhensibles aux teintes vives. Le gamin les trouve laides, mais les couleurs le font rêver; alors, il passe son temps à les regarder. Ca fait du bien à son ami et c'est important le plaisir d'un ami...

Au hasard des gros meubles de bois massif qui occupent l'espace, une ribambelle de têtes en pierre, sorties de nulle part, l'observent de leurs yeux vides. C'est eux qu'il préfère dans ce bric-à-brac, tous ces visages aux sourires mystérieux, aux formes minces... Les visages de pierre lui ont toujours parlé, comme ces statues à la beauté fascinante qu'il allait contempler avec son père sur le parvis de l'église de sa ville. Il ne comprend rien aux statues des églises, mais ce qu'il sait en revanche, c'est qu'elles parlent... Elles sont si bavardes! Mais lui n'a jamais su répondre. Comment répondre? Dans son immense ignorance qui lui revenait en pleine figure, il se contentait de les regarder et de les aimer.

Là, dans cette pièce chaude, sous les larges poutres du plafond, il ressent cet appel chaque fois qu'il pose le regard sur un de ces visages. Il en a la chair de poule et la honte de savoir si peu de choses lui monte au visage, alors il détourne les yeux!

Le pas lourd du peintre fait trembler le sol. Dans le couloir, sa haute silhouette se plante, une cafetière à la main. De l'autre, l'homme qui porte un long gilet de laine sur une chemise à carreaux, tient une canne. Il a les cheveux gris et l'élégance discrète des grands voyageurs. Il boite bas, sa jambe semble fuir à chacun de ses pas. Le gosse n'aime pas voir son ami marcher, le rictus de douleur qui déchire son visage à chaque mouvement lui fait mal au cœur. Mais, en cet instant, il sourit en tendant la cafetière fumante et il est beau dans son sourire.

«Je savais que tu viendrais... Aujourd'hui, c'est un temps à peindre!»

Le café coule dans la tasse, il est noir, il brûle les doigts. Le gosse baisse les yeux. Il est heureux d'être là et, en même temps, il a peur. Il a peur comme chaque fois qu'il vient. Une peur qu'il ne peut même pas expliquer, peut-être une peur de lui-même.

«J'ai quelque chose à te montrer...»

L'homme sort une toile d'une haute armoire qui grince en s'ouvrant. Elle est grande, elle a ce parfum enivrant d'huile et d'essence. Les couleurs brillent sous les reflets du feu: une gerbe de teintes, des lignes vagues... Une peinture qui ne représente pas vraiment quelque chose, comme un sentiment qu'on aurait voulu afficher.

«Je l'ai finie hier. Qu'est-ce que tu en dis?»

Le gosse regarde son ami; en cet instant, il le hait! Comment répondre sans étaler, une fois de plus, son ignorance... Il ne sait pas les mots à rallonge qu'on pioche dans les livres, tous ces beaux discours de gens savants... Il ne lit jamais, il n'a jamais mis les pieds dans un musée. Comment saurait-il dire ce qu'il ressent puisqu'il ne ressent rien, rien du tout devant cette toile aussi insondable qu'un manuel de grammaire, avec ces espèces de traits tarabiscotés dont il ne comprend pas le sens! Il hésite, il ne sait pas ce qu'il doit faire. La toile qu'il tient dans ses mains ne fait rien vibrer en lui, c'est simple et en même temps dramatiquement gênant pour lui. Il se tait.

Le peintre l'observe avec un sourire charitable qui vire peu à peu au fou-rire...

«Tu as bien raison, elle ne vaut pas un sou! Rien... C'est une croûte! A la poubelle, la croûte...»

Et le voilà qui empoigne la toile et la balance au beau milieu de la pièce. Le gosse se récrie, court la ramasser, multiplie les phrases vides devant l'autre qui pleure de rire.

«Si tu voyais ta tête... Pour sûr que tu ferais un sacré critique d'art, mon gaillard!»

Il s'approche en claudiquant, lui reprend la toile des mains et la pose délicatement cette fois sur un coin de table, puis il tire le gosse par la manche et l'assoit sur un vieux divan mité, juste en face. Il est sérieux tout à coup.

«Tu vois, là-dedans, j'ai mis tout le bonheur que j'ai accumulé depuis dix ans dans cette bicoque... Et c'est raté! Pourtant, ce bonheur, il est réel. Je l'ai vécu chaque jour et je m'en suis rempli à me faire péter la panse, comme un goinfre. C'est une réussite, ça, dix ans de bonheur! Eh bien, tu vois, ce bonheur, il est muré en moi, je suis incapable de te le faire ressentir! Je suis condamné à vivre seul avec lui...»

Le gosse ne comprend pas, il ne comprend jamais rien aux phrases de l'Etienne, c'est aussi pour ça qu'il l'aime. Il s'enfonce dans les coussins mœlleux du divan et il regarde les couleurs qui flambent, rien que les couleurs. Le voilà parti à cheval sur ses rêves, il réinvente sa vie, ses douleurs, ses désirs. Il imagine son père qui lui sourit, quelque part sous un soleil d'été. Il sent la caresse de sa mère sur sa joue. Ses yeux se mouillent. Il n'entend plus la voix de son ami, ultime bourdonnement d'un monde qui n'est plus le sien.

Quand il refait surface, le regard du peintre est posé sur lui.

«Tu aimes l'été? Alors, mets ta pèlerine et viens avec moi, je vais te montrer l'été...»

Sans un mot, la tête encore en partance dans ses rêves, le gosse suit. L'autre s'efforce de marcher vite, il attrape une vieille pelisse au passage et visse son gros bonnet de laine sur sa tête. Ils traversent la maison et ouvrent toutes grandes les portes vitrées qui donnent sur la terrasse couverte d'une neige à moitié fondue. On dirait deux matelots pris dans la tempête qui écopent un rafiot pourri, ils sont minuscules tout à coup. L'air froid, poussé par la bise, s'engouffre sous leurs vêtements et leur coupe le souffle, la pièce se remplit de la respiration de l'hiver, froide et triste.

«Regarde! Depuis là, tu peux voir tout le village et bien plus loin encore... Tu peux voir les forêts et même la falaise, là, dans l'horizon bleuté. Qu'est-ce que tu penses de la vue?»

Pour tout horizon, il n'y a qu'un brouillard plus épais qu'une meule de comté! Le gamin grelotte. Un vrai temps de chien. Il ne comprend pas ce jeu stupide...

«Il fait froid, on est en train de geler et on ne distingue rien. On ferait mieux de rentrer!

— Non! Moi je te parle de l'été... Ecoute les oiseaux qui chantent dans les arbres, tu ne les vois pas dans les branches?

— Je ne vois rien, il n'y a pas d'arbres et pas d'oiseaux! Que du silence...

— Mais non! Bon Dieu, regarde encore... Tu sens ces parfums? Et le vent qui te caresse, tu le sens, le vent sucré? Ecoute-le, il vient te raconter l'été. Maintenant ferme les yeux, ferme les bien fort et imagine... La mer, elle est là, juste en bas de la colline, tu l'entends qui joue dans les rochers et qui t'appelle, et là-haut, tout au-dessus de toi, le ciel, si bleu qu'il fait mal aux yeux et le soleil qui te chauffe... Il vient piquer ta peau. Imagine, c'est l'été. Fais venir l'été...»

Le gosse a réussi à fermer ses yeux. Comme par magie, il ne sent plus le froid, il se laisse bercer par les mots de son ami, par les images. Il a réussi à s'envoler pour cet été de chimère qui repeint son cœur en bleu, il vole... Le peintre est un sorcier.

La main de l'Etienne vient le tirer de sa rêverie.

«Viens, maintenant il faut rentrer!»

La grosse maison est froide comme un tombeau, il n'a pas fallu longtemps à la bise pour s'insinuer partout. Ils filent jusque dans la grande pièce et chargent la cheminée jusqu'au gosier. Des gestes simples qui ont le goût de la vie. Devant les grandes flammes qui lèchent la gueule noire du monstre, ils se réchauffent en riant comme des gosses. Ils sont des gosses et ils le savent. Ils en sont fiers.

«Tu sais, la vie, il suffit de l'inventer... Tu crois voir et comprendre et en réalité tu ne vois rien, rien du tout... Que des choses que tu crées sans le savoir, des illusions! Personne ne peut dire si ce qu'il voit, ce qu'il touche est vraiment la réalité. Tu étais sûr qu'il faisait froid, sur la terrasse, et puis d'un seul coup tu as entendu les oiseaux, tu as senti les parfums de la mer et personne ne peut dire que ce que tu as ressenti n'était pas la réalité... La seule vérité, elle est dans ton cœur. Quand tu aimes, tu es plus fort que la réalité!»

Le gamin l'observe. La jambe est tordue, mais le cœur est droit et bien planté. Il est beau. Beau parce qu'il croit à ce qu'il dit.

«Aime-toi! Aime-toi, bon sang! Fais la paix avec toi-même et laisse les ombres du passé. Tu ne peux pas constamment regarder en arrière.»

Le gamin baisse la tête, ces mots lui font mal, parce qu'il est incapable d'en faire autre chose que des mots. Toutes ces phrases ont un sens quand son ami les prononce, mais quand il se retrouve seul, elles se mettent à danser dans sa tête, elles tourbillonnent et s'enfuïent dans un grand rire.

Il ne sait pas aimer.

«Tu ne me comprends pas, hein... C'est si simple à vivre et si dur à expliquer. Peut-être qu'il faut du temps...»

Le café est chaud, les bûches craquent dans la cheminée, un

vrai temps d'hiver. Le peintre sourit en l'observant.

«Profite bien de la cheminée parce que, demain, le beau temps revient!»

*

Le gosse a passé toute la matinée dans l'atelier du peintre. Il a usé les heures jusqu'à la corde, il a suivi les doigts qui dansent sur le papier, il a senti, écouté, puis il a planté sa carcasse de gosse bien en face du bonhomme et il a laissé filer le temps.

Il avait rendez-vous... Quand il vient là, il a toujours rendez-vous... Il lui suffit de vouloir très fort et d'attendre. Il attend parce qu'il sait que la chose va se produire et, tout à coup, elle se produit. Son cœur se met à cogner, comme ça, sans raison, son souffle se fait court. C'est inexplicable cette vague qui monte, à propos de rien. L'Etienne dit que c'est la vie qui vient le secouer, mais il ne sait pas tout, l'Etienne, malgré sa science, malgré son cœur gros comme ça... Le gosse, lui, il sait! De ce savoir qui vient avec l'attente, avec le désir! Il sait que, dans ces moments magiques, une porte s'entrouvre en lui, qui laisse passer un flot d'émotions inconnues, plus claires et plus pures que toutes celles qu'il a accumulées par le passé, comme s'il franchissait une marche dans la conscience du monde qui l'entoure. Il est incapable de trouver les mots pour expliquer ce grand choc intérieur; il appelle ça l'ouverture parce que, dans ces moments-là, il a l'impression de pénétrer dans un monde nouveau où il comprendrait mieux les choses.

Et puis, en quelques instants, tout disparaît. Il lui reste dans les yeux comme les cendres d'un grand brasier.

Ce matin, dans le silence de l'atelier, le gosse a ouvert une nouvelle porte, maintenant il va devoir la refermer et tenter de comprendre.

Il chemine, seul dans ses pensées. La bise s'est épuisée et le ciel ose une flaque de ciel bleu. Quelle heure peut-il bien être? Midi largement passé, c'est sûr! La Mère va encore s'inquiéter, il la voit tourner dans sa cuisine, au milieu de ses casseroles. Une bonne odeur de jus de viande parfume toute la pièce. Le mercredi, c'est le jour du lapin à la purée, une spécialité. Comme dit le Père, la grâce du plat dominical accordé aux pécheurs un jour de semaine! Il accélère le pas...

Le voilà qui traverse la place, minuscule espace laissé vide entre la mairie et une poignée de maisons, juste en face. Pas un bruit, le village semble désert. On entend les derniers soubresauts de la bise qui fuit en miaulant.

En cet instant triste va se produire un événement important, le premier vrai événement de cette histoire, même s'il peut paraître banal. Souvent, les détails les plus insignifiants tissent la dentelle des récits.

De l'autre côté de la ruelle, le vieux lavoir pointe son nez gris. L'eau qui coule dans l'immense bassin laisse monter d'étranges fumerolles blanches dans le froid. Le gosse a mal; à chaque pas, il a l'impression de laisser un bout de son genou sur la grosse toile du pantalon qui colle aux chairs. Il ne voit rien, à peine entend-il quelques bruits indéfinissables. Pourtant, à mesure qu'il avance, les sons se font plus nets. C'est certain, quelqu'un discute derrière le lavoir...

Il s'approche, les voix sont haut perchées, tellement pointues qu'elles ont des accents de mélodie. Il ne voit toujours rien, mais cette fois il entend... Il entend les mots, ces mots qui dansent dans l'air, secs comme les braises d'un feu de la Saint-Jean...

Ce sont des mots de gosses repris en chœur comme un refrain. Ils se moquent, ils blessent, liés entre eux par la méchanceté de l'enfance.

Et soudain, il comprend; alors, il hâte son pas tordu jusqu'au coin du lavoir et là, il les voit... Cinq diables pas plus hauts que trois pommes, cinq lutins qui papillonnent autour du Toinet en lui lançant des pierres. Le Toinet recroquevillé sur lui-même, la tête entre ses bras, immobile dans ses pleurs! Ils dansent en jetant leurs pierres. Une ronde infernale, grotesque de banalité. Ces gosses chantent et dansent comme des enfants et ils font mal comme des enfants... Ils se sont fabriqué une mélodie qu'ils répètent inlassablement, mouches autour d'un âne. Toujours les mêmes mots, toujours le même air: «Le Toinet mange les crottes de son nez, c'est un bébé...»

Ils sont tous là, tous les gosses du village. Ne manque que Barbouzin trop grand pour ce genre d'exercice. Ils ont entre trois et onze ans, trois garçons et deux filles, la plus petite n'est encore qu'une poupée avec ses longues boucles blondes. Des gosses qui pourraient être des anges et qui jettent des cailloux.

Quand ils le voient paraître, quand ils l'entendent gueuler de toutes ses forces, ils cessent leurs cris, interrompent leur danse. Pris en faute, ils baissent les yeux, parlementent... Le Toinet passait par là, il suçait les crottes de son nez... C'est bête, mais les gosses ne savent pas que les idiots mangent les crottes de leur nez! On ne leur apprend pas ces choses, alors ils sont accourus voir le spectacle et ils ont entamé leur danse, le grand dadais s'est réfugié contre le lavoir et s'est replié sur sa misère. Il se replie toujours quand on l'agresse et chaque fois qu'il se replie, les autres le frappent... Les gosses n'ont pas frappé, ils ont jeté des cailloux.

Mais le gamin ne veut pas entendre ces mots. Il a mal de ce qu'il voit, il empoigne le plus grand par les cheveux et il cogne. Les claques volent: de grandes claques qui sonnent et font mal, l'autre trébuche et s'affale dans la boue, se relève sous les coups de poings, les coups de pied... Le gamin ne sent plus son genou, il n'a pas mal, il n'a jamais eu mal, il ne ressent que le plaisir de les battre tous. Il tape, au hasard. On entend des cris et des pleurs. La meute s'éparpille et déguerpit en hurlant. Bientôt le vide vient étouffer les ultimes échos des godasses qui résonnent sur la neige.

Tout s'est passé si vite... Maintenant, tremblant encore de colère, il se retourne vers le Toinet. L'autre n'a pas bougé, la tête enfouie dans ses mains. Le gamin ne parvient pas à voir son visage, il ne distingue qu'un mince filet de sang qui coule de sa tignasse. Il ne voit rien, mais il entend les pleurs, lugubres, insoutenables comme la plainte d'un animal qu'on vient de blesser.

Il voudrait lui parler au Toinet, lui dire les mots qu'on prononce dans ces moments-là... Que c'est fini, qu'il ne doit plus avoir peur... N'importe quoi pourvu que l'autre redresse sa tête vide et cesse de pleurer, mais les mots se coincent dans son gosier. Il est muet. Le gamin est muet à côté d'un idiot qui pleure.

Alors, il s'assoit aussi, juste à côté, contre les pierres grises du lavoir et il l'observe. C'est la première fois que le gamin pose son regard sur le Toinet. Oui! C'est la première fois... Jusque là, il s'était contenté de ne voir en lui que des tares, qu'une hideuse apparence, mais sur ce coin de mur, dans le froid de cette journée, il vient de déceler son immense fragilité.

Le Toinet n'est pas qu'un pauvre d'esprit, il fait partie de ces gens construits d'une autre manière, incompréhensibles pour les autres et, dans sa solitude, il est beau. Il est pur, il est beau. Le gosse est certain de ça!

Le Toinet a préféré subir. Lui qui aurait pu rosser cette pluie de gamins aussi facilement qu'une vache balaie les mouches avec sa queue a choisi de se taire et c'est là tout le mystère de ce personnage, perdu dans ses larmes. Et ses pleurs, qui s'écrasent sur le sol mouillé, s'adressent-ils à lui, au Toinet et à sa misère, ou sont-ils destinés à la tribu de chenapans? Comment savoir... Ca aussi, c'est un mystère!

Le gamin ne sait plus ce qu'il doit faire. Il n'ose pas toucher ce corps, même pas l'effleurer, peut-être par pudeur. Il se tait et puis, finalement, tend sa main et la pose doucement, tout doucement sur le bras de celui qui se perd dans les soubresauts de son chagrin. Mais sitôt qu'il le frôle, le Toinet se redresse, l'œil hagard et, d'un bond, se remet sur ses grandes pattes qui l'emportent déjà par delà la ruelle.

Le gamin n'a pas le temps de crier, il n'en a pas envie. Il vient de croiser une vie. Pour la seconde fois ce matin, il a senti son cœur s'ouvrir. Deux fois en quelques heures, un cadeau... Quelque chose est en train de changer.

Ce qu'il ignore en cette journée vraiment pas ordinaire, c'est qu'un autre événement se prépare, à l'affût dans la froide clarté de l'après-midi, à deux pas du village...

*

Le village! Il faut en dire deux mots du village... Finalement, c'est peut-être lui le vrai héros de cette histoire! Lui qui abrite les intrigues, qui noue les passions... Lui qui crève à petit feu dans le désert des contreforts du Jura, oublié dans la neige de l'hiver ou la canicule de l'été. Lui, vieux et tellement las de lutter pour survivre, de jeter ses dernières forces dans un combat perdu d'avance. Lui, guetté par la friche qui resserre chaque jour son étreinte mortelle.

C'est au secret de ses maisons basses, à l'ombre de ses ruelles que vont se cogner tous les personnages qui déambulent dans ce récit. Il n'est même pas beau, ce village! Il pourrait avoir du panache dans le creux de son vallon, niché entre des collines lourdes d'arbres, au sommet de ces montagnes rondes. Mais les grappes de ses maisons disséminées ont perdu leur fierté avec les siècles, elles n'affichent que des murs rafistolés, des toits fatigués, de vieilles lézardes béantes.

Montcastel! C'est le nom du village... Un nom pétri d'orgueil, réminiscence d'un passé englouti quand se dressait sur ces hauteurs un fier château qui dominait toute la contrée. C'était il y a longtemps! De cette glorieuse époque, il ne reste rien, aucune trace. Le passé s'est dissout dans un présent maussade. Même les habitants ont perdu ce maintien altier, lointain héritage de leurs ancêtres.

Montcastel aujourd'hui n'est plus qu'une rue, étroite rue, longue, très longue, qui relie les morceaux éclatés du village, éparpillés comme les pièces d'un puzzle. D'un bout à l'autre, les maisons se succèdent, livrées à elles-mêmes, graines anonymes semées par on ne sait quel géant... Tantôt elles se frôlent, se montent dessus en grappes informes et tantôt elles s'ignorent superbement, laissant entre elles de grands espaces vides.

Dans ce fol agencement, chaque famille compose sa propre tribu. On est du Haut ou du Bas, du Bourg ou de la Ville, de l'Eglise ou de l'Ecole et même de la Mairie... Vieux souvenirs d'avant... Quand Montcastel résonnait du bourdonnement de la vie, quand le village n'était pas qu'un minuscule point sur une carte. Aujourd'hui, moins de soixante personnes vivent là et tous ces endroits forment de ridicules quartiers qui vivent repliés sur quelques familles. Les gens ne se chamaillent pas, ils s'observent à distance.

Un village loin du monde, que l'on atteint comme on remporte une victoire, à force de ténacité et d'audace, un village qu'une route invraisemblable vient relier à la vie et qui ne mène nulle part. Oui! Montcastel ne mène nulle part... Le village s'achève, au fond de son vallon, par une formidable falaise. C'est là que s'arrête la route des hommes. Plus loin règnent la forêt et les rochers dans les cris aigus des rapaces.

Village fou! Comme si cette poignée de baraques, dans un inconcevable défi, formaient l'ultime rempart avec le vide, sorte de bout du monde! Village qu'une main supérieure aurait déposé là, comme on isole un lépreux, comme on pose loin de tout quelque chose que l'on veut oublier.

*

Le gosse marche, enseveli dans sa pèlerine, une écharpe autour du cou. C'est à peine si son genou le tiraille, les mains douces de la Mère ont lavé sa plaie et calmé sa douleur.

Pourtant, tandis qu'elle le soignait, sans un mot elle lui posait mille questions. De ces questions qui sont autant de reproches plantés dans l'intimité de sa vie, de ces questions qui lui ramènent au visage son image de sale gosse. Alors, il a menti, une fois de plus... Une vulgaire chute à la sortie de l'école! Voilà ce qu'il a dit... Elle s'est tue, elle a simplement posé son immense regard vert dans le sien et il a sombré. Il n'arrive pas à lui mentir! Il a rougi et, pour ne pas pleurer, là dans la cuisine, il s'est inventé une grimace de douleur.

Il a honte chaque fois qu'il lui ment.

Le repas s'est passé dans le silence, l'assiette du Toinet est restée vide.

C'est pour retrouver un peu de paix qu'il a décidé de marcher, pour oublier toutes ces maisons sales, ces cours crasseuses, tous ces gens qui vivent là et qu'il n'arrive pas à aimer. Pourquoi n'y parvient-il pas? Est-il complètement mauvais ou bien lui faut-il encore du temps, de ce temps dont parle l'Etienne? C'est impossible de ne pas aimer les gens, des gens qui ne sont que des ombres posées sur sa route...

Il ignore les raisons de cette haine, mais confusément, son instinct lui dit qu'elle a sa raison d'être.

Et le voilà qui s'arrête. Il a déjà doublé les dernières maisons du village, le ciel est clair, maintenant. Il se retourne, seul sur le chemin. Il contemple les toits rouges qui brillent comme des rubis dans leur écrin vert. Sur sa butte, la petite chapelle semble veiller, entourée de son minuscule cimetière. La chapelle... Il s'en souvient comme si c'était hier, il venait d'arriver, le Père l'avait emmené là-haut, ils s'étaient assis sur le gros banc de pierre chauffé par le soleil et le bonhomme avait tendu la main. Il lui avait montré les baraques, collées par paquets, les ruelles qui couraient d'un quartier à l'autre et, partout alentour, les bois qui descendaient jusqu'aux portes du village comme une armée d'assiégeants. Il lui avait montré aussi, au loin, une enfilade de montagnes bleues avec leurs formes vagues qui dansaient sous le soleil. A cet instant, une horrible certitude s'était figée en lui: il lui faudrait apprendre à vivre dans cet univers à la fois minuscule et gigantesque.

Il se rappelle ce premier contact. Il en a conservé au fond de la gorge un goût amer qui ne l'a plus jamais quitté.

Il se souvient aussi du geste du Père fixant un vague point, quelque part au-delà des prés et ses paroles étranges: «Notre monde s'arrête là-bas, derrière les communaux! Après, y'a plus rien, c'est la falaise. Notre village est perdu, oublié et c'est pour ça qu'il crève...»

La voix cassée du gaillard l'avait surpris. Dans le soupir qui avait suivi, il avait senti le souffle de la mort.

Depuis, le gamin a toujours été fasciné par la falaise, il l'a apprise, elle est devenue sa confidente. C'est là-bas qu'il s'en va rêver en cet après-midi.

Elle est belle, cette falaise! Quand on quitte les dernières maisons et les maigres champs encore en culture et qu'on file vers le sud, elle s'étale, là, comme un immense balcon qui pique sur le vide. Tout à coup, plus rien, impossible d'avancer, plusieurs centaines de mètres de néant sous les pieds... Un bout du monde balayé par le vent!

La falaise, c'est une énorme plaisanterie, une espèce de nez pointu qui s'avance dans une vallée gigantesque, une vallée si grande qu'on en distingue à peine les extrémités, perdues dans la brume, une vallée parcourue par une rivière large et lancinante bordée de gros villages aux toits brillants.

Des paysages qui s'arrêtent tout à coup, le gosse en connaît, mais toujours ils sont barrés par une montagne ou des rochers... Quelque chose d'extraordinaire qui les fait plier. Là, rien de semblable! Le chemin qui mène à la falaise s'arrête à son sommet, c'est tout. Il refuse de continuer, il nargue la vallée qui s'étale en dessous.

Si les hommes avaient voulu, ils auraient tracé depuis longtemps un serpentin pour rejoindre la rivière, mais c'est volontairement que le village reste à l'écart, vieil ermite perdu dans sa solitude.

Le gamin a repris sa route, autour de lui le paysage se fait de plus en plus sauvage. Partout où se pose le regard, de vagues murets de pierres sèches mangés par les ronces viennent rappeler qu'autrefois des champs et des jardins couraient sur ces hauteurs. De petits vergers en terrasses, couverts d'arbres poussifs, grimpent à l'assaut des collines qui bordent le petit plateau. Des haies, bouquets d'arbustes étranges, plient doucement sous le vent à mesure que se profile la falaise. Et, dans cet univers de chaos, d'innombrables baraques en ruines constellent le paysage, quelques-unes sont déjà complètement dévorées par le bois, d'autres résistent encore aux assauts du temps, mais toutes portent en elles le parfum suave du désert, cette horrible impression de vie suspendue tout à coup.

Cette région est belle... Belle par le vide qui s'en dégage! Peut-être, après tout, est-ce le vide qui enfante la beauté. Pourquoi pas? Personne ne sait rien sur le vide!

Même le village est vide... Vide de joie et de rires, vide d'amour. Le gosse ressent les choses comme ça, partout il voit le vide.

Il chemine en brassant toutes ces idées. Il ne peut pas s'empêcher d'imaginer tout le plateau grouillant de vie. Ces bicoques, là, ont bien été habitées un jour! Avant de laisser le vide tout envelopper, c'est bien la vie qui soufflait ici, sur ces collines... Comment la vie peut-elle fuir aussi vite les hommes? Voilà encore une question qui reste sans réponse.

Il avance, il sait que bientôt le grand balcon va se profiler. Il remonte son col, serre un peu plus son écharpe, un frisson de bien-être parcourt son dos; il se sent bien en contemplant l'immensité du ciel au-dessus de sa tête.

Mais, alors qu'il s'engage dans l'une des dernières boucles

du chemin, des bruits étranges attirent son attention, des bruits qui viennent se mêler aux cris des corneilles et qu'il ne parvient pas à reconnaître. Et puis, soudain, il les voit, plantés devant lui, surgis de nulle part...

Ils sont quatre à lui barrer la route, à quelques pas. Quatre gamins avec de gros bâtons, des gamins qu'il connaît... Les mêmes qu'il a chassés tout à l'heure à grands coups de claques à côté du lavoir... Barbouzin les accompagne, il se tient un pas devant les autres, il le fixe en silence. Le bout de son bâton, couvert de ferraille, brille dans le soleil pâle.

Le gamin ne peut plus avancer, la meute forme un rempart devant lui, il ne sait plus que faire, il regarde le grand escogriffe planté devant lui.

C'est la première fois que le gosse observe vraiment l'autre, muré dans son silence. Ses cheveux roux et bouclés flambent dans la lumière, son vieux chandail tombe sur ses cuisses et son pantalon en velours, délabré et trop court, dévoile des sandales mutilées qu'il porte sans chaussettes... Mais ce qu'il voit, surtout, c'est le visage. Le nez long et pincé sous les taches de rousseur, la bouche étroite aux lèvres serrées qui soulignent un air vaguement carnassier, le menton en galoche... Et puis, les yeux! Des yeux foncés, presque fermés à cause du soleil qui prend lentement possession du ciel, des yeux méchants qui le toisent. En cet instant, Barbouzin le hait, le gosse le sait. Il a la sauvagerie et la démesure de son pays, il ne fait plus qu'un avec lui.

Le gosse hésite, il sent battre son cœur. Dans sa gorge, une boule s'est figée, un picotement d'angoisse dresse chaque poil de ses bras. Il sent la moiteur du danger qui l'enveloppe. Les bâtons lui font peur comme lui fait peur le regard bas de ceux qui les tiennent, il explore furtivement ses poches, elles sont vides. Il a laissé son couteau dans sa chambre, il n'a rien pour se défendre...

Et il sait que la petite troupe qui l'empêche de passer n'attend qu'une occasion pour se battre. Tous les gamins sont là pour effacer les coups reçus tout à l'heure, des coups qui ont blessé l'honneur plus que les corps. Le silence prend possession du chemin, des arbres, du ciel... Il enveloppe tout, la vie s'est interrompue, le silence a confisqué la vie.

Barbouzin esquisse un sourire.

«Ici, c'est chez nous et on fait ce qu'on veut. Toi, t'es rien, alors tu vas pas faire la loi! T'as pas intérêt à te mêler de nos affaires. Ce qu'on fait avec le Toinet, ça nous regarde, tu peux pas comprendre... Occupe-toi de tes fesses!»

Le gamin se tait, il est paralysé par la peur, il la sent monter lentement et s'insinuer dans chaque petit coin de son corps. En dix-huit mois, il s'est souvent bagarré avec le rouquin, mais c'était différent, une espèce de combat des chefs! Là, c'est la vieille haine de l'étranger qui s'exprime. En cognant les gamins, tout à l'heure, c'est la tradition qu'il a bousculée, l'honneur qu'il a bafoué, et ces choses-là n'ont pas de prix dans ces montagnes, même pour des gamins! La troupe est prête à tout; il le sent comme l'animal flaire le danger.

Il ne répond pas, il fait juste un pas en avant. Le voilà à présent nez contre nez avec le rouquin, il sent son souffle chaud. Il sait qu'il doit essayer de passer, tout de suite... S'il a une chance, une toute petite, c'est maintenant. Son geste a pris l'autre de court, dans l'instant d'hésitation il avance encore, un pas, puis deux, il bouscule Barbouzin et se dégage de l'étreinte. Déjà, les autres commencent à s'écarter. C'est presque gagné!

Mais au moment de reprendre sa marche, le coup tombe, lourd, terrible! Un horion sur l'épaule qui lui arrache un cri... Le rouquin vient d'abattre son bâton et la pointe de fer a traversé la pèlerine. D'un bond de côté, il parvient à esquiver une seconde attaque, il se met à courir sous une volée de coups qui martèlent son dos et ses jambes, mais pris dans son élan, l'épaule en feu, il trébuche et s'écroule sur le bord du chemin. Avant même qu'il n'ait pu se remettre sur ses jambes, il sent la morsure des bâtons sur son corps, sur ses mains, sur sa tête, partout... Partout, il sent la douleur qui l'envahit et le transperce. Il n'a plus qu'une idée, qu'un réflexe, se recroqueviller pour éviter que les coups ne le déchirent, mais ils ne cessent pas, les coups... Alors il ferme les yeux et pense à la mort. Oui, c'est ça, la mort! Un instant d'ultime lassitude, d'abandon total. Sur le chemin de la falaise, le corps en boule, il s'abandonne, sa mère est là qui sourit, elle parle mais ses mots ne viennent pas jusqu'à lui. Il n'entend que le bruit sourd des coups qui continuent de tomber...

Puis soudain, plus rien. Rien que la voix nasillarde du rouquin.

«Ca t'apprendra à te mêler de ce qui te regarde et t'as pas intérêt à te plaindre parce que ça recommencera...»

Les mots lui parviennent par bribes. Il ne les entend même pas... Il tremble, il ne peut plus bouger, le sang colle ses paupières. Il a surtout une horrible envie de vomir. Tout à coup, un sifflement, des paroles chuchotées et un branle-bas de godillots qui courent sur les cailloux, puis plus rien que le piaillement de quelque oiseau attardé.

Le gamin reste là dans le silence et la douleur, il s'efforce de ne pas sombrer dans ce grand océan noir qui lui tend les bras, il n'a même plus la force d'avoir peur.

Puis de nouveau des pas, plus lourds, et deux bras qui l'empoignent, sa tête vient se caler sur la poitrine épaisse d'un homme dont il ne distingue même pas les traits et qui se tait.

Il ne sait rien de celui qui le porte, rien sinon qu'il empeste la sueur et l'ail sauvage. Il ne lutte plus, il se laisse chavirer.

*

Le Toinet porte l'enfant dans ses bras, la tête du gosse s'est redressée un instant avant de retomber en arrière. Ce gamin, dans les bras du Toinet, pèse plus lourd que tous les tas de cailloux que l'autre a trimballés dans sa chienne de vie. C'est le poids de l'enfance malheureuse, le poids de la solitude et le Toinet, lui, il connaît ce poids, il l'a senti tant de fois meurtrir ses épaules. Oui, tant de fois il a subi le poids des regards et des mots, le poids de la différence.

Il ramène le gamin au village et en passant les premières maisons, il aurait dû voir les mines effarées des bonnes femmes devant ce corps inerte... Il aurait dû voir, mais il n'a pas regardé, il a simplement filé en soutenant le gosse. Des gouttes de sang chaud et rouge ponctuent sa marche. Et, au fur et à mesure qu'il avance, les gens se collent à lui, parlent, regardent. C'est tout un cortège qui défile maintenant dans le village, qui s'enfle de maison en maison pour dire sa stupeur.

On tente de l'arrêter... Pour voir, pour toucher, mais le Toinet serre le gosse contre lui pour le protéger du regard des gens, de ce regard qui peut salir et blesser bien plus cruellement que les coups! Il se retourne en grondant, bouscule, repousse cette flaque humaine et se met à courir sous les injures.

Les autres ne comprennent pas, ils veulent savoir! Que lui est-il arrivé au gosse? Il est tombé, il s'est blessé, peut-être est-il malade? C'est bien possible, ça, la maladie... Une de ces maladies inconnues qu'on attrape dans les villes et qu'on traîne avec soi, qu'on cache jusqu'à ce qu'elle éclate au grand jour, comme un péché, comme une tare!

Toutes ces idées traversent le cortège, elles se faufilent dans les têtes et parfois dégringolent jusque sur les langues: on chuchote, on voudrait savoir, mais cette bourrique ne dira rien, il va conserver son secret bien au chaud, pour lui seul!

La baraque des Baptiste se dresse derrière son haut mur de pierres, le Toinet s'engouffre par le portail, il traverse la cour et d'un coup de godillot fracasse la grosse porte qui vient s'écraser contre le mur. Les carreaux éclatent en gémissant. Dans un bruit de tempête, il se précipite au fond de la cuisine, son fardeau dans les mains. C'est fini... Dehors, les badauds restent massés dans la cour à contempler la porte qui danse encore sous le choc. Bientôt, tout ce flot humain se dispersera, les gens rentreront chez eux et réinventeront l'histoire. Les discussions traîneront d'un repas à l'autre pendant des jours et des jours... Jusqu'à ce que les langues soient fatiguées et les mots usés.

Dans la maison, la Mère est affairée à ses casseroles, elle prépare la soupe du soir, elle a bien épluché les patates et les carottes, bien découpé ses poireaux dans la lumière basse.... Elle n'a pas le temps de comprendre, elle voit ce grand gaillard débouler en trombe et déposer avec d'infinies précautions le petit corps sanglant au milieu des épluchures parfumées. Elle pousse un cri, c'est tout ce qu'elle peut faire, elle ne distingue rien, pour un peu elle prendrait le corps du gosse pour celui d'une bestiole quelconque couverte de sang. Mais elle n'a pas besoin de voir... Elle sait, elle sent comme seules les femmes peuvent sentir, alors elle s'approche en courant, met la main devant sa bouche pour s'interdire de crier encore ou peut-être de pleurer, elle se retourne, agite ses bras dans le vide, écarte le Toinet de toutes ses forces et se penche sur le visage de l'enfant.

Elle saisit la tête de ses deux mains, les retire... Elles sont maculées de sang, de ce sang presque noir qui coule doucement et s'égoutte sur le sol. En cet instant, c'est son enfant qui gît sur cette table et c'est une partie de sa vie qu'on lui vole une nouvelle fois. Elle pleure et ses larmes se mêlent au sang du gosse, elle a mal à sa vie, elle interroge le vide, puis s'écarte en chambillant et s'affale sur une chaise. En elle, plus rien ne fonctionne, elle erre dans un univers complètement noir.

Mais tout ça se passe tellement vite! Le vacarme a ameuté le Père qui rapplique de son atelier, épouvantail couvert de sciure. Le voilà qui déboule par la petite porte du fond, quand il voit le gamin, il se précipite, il voudrait crier, dire sa peur mais les mots l'ont déserté. Il n'est plus qu'un vieux pantin muet de douleur...

Il caresse le gosse, essuie le sang avec sa manche. Il trépigne, impuissant et furieux. Alors, le Toinet s'avance et l'écarte d'un geste lent, presque amical. Tout à coup, dans la maison, le sens des valeurs s'inverse, un idiot s'impose par l'unique force de son regard. Le Père et la Mère l'ont bien compris qui se recroquevillent, se tassent l'un contre l'autre et attendent. Ils attendent l'incroyable en remettant toute leur espérance entre les mains providentielles du Toinet.

Dans un coin de l'immense cuisine, la voix éraillée d'un vieillard récite un chapelet de délires incompréhensibles...

Le gosse dort! On dirait qu'il dort, profondément. Le Toinet regarde les plaies, palpe l'épaule, s'en va chercher un linge et nettoie, puis, il pose doucement ses deux mains de chaque côté de la tête et attend... Son regard se perd dans l'immensité de la pièce silencieuse, le temps file, comme une éternité en marche. Parfois, il modifie les positions, ses doigts serrés bougent de quelques centimètres.

Lentement, très lentement, les paupières du gosse se mettent à ciller, puis s'ouvrent carrément. Il essaie de bouger. Le miracle se produit.

Mais les mains du Toinet le retiennent; alors ils s'observent, ils se parlent avec leurs yeux, sans un mot... Une discussion sans fin. Deux vies qui s'épanchent...

Le sang a cessé de couler, le gamin est revenu de son voyage dans l'oubli. Penchés au-dessus de lui, toujours allongé sur la table, le Père et la Mère lui tiennent chacun une main. Ils tremblent, mais c'est de joie qu'ils tremblent, la joie d'avoir enfin trouvé un fils.

Le Toinet revient de la grange avec un petit pot de terre d'où il extrait une pommade épaisse et rose aux senteurs de résine qu'il applique sur l'épaule. Le gosse fait la grimace et sourit, la douleur s'est déjà enfuie.

Bientôt, ils parleront... Le gamin leur dira sa balade à la falaise et sa rencontre avec la bande. Il racontera la bagarre et, bien sûr, le Père gueulera, il ressortira en vrac toute la rancœur accumulée depuis tant d'années contre les autres... Les «rouges» du village, l'équipe du maire avec son premier adjoint, le père de

Barbouzin... Il mélangera tout, son amour pour le gosse et son envie d'aller rosser le rouquin. Il mélangera tout ça parce qu'il est brave et que, en homme brave, il ne saura plus si son amour doit l'emporter sur sa haine.

Seul, le Toinet se taira. Sans un mot, il observera, puis il plantera son regard dans celui du gamin et il sourira. Un sourire qui se voudra une main tendue; alors, l'autre répondra à ce sourire et ceux-là se seront enfin rencontrés. Ils n'auront plus jamais besoin de mots pour se comprendre.

Et les choses qui doivent arriver pourront enfin se produire...

Chapitre 3

Une poignée de jours ont passé: dix ou quinze, peut-être... Le gosse n'a pas remis les pieds à l'école, il a fait le gros dos, barricadé dans le silence. Il a interdit qu'on mette le nez dans son monde. Un pied-de-nez à la vie, voilà ce qu'il a fait, le gosse! Le Père et la Mère n'ont rien dit, ils l'ont laissé seul dans ses pensées. Des heures durant, il a hanté la baraque, fantôme égaré, puis sont arrivées les vacances de Pâques, interminables. Enfin elle est apparue...

Il manquait une fille à cette histoire. La voilà qui s'avance, timide et presque gênée.

Elle est venue par un matin triste et lourd, un de ces matins en bagarre avec des nuages bas que le vent du printemps essayait de pousser loin du ciel: un vrai combat de coqs comme le gosse les aime, plein de bruits et d'odeurs, une journée chargée de mystères quand le temps balance entre tristesse et joie. Les coudes collés à la table, il buvait un grand bol de café en regardant je ne sais quoi courir dans le ciel. Quelques coups timides à la porte, la Mère qui va ouvrir et là, sur le seuil, enveloppée de la lumière du matin, une grande silhouette fine aux cheveux bruns qui demande à entrer...

Ca s'est passé comme ça! Elle a pénétré dans l'univers sombre de la cuisine et elle a amené la lumière avec elle. Soudain, la pièce s'est éclairée. C'est vrai! Même le Vieux dans son fauteuil a redressé la tête: on l'a entendu marmonner ses phrases folles...

En ce matin d'avril, elle est entrée dans sa vie maussade par la porte, comme n'importe qui! Il n'est pas près d'oublier ce moment. Ses longs cheveux, emmêlés par le vent, tombaient sur son visage, elle les repoussait sur le côté d'un petit geste vif, un de ces gestes que seules les femmes savent faire et que les hommes ne comprennent pas, mais qui leur dit tout à coup qu'il faut se réveiller et que quelque chose de nouveau commence. Elle portait un pull rouge sous une veste de toile beige serrée à la ceinture, un foulard courait sur son cou, ses jeans serrés disparaissaient dans de petites bottines lacées. Une tenue même pas incroyable... La tenue des gamines de son âge.

Le gosse l'a fixée, sans comprendre. Un regard de mâle, presque éteint, presque absent. Cette grande fille qui souriait, gênée par le regard du gosse, avait d'immenses yeux en amande, des yeux sombres qui brillaient au-dessus de larges pommettes, le nez fin descendait sur une bouche aux lèvres minces qui faisait naître deux fossettes quand elle souriait. Pour sûr, elle était fichtrement belle dans cette cuisine et, dans son regard, le gosse comprit combien il était laid, immensément fade devant cette apparition.

Mais il s'en fichait d'être laid! Il savourait la beauté de ses gestes et cette lumière qui collait encore à elle, qui n'en finissait pas de briller et de faire resplendir la pièce. Elle venait le voir, lui... Oui, rien que lui! Elle s'enquit de sa santé, demanda pardon pour la méchanceté, la bêtise... Des choses qui semblent irréelles quand on les raconte, tellement elles sont douces, des expressions de filles, qui viennent tout droit de leur monde et qui repeignent la vie couleur d'arc-en-ciel! Quand elle parlait, c'était pour lui avec des mots qui ne s'adressaient qu'à lui, qu'elle allait chercher au plus profond d'elle-même et qu'elle lui offrait dans un cadeau immense. Il reçut ce cadeau. Brusquement, il se sentit moins seul.

En cette matinée de printemps, le gamin cogna sa vie contre Hélène.

Hélène, du Bourg, à l'autre bout du village... Hélène, la grande fille du collège qui aide sa mère à tenir la maison... Hélène qui s'ennuie entre ces collines, sur ces montagnes qu'elle regagne chaque soir comme une punition, qui a des envies de voyages et de grands besoins de rêves... Hélène qui s'endort le soir avec ses désirs de petite femme pas encore mûre et qui se sent poussée vers la ferme des Baptiste, à la rencontre d'un gosse qu'elle ne connaît pas, mais dont elle sent l'appel avec son instinct de femelle.

Depuis ce matin béni, ils ne se sont plus quittés, ne faisant qu'un comme le gant épouse le doigt. On aurait dit qu'ils voulaient rattraper un temps qui les avait fuis jusque-là. Ils ont dévoré les heures à vagabonder dans les bois, à grimper sur les hauteurs. Ils ont sillonné tout le plateau, écouté le vent chanter dans les arbres, regardé les nuages naître et mourir. Ils ont appris ensemble à aimer la pluie qui ruisselle sur la peau et le froid qui pince le visage. Ils ont compris qu'à deux, on voit les choses avec les yeux du cœur qui n'ont pas de limites.

Hélène retrouvait des sensations qu'elle avait enfouies loin dans sa mémoire. Cette fille connaît son pays par cœur, elle le sent vibrer. Avec elle, le gosse a découvert des sentiers inconnus, dégringolé dans les sous-bois, plongé dans les forêts. Elle lui a appris à mettre un nom sur chaque plante, à reconnaître le tilleul, l'érable ou la charmille. Leur complicité a réconcilié le gamin avec la vie.

Alors, l'autre jour, pour la remercier de tant de bonheur, il l'a emmenée dans la grange, immense chapiteau où des poutres grosses comme des piliers de cathédrale emportent le toit jusqu'au ciel en une dentelle d'entrelacs. Ils ont grimpé une immense échelle aux barreaux hésitants jusqu'à une sorte de cabane minuscule perchée tout en haut de la charpente, si haut qu'elle semblait voler dans l'espace. Là, ils sont entrés et ils ont vu: les couvertures mangées par les mites jetées pêle-mêle sur le lit étroit, la petite table bancale, le tabouret et l'espèce de trou en guise de placard où traînaient quelques frusques. Et, comme leurs yeux tutoyaient peu à peu l'obscurité, ils ont distingué d'autres choses encore: quelques jonquilles perdues dans un gobelet, un dessin avec des arbres finement tracés, un couteau au manche en corne et un bâton en forme de crosse sur lequel grimpait un escargot sculpté... C'était l'antre du Toinet!

Ils restèrent là, entre ciel et terre, un long moment à s'imprégner en silence de l'odeur de bois sec, puis la fille se mit à trembler en le regardant avec ses grands yeux mouillés et il ne sut plus que faire. Il lui prit la main.

Dans cette nacelle suspendue dans les airs, ils échangèrent un premier baiser au goût de résine et de menthe sauvage...

*

Les verres se cognent et balancent sur les tables un vin gras qui dessine de larges auréoles. Ils sont tous là, tassés comme des vacanciers sur une plage, à chercher un petit coin où poser leurs fesses, où caler leur ventre... Et tout ça braille à vous faire éclater les tempes; on s'envoie de grandes claques dans le dos, on se pousse de l'épaule, on s'empoigne avec des paluches grosses comme des poêles à frire. Les mâles ont pris leurs quartiers, ils sont ici dans leur tanière, ils rient, rotent et pètent à qui mieux-mieux dans des relents de sueur et de mauvais vin. Au-dessus des têtes, noir et gras comme du suif, un nuage de fumée vient s'accrocher aux longs serpentins gluants qui tombent du plafond, couverts de mouches.

Ils n'en finissent pas de rappliquer, se bourrent en beuglant, envahissent les moindres recoins. La cuisine de la Marie-Jeanne va finir par exploser sous la pression de la meute!

Mais la patronne s'en fout... Elle glisse de table en table et remplit les verres en faisant valser ses gros seins sous le nez des gars excités par cette danse lubrique. Quand leurs mains s'enhardissent sous son tablier, elle cogne dessus en rigolant. La

Marie-Jeanne est grosse, trop grosse, elle ruisselle dans sa robe jaune trop serrée, mais pour elle c'est une bonne journée. C'est toujours une bonne journée quand il se passe quelque chose d'extraordinaire au village! Dans ces moments-là, sa cuisine s'enfle comme un sonneur de cor et tous les mâles rappliquent pour discuter. Ca lui rappelle le bon vieux temps, quand elle tenait un vrai bistrot avec de vrais clients...

Aujourd'hui, le bistrot est fermé et c'est dans sa cuisine, sur ses trois tables en formica qu'elle sert à boire aux gars dans la plus grande clandestinité. Montcastel ne peut plus se payer de café, mais les clients ont toujours aussi soif. Misère de vie paysanne!

Dans ce tripot puant, les femmes sont indésirables. Quand elles viennent, c'est pour récupérer leurs hommes, incapables de retrouver le chemin du retour, mais elles attendent dehors que l'alcool les épuise. Autant le dire tout net, la Marie-Jeanne est cordialement détestée de ses congénères, mais chez elle, c'est elle qui fait la loi. Elle a le physique pour ça...

Tapi dans son coin, le gosse observe, il fixe dans sa mémoire les détails de cet univers qui le terrorise et le fascine à la fois. Ce sont les bruits qui lui font peur! Les beuglantes des uns et des autres à propos de rien, les énormes rires, les poings qui s'abattent sur les tables dans un boucan d'enfer. Tout ce tintamarre lui rappelle les disputes familiales, juste avant que son père ne parte. Il ne supporte pas les disputes.

A côté de lui, le Père se tait. Pour qu'il débarque dans ce repaire de «rouges», il faut que la nouvelle soit d'importance, il a les yeux fixés dans le fond de son verre.

Les discussions vont déjà bon train, qui commentent l'événement. Des gaillards rougeauds, chauffés par les tournées, épongent leur front ruisselant en dégommant les verres de rouge. Dans le brouhaha de la pièce, leurs voix se perdent en cognant les murs.

On parle du Martin... Hier soir, sa mère a fait une attaque, comme ça, sans prévenir. Elle était malade, bien sûr, mais des malades, le village en a connu des tas qui ont fini centenaires! Elle est partie comme on part tous dans sa famille, par le cœur, une espèce de fidélité qui se transmet de génération en génération. Après le souper, elle s'est sentie lasse, elle est montée se coucher et le Martin l'a entendue crier. Quand il est arrivé, elle n'était déjà plus là, il paraît qu'elle souriait, la tête posée sur son oreiller.

La nouvelle a fait le tour du village; la mère du Martin qui meurt, c'est bien plus qu'un décès. C'est le risque que ce foutu cabochard en profite pour tout plaquer et, s'il arrête, Montcastel n'aura plus de paysan! Un village de la montagne sans paysan, une blague...

«Il va falloir l'enterrer; le maire a dit que ça pourrait se faire samedi. Tu parles, la veille de Pâques! Le Camille, il a encore un cercueil dans son atelier, du chêne... C'est pas n'importe quoi, elle aurait été heureuse la vieille.»

Le type a parlé dans ses cheveux grisonnants, c'est un grand sec qui tortille son verre vide dans tous les sens, mal à l'aise comme un cancre au tableau. Il se force, des têtes opinent pour l'encourager, il continue:

«On a téléphoné au curé. Ca fait un bail que personne n'est plus mort au village, ce sera son premier enterrement à Montcastel. Faut espérer qu'il racontera pas trop de couillonnades...»

Un vague silence tombe, on entend des gorges qui se raclent. Dans le fond, caché par les seins de la Marie-Jeanne, un jeunot, béret sur le crâne, renchérit sans lever le nez de son verre vide:

«Il paraît qu'elle venait juste de nettoyer le caveau de la famille. C'est qu'y a du monde là-dedans! Peut-être bien qu'elle sentait quelque chose, comme qui dirait un appel... Ca se voit des choses comme ça!»

Dans la salle, on acquiesce d'une espèce de grognement.

«Bah, la pauvre vieille, elle est bien mieux où elle est! Au moins, maintenant elle est tranquille, elle se fera plus de souci pour le Martin. Au fond, c'est ça qui l'a fait partir, le tourment de le voir quitter la ferme!»

Après avoir tourné longtemps autour du pot en vrais paysans qu'ils sont, ils s'apprêtent enfin à dire ce qu'ils ont sur le cœur, mais un rire sec et pointu venu d'on ne sait où vient couper leur élan. La forêt de têtes s'agite dans tous les sens pour savoir qui ose ce sacrilège, on dirait une basse-cour à l'heure du grain. Une voix lourde s'élève alors au dessus du brouhaha du troupeau:

«Vous me faites tous une belle poêlée de faux-culs, sacrés vingt dieux, vous avez donc la frousse de dire ce qui vous tarabuste les boyaux! Allez, bon sang, un peu de courage... Je les ai connus plus gouailleurs les gars de Montcastel... Où sont donc passés les beaux merles du canton? Vous en avez rien à faire de la pauvre vieille qui vient de casser sa pipe, ce qui vous fout la trouille, c'est de perdre votre dernier paysan et de faire rire tout le canton! Tu parles, Montcastel qui peut même plus se payer un péquenot, quelle rigolade... Allez, mais dites-le donc!»

On s'insurge, le ton monte. Les têtes se sont tournées vers le fond de la cuisine, rouges de colère et de vin. Au village, on risque sa peau quand on donne des leçons! Dans l'espace laissé libre par la rangée de cous tournés, le gosse peut voir sa petite tête de fouine, son nez busqué, sa grande gueule d'ivrogne à moitié mangée par une barbe sans âge... Son copain Brantouille savoure sa tirade, un rictus de satisfaction secoue sa lèvre et laisse pointer de longues dents blanches. Dans sa dégaine de misère, il a des airs de carnassier.

Mais le père de Barbouzin vient de se lever en renversant sa chaise, son gros poing de bûcheron s'abat sur la table, les verres giclent, on les récupère comme on peut. Il est blessé dans son orgueil d'adjoint...

«Faut toujours que tu la ramènes, sacré pochetron, tu pourras donc jamais la fermer au lieu d'emmerder les braves gens! Tu pourrais quand même avoir du respect pour la douleur du Martin, nom de Dieu! Ca te va bien de faire la morale, toi qui finis pas une journée debout... Je devrais te sortir d'ici par la peau du cul!»

Mais le rire reprend de plus belle.

«Tu me sors pas, Monsieur l'adjoint, parce que t'as la trouille! Rappelle-toi, à l'école, t'avais déjà la trouille de te bagarrer, pis après t'as eu la trouille des filles, pis t'as eu la trouille de l'armée, t'as jamais guéri! Tu me fais rire avec tes manières! Moi, je vous le dis, le Martin, il va partir... Et vous le savez tous, mais vous faites semblant. Vous savez bien qu'il est malheureux à Montcastel. Lui, il est pas fait pour la vie de cul-terreux, il rêve de liberté... Il va partir et vous pourrez pas l'empêcher et ça vous met en boule... Moi, ça me fait rire parce qu'enfin, ce gars va vivre comme il a envie, même si ça dérange Monsieur l'adjoint!»

Le bûcheron a récupéré sa chaise, il s'assoit en haussant les épaules: de toute sa vie, il n'a jamais réussi à faire taire le Brantouille, les gars le savent et comme ils aiment rigoler sur le compte des autres, on voit des sourires se dessiner sur les visages. Un petit gros à moustache semble savoir des choses.

«Le Martin, il est allé voir le directeur du Crédit Agricole, à Moranges. Pas plus tard que la semaine dernière, il a rappliqué dans son bureau en faisant la gueule. Comme il lui demandait ce qui se passait, l'autre lui a dit tout net qu'il voulait arrêter, qu'il en avait marre de trimer pour rien et qu'il voulait partir... Comme ça qu'il lui a dit! Je le sais, c'est le caissier qui me l'a dit...

— Faut dire que tu connais bien le caissier avec tous les sous que tu lui donnes chaque semaine!»

On rigole dans la salle...

«Je lui donne les sous que je gagne en travaillant comme un bœuf! Si y'en a qui veulent conduire le camion à ma place, ils peuvent venir, mais je suis bien sûr que, dans six mois, vous aurez plus d'épicier pour passer vous ravitailler dans ce village paumé!»

Le petit gros, c'est le Dédé, l'épicier ambulant qui sillonne toute la contrée. Il a repris une maison aux Capettes, à deux pas de Montcastel; mais comme sa femme tient la boutique à Moranges, pour les gens d'ici c'est quand même un étranger. Personne ne rate l'occasion de le lui faire remarquer.

Une autre voix monte de la meute, tremblotante, presque inaudible.

«Peut-être que c'est pas vraiment vrai... Peut-être qu'en fin de compte, il va réfléchir et qu'il partira pas. Personne n'a causé de ça avec lui et maintenant que sa mère est morte, il se sentira peut-être moins attaché. Des fois que ce serait juste une histoire de cœur...»

Cette idée soulève des remous dans les rangs, on se gausse. Le petit malingre qui vient de parler, c'est la Binette, un vieux garçon en retraite, timide et éternelle tête de Turc du village. De l'autre coin de la cuisine, la voix de tonnerre du Justin roule jusque sur la table.

«Qu'est-ce que tu racontes encore, la Binette! Il a jamais été amoureux le Martin... Il est comme toi, il sait même pas ce que c'est une femme, il connaît que son tracteur et ses vaches! T'as encore perdu une occasion de te taire. Si il fait ça, c'est qu'il se passe des choses à Montcastel!»

La Marie-Jeanne s'est redressée, sa bouteille à la main.

«Dis-donc, Justin, ça te va bien de parler des femmes... Qu'est-ce que t'en sais des femmes? Si je me trompe pas, la tienne elle a fichu le camp y'a plus de dix ans avec un représentant d'aspirateurs et peut-être bien qu'elle avait des raisons, pas vrai? Alors qu'est-ce que tu viens enquiquiner la Binette, avec tes histoires: si t'as quelque chose sur le cœur, va falloir être plus clair que ça...»

La Marie-Jeanne défend toujours les faibles, c'est souvent comme ça avec les grosses. Des soubresauts de rire parcourent la salle. Le père de Barbouzin revient à la charge.

«Ce que le Justin veut dire, c'est que le village a toujours vécu de la terre. Nos parents et leurs parents avant eux ont toujours été paysans et si demain y'en a plus, qu'est-ce qu'on va devenir? Qu'est-ce qui va nous rester si plus personne n'entretient les champs, si personne n'arrête la forêt? C'est pas la poignée qu'on est qui va résister bien longtemps... Déjà la friche avance de partout, elle a dépassé les murs, elle nous encercle. Le village risque de mourir et un jour, il restera plus une seule trace de notre passage et ça, c'est grave!»

Les têtes se baissent, les regards courent au ras du sol. Tout à coup, les verres ne se cognent plus, le silence est tombé, lourd comme un ciel de novembre. L'adjoint, avec son tempérament de débardeur, a exprimé la hantise des gens de Montcastel, cette espèce de peur de disparaître, tapie au fond des têtes, comme puisée dans les entrailles du village.

«Eh ben, voilà! Monsieur l'adjoint, je préfère quand tu causes comme ça... Vous pouvez plus cacher vos peurs, faut les faire sortir aujourd'hui, sinon vous allez tous en crever!»

Le Brantouille s'est redressé, le poing levé bien haut, imprécateur de café du commerce! Dans l'autre, il tient une chopine récupérée sur la table voisine et remplit son verre à ras bords. Son voisin, un jeunot, essaie bien de la récupérer, mais l'ivrogne l'a déjà cachée sous sa veste en poussant des cris de putois...

On commence à rire aux tables alentour, mais une voix vient rappeler tout le monde à l'ordre.

«Tout ça, c'est la légende... Ce serait pas la première fois que Montcastel disparaît à ce qui se dit, vous y pensez tous et l'adjoint le premier, mais il ose pas le dire. Les anciens, eux, ils savent...»

La voix aigrelette n'appartient à personne, elle vient planer sur les têtes et se poser au beau milieu de cette cuisine bondée. Tout le monde se tait, mais un écho, déjà, lui répond.

«C'est pas Dieu permis d'entendre des niaiseries pareilles! Ces légendes, c'est rien d'autre que des histoires de sorcières inventées par des curaillons pour faire aller droit le bon peuple! Mais qu'est-ce que vous avez tous dans la tête, sacré bon sang?

Faut-il que vous soyez embobinés pour croire à des trucs pareils... Y'a jamais eu de légende! Y'a jamais eu de village disparu! La seule chose vraie dans tout ça, c'est que vous virez tous bredins avec vos bondieuseries...»

Avec sa voix de stentor et son énorme bedaine, le Louis vient rappeler que Montcastel est une anomalie cantonale avec sa fâcheuse manie de voter toujours à gauche! Pour toute la contrée, ce repaire de socialistes semble avoir oublié une fois pour toutes l'antique tradition qui veut que, dans ces montagnes, on soit de fervents conservateurs. Campé sur son plateau, Montcastel réplique en balançant comme un défi les députés et autres conseillers généraux qu'il a fabriqués à la pelle depuis un siècle.

Dans la cuisine de la Marie-Jeanne, le vieux combat reprend dans une atmosphère poisseuse et puante. Le gosse regarde, il essaie de comprendre. A côté de lui, le Père est muré dans son silence.

«Il a raison, le Louis! C'est des inventions de bonnes femmes cette légende et, au lieu de raconter des histoires qui tiennent pas debout, vous devriez tous être fiers d'avoir eu dans ce village des hommes courageux qui n'ont pas hésité à braver l'obscurantisme pour faire avancer les idées de progrès...

— Bon Dieu de bon Dieu, il raconte vraiment n'importe quoi! Quelles idées de progrès? Celles qui nous ont amenés là aujourd'húi? Mais tu parles de gugus que voilà! Vous n'avez pas de honte à parler de progrès pendant que le village menace ruines! Vous pouvez vous les flanquer au cul vos idées de progrès et toutes vos leçons de politique, parce que depuis le temps que vous êtes à la mairie, si vous étiez aussi malins que vous le dites, le village serait pas en train de crever!»

Le chahut bat son plein, les verres claquent sur les tables, on se regarde dans les yeux, on se défie comme aux plus beaux jours... La vie à l'état brut.

Voguant d'une table à l'autre, la Marie-Jeanne tape sur les

épaules des gars, les bourre du coude en remplissant leurs verres vides, le vin coule, envahit la pièce comme un fleuve qui déboule. Chacun à sa place joue sa partition et le ballet est un vieux classique.

Celui qui parle de progrès, c'est l'autre adjoint que le village dans sa grande sagesse a surnommé le Maître un peu à cause de ses phrases alambiquées et beaucoup à cause de sa carrière franc-maçon. Il revient à la charge.

«Vous ne pouvez rien nous reprocher, ni à nous, ni à ceux qui sont passés avant nous. Montcastel est le bourg de la région qui a porté bien haut l'étendard des idées de justice et de liberté qui ont fait avancer l'humanité et il les porte encore et je ne laisserai personne nous insulter...»

Il martèle la table de son poing, le formica gémit. Une volée de postillons gros comme une averse de juillet s'abat sur ses voisins qui se protègent comme ils peuvent! Le Père s'est redressé comme un beau diable.

«Ce que t'oublies, l'adjoint, c'est que dans ce village, il est né plus de curés que de socialistes! Montcastel donnait déjà des évêques à une époque où le socialisme était même pas inventé, alors pour quelqu'un qui veut donner des leçons, tu ferais mieux d'apprendre ton histoire! Et pis, tu veux que je te dise, la légende, elle existe et tu le sais très bien! Les vieux l'ont toujours dit, Montcastel porte en lui sa propre mort, alors faut avoir le courage de reconnaître que le village est en train de disparaître encore une fois. Voilà, c'est simple et tout le reste, c'est des bobards...»

Il est debout, vieux loup de mer dans la tempête, il les défie tous, le visage cramoisi, les cheveux en rafale. Oui, ce bonhomme timide, fâché avec les mots, est porté par une voix venue d'ailleurs, il vient de causer comme il a toujours rêvé de le faire. Dans la cuisine, on entend presque le silence. Il continue.

«Je vais vous dire encore une chose à toi et à tes amis, parce que ça fait longtemps que vous me pesez sur les bretelles: vous causez, vous causez, mais vous avez même pas le courage de reconnaître vos faiblesses et c'est pour ça que je vous respecte pas... Et je vous dis merde, une bonne fois pour toutes!»

La stupeur se lit dans les yeux, sur les bouches en cul-de-poule. Le Père vient d'épancher quarante ans de bile et c'est encore meilleur qu'un coup de vin jaune... Il regarde tout le monde d'un air absent, renverse sa chaise et sort. On s'écarte sur son passage.

Il en a sa claque des discours, une soupe chaude l'attend à la maison.

*

Le soir a recouvert le village d'un manteau froid, c'est l'heure où les corbeaux crient dans le ciel et filent Dieu sait où. Le gosse attend sous les marronniers, enveloppé dans son vieux chandail, il est gelé sur son banc de pierre, mais il attend. Il sait que l'autre passera bientôt par là, il écoute la nuit qui tombe.

Sa tête bourdonne encore de tout ce qu'il a entendu chez la Marie-Jeanne, jusqu'aux odeurs qui s'accrochent encore à sa peau malgré le vent froid qui pince le bout de ses doigts. Il revoit les visages, les gestes, les rires et les colères, cet univers tellement étrange qu'il a pénétré pour la première fois. Pourquoi l'ont-ils accepté? Serait-il en train de devenir un homme? A quoi reconnaît-on qu'un gamin devient un homme? Il ne sait pas, il se sent toujours petit, il comprend si peu de choses aux adultes.

Sur la pierre qui insinue le froid au plus profond de lui, il pense à tout ce qui s'est dit, il pense surtout à la légende... La peur qui se lisait sur les visages, la haine qu'elle a réveillée. Pour qu'une histoire suscite autant d'émoi, il faut qu'elle soit bien ancrée dans le cœur des gens! Selon eux, un village pourrait donc vivre, il pourrait mourir... Comme n'importe quel être vivant. Pour sa petite caboche de gosse, cette idée est complètement farfelue!

Mais quand même, elle l'inquiète... Parce que si un village vit, ça signifie qu'il peut aussi aimer ou souffrir, ça veut dire qu'il a des pouvoirs. Il lui suffisait de regarder les visages, tout à l'heure pour savoir que c'est vrai. Les gens d'ici croient à toutes ces choses, même ceux qui s'en défendent.

Là, sous son marronnier, le gamin sent la peur qui monte en lui. Ses tremblements ne viennent pas seulement du froid, en réalité ils parcourent tout son corps chargé de panique.

Il voit mille ombres qui se faufilent dans les arbres, mille fantômes aux aguets derrière les murs. Il entend des voix qui montent de la terre, qui planent autour de lui. Le monde secret de Montcastel vient lui parler, lui conter les histoires qui ont traversé les siècles. Il vient le chercher!

Et il ne veut pas de ce monde, il est trop seul pour l'affronter! Il faut qu'il se sauve, qu'il se protège... Il va bondir, fuir aussi vite que s'il revenait de maraude. C'est ça, à cet instant le gosse est déjà debout, prêt à s'enfuir, mais au moment où il va filer, la voix chaude du Brantouille s'élève dans la nuit. Il la reconnaît tout de suite cette voix mal assurée, qui chante en lançant ses trémolos, elle vient l'arracher aux démons de la nuit. Il n'est plus seul dans sa peur.

Le bonhomme tangue entre les arbres, pour un peu il vous donnerait le tournis... Ses godasses labourent le sol de la petite place, il avance en jurant chaque fois qu'il bute sur un obstacle imaginaire. Dans son gros pantalon de toile, raide comme une trique, il se débat avec d'autres fantômes, les siens, que le gosse ne connaît pas. Sous sa veste, une chemise défaite pend jusque sur ses genoux. Il est moche dans sa solitude d'ivrogne, il pue le vin et la misère...

«Ils sont tous partis, envolés comme des moineaux! Je suis resté tout seul avec la Marie-Jeanne... Je l'ai aidée à fermer la boutique; heureux que j'étais encore là! C'est une chique fille la Marie-Jeanne! Si tu l'avais connue y'a vingt ans... On a passé des moments, ah bon Dieu le cul qu'elle avait! Les autres, ils savent pas, ils croient que c'est une tenancière, mais ils ont rien compris, c'est une princesse, la Marie, une princesse! Les autres, ils sont cons comme des bouseux!»

Et la carcasse ratatinée du Brantouille vient s'affaler entre les bras du gosse qui chambille avec lui. Les voilà partis, monstre hideux qui découpe ses contours flous dans la nuit...

«Va falloir me ramener, moussaillon. Si t'es sage, je te raconterai mes voyages en Chine. Là-bas, y'a des marchands de rêves et des femmes qui parlent au vent... Tu me crois pas, pourtant c'est vrai. Qui parlent au vent!»

Ce soir, c'est la Chine comme hier l'Alaska et demain le Pérou... L'âme du Brantouille a couru le monde, elle en a ramené les plus beaux souvenirs, ceux du cœur que la réalité ne peut jamais faner. Le Brantouille a décidé de rêver sa vie, pas de la vivre. Il puise dans l'alcool la force de l'ivresse, la vraie, celle qui naît du désir, de la grande douleur d'exister. Ca, le gamin l'a compris, c'est même la seule chose qu'il ait saisie de son ami qu'il soutient, ce soir encore pour une croisade contre l'enfer du quotidien.

«A ce train-là, tu vas te tuer, Brantouille! Un de ces jours, on va te retrouver raide, tu sais...»

Le gamin a mal pour son ami, mal pour ce corps qui s'épuise chaque jour dans le mauvais vin, qui tente de trouver un sens à une vie qui n'en a pas. Ils avancent en titubant.

«En plus, tu bois que de la piquette!»

L'autre s'arrête, indigné, il essaie de regarder vaguement le gosse.

«Je bois de la piquette parce que je peux pas me payer autre chose. Qu'est-ce que tu crois, ça coûte cher de boire!

— Tu pourrais au moins t'arrêter un moment...

— Et pourquoi que j'arrêterais? Pourquoi tu veux que j'abandonne ces femmes qui me tendent les bras tous les soirs? Pourquoi que j'arrêterais de voler dans le soleil qui fond? Pourquoi que tu voudrais que je reste dans cette crasse alors que j'ai tellement d'aventures qui m'attendent encore partout dans le monde...

— Mais t'es jamais parti Brantouille... Tu t'en vas, mais de la tête... Reste avec moi!

— Mon gars, j'ai plus voyagé que tous les péquenots de Montcastel réunis. Là où je vais, pas un pourra me suivre... Et tu sais pourquoi? Parce que pour ça, il faut renoncer à vivre! Faut balancer tout ce que t'as dans cette saloperie de vie, tout ce qui te colle en bas. Faut t'alléger de tout ce qui te retient, faut tout bazarder: allez, hop! Pis faut se donner, comme une fille qui attend rien, qui sait qu'elle s'offre! Alors, c'est là que tu trouves ta récompense, que tu sais ce que c'est vraiment la vie... Qu'est-ce que tu veux que j'en fasse de leur existence misérable? Moi, je vole, tu m'entends: je vole, je parle aux nuages, je discute avec la mer, avec les volcans, oui! Tu peux pas t'imaginer... Tu crois qui suffit simplement d'avaler des canons? Moi, je suis pas saoul, jamais je suis saoul! Moi, je suis ivre, c'est pas pareil, petit, souviens-toi, c'est pas pareil...»

Le gars est beau. Dans sa démence, c'est un seigneur. Le Brantouille est un aristocrate de la bouteille, il balance les bras, moulin à vent dans la nuit.

«Je vais te dire un secret, moussaillon, un vrai secret parce que t'es gentil de me ramener au bercail: la légende, elle existe! Et pas rien que dans leur tête. Elle existe pour de vrai.»

Le gosse écoute, il se tait, il attend.

«Tu sais, faut que tu fasses attention parce ce que c'est un secret terrible et j'ai bien vu, tout à l'heure, que les ombres de Montcastel tournaient autour de toi! Elles sentent bien que t'es capable de comprendre, faudra faire gaffe qu'elles te prennent pas...»

Le gosse serre l'ivrogne un peu plus fort malgré les relents de vin que l'autre lui rote en pleine figure.

«Ils savent pas, mais ils sentent, ils sentent tous que le village meurt! C'est terrible, ça, un village qui crève. Et ils sentent que c'est à cause d'eux, mais c'est déjà trop tard! Il fallait qu'ils se réveillent avant, maintenant, ils sont déjà ensevelis, le bois se referme sur eux. Ils savent plus comment s'en défaire et tu veux que je te dise pourquoi? Parce qu'ils ont perdu l'envie de se battre... La friche, petit... La friche, elle prend tout, elle avale, elle étouffe. Mais elle peut bouffer un village que si elle a déjà rongé les têtes. Tu comprends ça? C'est dans leur tête que la friche a fait des ravages! Ils sont devenus bêtes, ils sont devenus méchants et tristes... Ils sont morts, petit, ils méritent plus leur village, alors il va disparaître.»

Là-dessus, il balance un crachat presque noir, comme pour conjurer un sort. Il s'est arrêté au beau milieu du chemin, sa bicoque pointe le bout du nez avec son petit jardin encore chauve.

«Tu vois, elle est là, elle m'attend. Tu peux me laisser maintenant, je suis arrivé à bon port. Cours vite et fais bien gaffe aux ombres! Et surtout, pense à ce que je t'ai dit: la vie, faut la mériter!»

Puis, comme pour lui-même en s'emmêlant les pattes dans la marche:

«Foutez le camp, les ombres! Vous m'aurez pas ce soir, je pars pour Pékin et vous me rattraperez pas!»

Il s'engouffre dans l'obscurité de sa petite maison basse, on entend des choses dégringoler. Le gamin le regarde quelques instants, immobile, son cœur tambourine.

Le voilà qui court à présent à travers le village, il n'a jamais couru aussi vite. Dans sa course, il entend le mugissement des ombres qui virevoltent dans son dos.

*

Le lendemain, le froid s'est évanoui, le vent du sud est venu caresser les montagnes, chargé de parfum et de sable roux. Au matin, le village s'est réveillé sous un mince filet ocre volé aux pays lointains. Il fait presque chaud, de cette chaleur qui annonce la pluie.

A peine levé, le gamin a vu rappliquer sa belle. Le temps d'avaler une tartine et les voilà partis. La Mère n'a pas eu le temps d'ouvrir la bouche.

Elle court au milieu des chemins, à la trace, comme un lévrier au cul d'un renard... Le gosse suit derrière, sans rien comprendre, il n'ose même plus parler. De toute façon, elle se tait.

Le village n'est déjà plus qu'un souvenir, ils ont passé les prés, franchi le petit bois; les collines forment un lointain chapelet qui danse à l'horizon. Dans cette course effrénée, la fille court toujours, infatigable, elle a refusé de baisser le rythme. Ma parole, elle va crever le gosse qui n'en peut plus... Les voilà maintenant sur un long plateau à l'herbe rase parsemé de bouquets de pins et de ronces. Le gamin ne reconnaît pas cet endroit, il n'a jamais poussé jusque-là. Depuis qu'il baguenaude avec Hélène, il s'aperçoit qu'il ne connaissait rien de ces montagnes!

Et puis, elle s'arrête, tout d'un coup, sans prévenir, comme un chien à l'arrêt et elle lui prend la main. Elle l'entraîne jusque sous un pin et là, ils s'assoient pour reprendre leur souffle. Ses pommettes roses frôlent le visage du gosse qui sent le feu l'envahir jusqu'au bout des oreilles, au-dessus de leurs têtes, un ciel de cuivre fait rouler sa carcasse en beuglant...

«L'autre jour, tu m'as montré un secret sous la charpente. Pour te remercier, je vais te faire découvrir un endroit que tu ne connais pas et quelqu'un que tu n'as jamais vu au village. Tu verras, c'est un sacré personnage, mais il faudra garder le secret... Promets!»

Le gosse tape dans la main de la fille, il promet. Ils se remettent debout et continuent, elle marche devant. Ils ont quitté les chemins, ils avancent en foulant de hautes herbes dorées qui craquent sous leurs pieds. Après quelques minutes de bagarre avec les buissons, elles se plantent tranquillement devant leur nez comme un défi, le gosse s'immobilise, stupéfait, il ne peut plus bouger... Là, à portée de main, un ensemble de ruines repose, mangées par les arbres. Des restes de murs éboulés, des toits écroulés, des portes et des fenêtres mutilées... Un vieux hameau gît doucement sous un ciel qui montre de plus en plus les dents.

«Ca t'épate, hein? Tu ne pensais pas trouver des ruines dans ce coin, pas vrai? Pourtant, elles appartiennent à l'histoire du village! Ce coin s'appelait la Malatière, c'est là qu'on rassemblait les lépreux, dans un hospice, bien à l'écart. Ils vivaient et mouraient là sans que personne ne s'occupe d'eux. Puis, le temps a passé, les épidémies aussi et les survivants ont décidé de s'installer là, loin du village qui les avait rejetés, ils y sont restés plusieurs siècles. Un jour, sans rien dire, ils ont tout abandonné; c'était il y a deux cents ans...»

Le gosse regarde ce monde disparu, superbe de sauvagerie, il voudrait bien parler mais les mots refusent, il secoue la tête. Ces ruines lui parlent, c'est sûr, elles n'arrêtent pas de lui raconter des choses, il sent leurs mots qui s'insinuent en lui.

Les premières gouttes, chaudes et lourdes, s'écrasent sur ses rêves, Hélène le tire par la manche.

«Viens, il faut filer jusque chez le Savagnin!»

Alors, ils repartent, foncent à travers les herbes, la fille court toujours devant, elle semble se repérer sans aucune difficulté dans ce désert de bois et de ronces. Le gosse suit, il ne se pose plus de questions, il se laisse guider, la tête encore perdue dans les ruines de ce hameau oublié.

Quand ils aperçoivent la baraque qui se profile au creux de la combe, collée aux rochers, le ciel commence à plier les arbres, de gigantesques beuglements remplissent l'espace et font courir une poignée de moutons qui filent dans tous les sens en bêlant. Hélène tend le bras en direction de la bâtisse en pierres grises, sans doute une bergerie. La pluie colle leurs vêtements, on entend les jappements lourds d'un chien...

«Ne crains rien, c'est Pasteur, il est gentil!»

Dans le vacarme, la grosse porte pivote et un vieux bonhomme paraît, court sur pattes, un béret posé sur son crâne dégarni. Il tire sur une grosse bouffarde qui lance de petits nuages gris que le vent confisque. Il leur fait signe d'entrer.

Le vieux ne dit rien, il laisse la porte ouverte, un gros chien loup vient les saluer à grands coups de queue. Dans la cuisine, ça pue le vieux garçon, un mélange d'ail et de tabac qui pique la gorge des gens douillets, une pagaille épouvantable a pris possession des lieux. Sans même faire attention à ses visiteurs, le bonhomme est sorti d'un pas tranquille. Il est parti récupérer ses moutons avant que l'orage ne les rende fous, son chien sur ses talons. La fille n'a pas bronché, elle sort aussi pour lui donner un coup de main. Le gosse, qui ne sait rien des moutons, se contente d'observer: les appels du vieux, la course du chien pour rabattre les bêtes, les grands gestes de la gamine... En un rien de temps, les six bestioles regagnent le bercail en tremblant. Ces mouvements composent un superbe ballet rythmé par la furie du ciel.

Mais le gosse regarde surtout Hélène... Il regarde la jupe qui vole dans les bourrasques et, d'ailleurs, quelle idée de mettre une jupe par un temps pareil! Il voit les cheveux qui s'éparpillent et dansent dans le vent. Il voit surtout les grosses gouttes qui tombent et révèlent les formes de la fille sous sa chemise trempée...

Elle lui sourit en grelottant.

Cette fois, il est moins rustre, il la couvre de son chandail. Le vieux se tait, leur fait signe d'entrer. Il écarte du coude une cagette de patates et pose trois timbales passablement culottées sur la table couverte de miettes. Le chien noir vient se vautrer sous les chaises en soufflant. Ensuite, le bonhomme se retourne vers le placard, enjambe une pile de cageots vides, plonge la main et en retire une bouteille grise de poussière dont le bouchon couvert de cire jaune saute en gémissant. Les reflets du vin doré dansent dans les verres; c'est la première fois que le gosse va boire du vin blanc depuis qu'il est arrivé au village. Le vieux sourit en soulevant son verre, l'air de rien il lorgne sous son béret...

«Il est beau et il chante dans le verre... Allez, bois, fiston, c'est du vin d'ici, il te fera pas de mal! C'est du vrai vin du Jura que je fais moi-même avec mes vignes, derrière la maison. C'est du Savagnin, le plus noble des cépages, celui qui donne le vin jaune... Le pinard que tu bois, mon gars, il est resté trois ans dans un tonneau en chêne, c'est pour ça qu'il fleure si bon! Sens-le voir!»

Le gamin ne sait rien de ce genre de vin... Ni de celui-là, ni d'aucun autre! A la maison, la Mère ne lui donne que du sirop. Le vin, seul le Père en boit, mais c'est un vin rouge et rien ne dit qu'il vient du Jura... Il le regarde, le sent, ferme les yeux, hume de nouveau. Il sait que le vieux l'attend au tournant.

«Ca sent la noisette, la noix, ça sent aussi le grillé!»

La figure rougeaude du vieux s'illumine, il pousse la fille du coude et tire son béret en arrière.

«Pour ça, tu m'étonnes, comment que t'as trouvé ça?

— Je sais pas, le goût est presque le même que quand on mange des noix, quand on les laisse longtemps dans la bouche avant de les avaler...

— Oh, oh... Tu me plais bien, mon gars! Ca veut dire que t'as du nez et que tu prends le temps de sentir les choses. C'est pas courant, ça, et je sais ce que je dis...»

Le silence reprend possession des lieux, ils vident leurs verres, la pénombre enveloppe maintenant la pièce, seuls les éclairs blancs illuminent parfois le visage du vieux. Ses yeux en partance pour Dieu sait quel paradis du vin fixent son gobelet d'étain. Il a rejoint ses souvenirs. Les deux gamins n'osent même plus faire un geste, de crainte de rompre le charme, ils échangent parfois un regard dans l'obscurité qui les ensevelit lentement. Dehors, l'orage n'en finit pas de courir.

Au bout d'un moment, une éternité sans doute, le vieux essuie son nez sur le revers de sa veste.

«Qui t'es, mon gars, raconte! Pour sûr, t'es pas d'ici... D'où que tu viens?»

Alors, le gamin parle, il dit son histoire par le détail, parce que le regard du bonhomme parle vrai et que derrière ses rides coule le grand fleuve de la vie, mais ses mots vont surtout à Hélène... Dans l'obscurité, il trouve enfin le courage de lui dire, sans la regarder, tout ce qu'il n'aurait jamais eu la force de lui révéler autrement. Il bénit l'orage qui s'enfuit maintenant, il bénit la pénombre, il bénit le vieux et sa curiosité...

Il ne le sait pas, le gosse, mais l'alchimie de la vie est en train de s'opérer et l'amertume quitte doucement son cœur. La nature l'exorcise...

Le vieux a écouté en silence, il soupire. Un des ces soupirs qui n'en finissent pas...

«C'est une belle histoire, mon gars! Tu le sais pas, mais c'est une belle histoire... Y'a tant de gens qui se contentent de bâtir une vie sans surprise, ils naissent, ils mangent, ils dorment, ils meurent! Toi, t'as quelque chose à faire et, si tu continues à écouter et à sentir, tu pourras faire ta vie comme t'en as envie. Ta force, elle est cachée dans tes épreuves, c'est une chance...»

Il s'est levé comme pour leur signifier que la visite est terminée. Ce vieux n'est pas bavard, mais le gosse n'y tient plus.

«Dites-moi, pourquoi on vous appelle Savagnin?»

Il sourit.

«Parce que j'ai toujours aimé la vigne! Quand j'étais gosse comme toi, je rêvais de faire du vin: c'est comme ça, j'y peux rien! Mais ici, dans ce fichu pays, personne ne croit à la vigne. Ici, c'est les vaches, c'est le maïs et les betteraves. Quand j'ai dit ça à mon père, il m'a flanqué une paire de claques à me décoller la tête et il m'a dit que les rêves, c'était réservé aux riches… J'ai plus jamais causé de vignes à mon père… Après, je suis parti à l'armée et j'en parlais avec les copains. C'est eux qui m'ont donné ce surnom, je le trouve beau! Quand mon père est mort, j'ai pas repris la ferme, j'ai bourlingué et pis un jour, je suis revenu au pays et j'ai racheté cette masure loin de tout. J'ai fait pousser de la vigne et je suis heureux parce que j'ai réalisé mon rêve... Voilà, tu sais tout, maintenant faut rentrer, au village ils vont se demander ce que vous fabriquez. Bonne route et veille bien sur la petite, pis surtout, oublie pas de regarder les nuages comme ils sont beaux!»

Les nuages roses courent dans le ciel. Le Savagnin a raison, ils sont beaux, cet homme-là est un sage, c'est sûr! Le gamin a pris la main d'Hélène et sous un pin, bien à l'abri sur un tapis d'aiguilles brunes, ils se sont assis.

Ils sont là, tous les deux à regarder le ciel, leurs corps se frôlent, ils n'osent pas se toucher. Alors, tout à coup la fille attire le gosse contre elle et plante son regard dans le sien, un regard tel qu'il ne l'a jamais vu, envoûtant et en même temps tellement lointain. En cet instant, elle n'est plus la gamine, elle n'est plus la petite Hélène... Non! Là, sous le pin, dans les senteurs poivrées de la terre mouillée, elle est le désir, la beauté et l'aventure et le gosse plonge dans ce mystère féminin qu'il ne connaît pas.

Comme il tremble, le gosse! Comme il est gauche! Alors, elle serre sa main très fort, elle approche son visage du sien et lui murmure des choses à l'oreille, des choses pour l'apaiser et lui donner le désir du voyage. On ne les connaîtra pas, ces choses, elles ne regardent qu'eux. Finalement, timide et maladroit, il pose ses lèvres sur ses lèvres et goûte longuement leur parfum, très longuement. Elles fleurent bon la noisette… Ou peut-être la noix avec un petit goût de grillé….

Puis, ses mains s'égarent sur la chemise, caressent les formes et, comme prises dans une transe, défont les boutons, découvrent la peau nue. Hélène ondule, serre plus fort entre ses bras ce moment de bonheur. Elle garde sa bouche sur la sienne pour arrêter le temps. Elle ne fait rien quand ces mêmes mains s'insinuent entre ses cuisses, quand les doigts tremblants font glisser sa culotte et viennent la visiter pour un moment de vertige.

Hélène est heureuse, elle ne sait rien d'autre, elle ne veut rien savoir d'autre, elle savoure. Mais quand se font lourdes les caresses, longtemps, très longtemps après, quand les corps reposent l'un près de l'autre dans le calme de la tempête apaisée, elle tourne doucement son visage las et demande en chuchotant.

«Je voudrais que tu me promettes une chose... Ne te venge pas de Barbouzin, promets-moi...»

Le gosse ne comprend pas, lui qui n'est pas encore revenu de son voyage dans le désir, lui tout empreint encore de l'offrande de la belle... Il ne comprend pas, mais sous le pin, dans l'immensité du ciel presque mauve, il ne promet pas.

Il sait qu'il ne doit pas.

*

Le cercueil nu et luisant comme le crâne d'un chauve repose devant l'autel, un grand cercueil avec des poignées dorées posé sur deux tréteaux recouverts d'un linceul noir, un cercueil trapu entouré de fleurs et de couronnes.

Un immense cercueil pour une toute petite morte.

La mère du Martin n'était plus qu'une vieille bonne femme ratatinée par le temps et la fatigue, on aurait pu en mettre trois comme elle dans cette boîte en chêne verni, mais, à Montcastel comme ailleurs, les morts coûtent cher et le cercueil qui traînait chez le Camille a bien arrangé tout le monde, même si c'est un cercueil de riche. Le bonhomme a fait un prix au paysan; comme ça, c'est un peu une affaire de famille...

La chapelle est pleine comme la caisse d'un avare, elle déborde de curieux, il faut dire qu'il tombe des cordes en cette veille de Pâques, alors les gens viennent voir... Ils se casent entre les bancs, se poussent contre les murs humides. Oh, si la communauté a fait le déplacement, la défunte n'y est pas pour grand chose et ce n'est guère un soudain accès de piété qui l'attire sur cette butte qu'il a fallu gravir comme un chemin de croix! C'est tout simplement que la vieille a cassé sa pipe à quelques jours de Pâques et ça pourrait bien être un signe.

Même les mécréants de la paroisse ont grimpé la côte... Parce que la mère du Martin était une brave femme et aussi parce que la tradition veut que tout le village accompagne un mort. Il y a bien encore une raison à cette soudaine fidélité... Des fois qu'en voyant tout ce monde, le Martin se déciderait à rester... Mais, sous leur grand parapluie noir, le maire et ses adjoints n'y croient pas trop, ils attendent devant le petit porche que les choses se passent. Pour se réchauffer, ils tapent leurs pieds mouillés sur les pierres tombales qui servent de dalles, ils sont trempés dans leurs gabardines sombres.

A l'intérieur, les murs romans résonnent des mots qu'on chuchote. Sous les statues de saint Maurice, le protecteur du lieu, on se racle la gorge, on tousse, on éternue. Bref, on manifeste son impatience. Pâle à côté du cercueil, le Martin baisse la tête. Seul dans ses pensées, il songe à l'immense solitude qui l'attend à présent, il essaie de prier. Derrière lui, de vagues parents se taisent, raides dans leurs costumes élimés. Ils ont l'air d'épouvantails avec leurs habits noirs.

Et d'un coup, la porte de la sacristie s'ouvre en grinçant, laissant paraître un grand gaillard aux cheveux noirs et gras qui tombent sur un col sale. Dans son habit raidi par la naphtaline, le curé a l'air d'un enfant de chœur qui aurait dépassé l'âge, tous les regards se portent sur lui... Avec sa démarche de légionnaire et sa quarantaine grisonnante, cet Hercule a su conquérir la gent féminine de Montcastel. Depuis qu'il officie dans la paroisse, il a ramené vers la maison du Seigneur un certain nombre de brebis que de méchantes langues pudibondes considéraient comme définitivement égarées. Ce qui prouve bien, s'il en était besoin, qu'il ne faut jamais désespérer...

Il est seul pour officier, mais il a l'habitude. Dans les six paroisses qui lui ont été dévolues depuis deux ans, il prêche dans un désert; c'est sa manière à lui de porter sa croix! Heureusement, il a la foi et, comme chacun sait, elle peut renverser des montagnes!

Les gens de Montcastel attendent leur curé au tournant en cette veille de Pâques... Ils viennent voir s'il est digne d'eux, s'il les mérite. C'est au premier enterrement qu'on juge la soutane! En ces instants particuliers, l'officiant n'a pas droit à l'erreur et, s'il trébuche, ses paroissiens se feront un plaisir de l'achever. Parole...

Mais le curé de Montcastel s'en fiche de tous ces regards aux aguets! Il est venu ici pour vider son sac, pour dire à tous ces païens et autres résidus de mécréants de quel bois il se chauffe! Ce lascar large comme un tonneau a envie de bouffer ses ouailles et tant pis si la défunte se retourne dans son cercueil...

Et il est rusé le bougre! Au séminaire, on lui a appris à être parfait, c'est la meilleure façon d'endormir le pèlerin... La cérémonie se déroule sans anicroches, sa voix forte et mélodieuse court sous les voûtes en berceau, remonte le long des piliers, se cogne aux chapiteaux. Elle danse au-dessus des têtes, plane et enivre comme l'encens qu'il dispense à tour de bras, on dirait du miel qui fond sous la langue! La mère du Martin doit apprécier du fond de sa boîte...

Mais, au moment de prendre congé, quand les bancs commencent à s'éclaircir, il redresse la tête et interpelle son auditoire. La chapelle entière est parcourue d'un frisson...

«Avant de nous séparer, je voudrais vous rappeler que demain nous fêterons Pâques, la plus grande fête chrétienne! Malheureusement, je sais par expérience que je vous retrouverai en ces murs beaucoup moins nombreux qu'aujourd'hui. Je pourrais me contenter de le regretter, mais ce n'est pas mon genre...»

Il empoigne la pierre de l'autel, écarte le crucifix et s'appuie sur ses avant-bras. Tout à coup, il n'est plus le curé de campagne besogneux, il est l'orateur, bien campé pour haranguer les foules. Il devient pourpre, il tremble...

«Je suis en colère et je voulais vous le dire depuis longtemps! Je suis en colère après toutes vos petites lâchetés, vos petites trahisons quotidiennes... Si j'étais un curé naïf, en vous voyant tous là aujourd'hui, je me dirais que mes fidèles reviennent et je louerais le Seigneur pour ce miracle, car c'en est un... Seulement voilà, je ne suis pas naïf et je sais bien que si vous êtes là, ce n'est pas pour rendre grâce en cette veille de dimanche pascal... Ce n'est pas non plus pour rendre un dernier hommage à la défunte, là, à côté de vous... C'est tout simplement pour voir comment votre curé va se tirer d'affaire pour son premier enterrement! Mais si, c'est ça et pas la peine de faire la grimace! Mais je vous le dis: ce ne sont pas des manières de chrétiens! Vous avez perdu la foi, il faut que vous le sachiez... Vous êtes sous l'emprise du mal...»

A ce moment de la scène, les gens commencent à grogner. Ils ont la vague impression que leur curé se paie leur tête et qu'il ferait bien mieux de la boucler, lui qui rapplique chaque dimanche avec sa grosse moto et son blouson de cuir... Ils ne sont pas venus jusqu'ici, sous des trombes d'eau, pour se faire enguirlander, les gens de Montcastel, et s'il veut conserver ses dernières ouailles, le gaillard ferait bien de ne pas leur chauffer les oreilles!

Mais, rivé à son autel, il tonne plus fort que la houle qui déjà fait tanguer les bancs de la chapelle.

«Vous n'aimez pas ce genre de vérités... Eh bien, tant pis! Moi, je vous le répète, vous n'êtes plus que des consommateurs de messes! Vous venez acheter un peu de Bonne Parole comme vous prenez votre crème à la ferme du Martin... Sitôt chez vous, vous la mettez au garde-manger! Vous devriez avoir honte de déserter ces bancs qui ont accueilli tant de générations avant vous! A quoi ça sert que vos aïeux se soient crevés à bâtir cette église en haut de cette colline si, aujourd'hui, vous n'osez plus monter jusqu'ici! Si vous avez honte de croire...Vous n'avez plus le respect de vous-mêmes, voilà la vérité! Vous ne vous aimez plus et vous n'aimez plus votre village! Prenez garde que saint Maurice ne se lasse de vous parce que, ce jour-là, vous serez bien à plaindre! Il est grand temps que vous demandiez pardon… Prenez date, le 22 septembre prochain, jour de célébration de votre saint protecteur, nous ferons une procession. Oui, une procession comme autrefois, quand ce village avait la foi et j'espère qu'il ne sera pas trop tard!»

Il les toise de son regard clair, il est calme tout à coup, presque jovial. Sans rien ajouter, il les salue d'un sourire puis s'éclipse dans le bruit du troupeau qui quitte l'étable.

Sur le parvis, le maire et son équipe ont entendu la sainte colère, ils hésitent entre le rire et la rage. Le rire parce que les mots du curé les font glousser, eux les athées de service, et la rage parce qu'avec des idées pareilles, ce résidu de séminaire pourrait bien récupérer quelques clients, ce qui ne serait pas bon pour leurs affaires.

Ils attendent, serrent des mains, rendent les saluts. Ils sont bien embarrassés, les gaillards, car sous la chasuble le bonhomme est coriace! La petite chapelle se vide lentement.

Finalement, le curé paraît, un gros blouson au col relevé, des vieux jeans délavés et des bottes pointues… Oui! Blasphème, le curé porte des santiag… Misère de misère! Il tient un casque à la main. Quelques bigotes achèvent le rangement. Une poignée de fidèles l'ont attendu, qui le félicitent et l'encouragent à coups de superlatifs sous l'œil agacé du maire et des adjoints. Il sourit le curé! Il brûle du péché d'orgueil. Comme il est imbu de lui-même, gonflé comme la grenouille de la fable… Il s'approche du maire et lui tend la main.

Mais l'autre se contente d'un vague hochement de tête. Le curé ne relève pas, il sourit et tourne les talons. Monsieur le maire n'apprécie pas, il n'aime pas ce blanc-bec qui fait fi de ses affronts. Il hausse la voix.

«Dites donc, Monsieur le curé, j'ai bien apprécié votre blague sur la procession, c'est une bonne plaisanterie! Mais vous savez que ça ne se fait plus depuis des années! Même votre supérieur hiérarchique, l'Evêque, qui n'est pourtant pas une lumière, a compris que c'était ridicule. Il a rangé tout son matériel dans sa cave et vous feriez bien d'en faire autant....»

A côté, les deux adjoints se marrent, le curé fait volte-face.

«Ce n'est pas une plaisanterie, Monsieur le maire! Nous allons faire cette procession parce qu'elle sera bien utile pour assainir un peu l'air de la paroisse! Cette idée ne vous enchante guère et je vous comprends, vous savez que tout le village sera là et que ce sera pour vous un superbe camouflet!»

Le maire n'aime pas ce ton suffisant, mais alors pas du tout! Le curé est déjà sur le chemin. Cette fois, il gueule... Les têtes se retournent, les gens s'arrêtent.

«Prenez-le sur un autre ton! Je suis le maire de ce village et je vous l'interdirai, cette procession venue d'un autre âge, et on verra bien qui aura le dernier mot!

— Vous ne pourrez rien interdire du tout et vous le savez bien. A votre place, je n'en ferais pas un défi!

— Ah, vous croyez! Justement, j'en fais un défi et je vous garantis que vous n'aurez pas l'autorisation de vagabonder dans Montcastel avec votre épouvantail à moineaux! C'est moi qui suis responsable de la sécurité dans le village et votre procession est dangereuse...

— Mais, Monsieur le maire, vous savez bien que l'autorisation sera délivrée par la préfecture et vous n'y pourrez rien...»

Là, sur le haut de la butte, le maire s'étouffe de colère.

«Vous êtes vraiment tous des reliques du passé, bon Dieu! Vous essayez encore de faire peur aux gens avec vos histoires de bonnes femmes. Vous voulez que je vous dise, vous êtes des malfaisants qu'il faut éliminer!»

Il a pris le curé par la manche et il le secoue. Ses adjoints tentent bien de le retenir, mais le maire ne supporte pas ce sous-produit ecclésiastique, c'est plus fort que lui. Sur le chemin, tout le monde observe en se demandant, goguenards, qui va balancer l'autre dans la côte, mais le curé a déjà réagi. Avec une vivacité étonnante, il a dégagé son bras et empoigné le maire par le col, il l'attire à lui comme un pantin. L'autre ne touche même plus le sol. Il l'amène tout près de son visage, le regarde dans les yeux et le repousse violemment. Le maire va s'affaler dans les bras de ses adjoints qui le rattrapent au vol, mais le curé a suivi, avec son casque levé bien haut, il menace les trois hommes qui reculent, horrifiés. Il les regarde, livide.

«Vous voyez votre mairie, là, en bas? Même avec tous vos efforts, elle ne sera jamais plus haute que ma chapelle! Vous devez monter pour venir jusqu'ici! Vous devez vous grandir pour approcher Dieu! Vous n'êtes que d'obscurs sauvages qu'il faut combattre parce que vous êtes remplis de haine, je ne sais pas ce qui me retiens... Peut-être l'Evangile.»

Il a baissé son bras, il regarde autour de lui puis dévale le chemin à grandes enjambées sous l'œil médusé des gens de Montcastel qui n'avaient pas vu autant d'audace sacerdotale depuis des lustres...

Le maire, lui, remet sa longue gabardine en place. Il laisse les gens descendre jusqu'au village et disparaître dans leurs maisons! Il a honte.

*

Les vacances de Pâques tirent sur leur fin, à travers le plateau souffle une brise dorée qui donne des envies de chaleur, les prés se couvrent de taches pâles... Bientôt le mois de mai frappera à la porte des montagnes et redonnera aux hommes la force nécessaire pour tenir une année de plus.

Le gosse redécouvre le monde qui l'entoure, il voit tout avec d'autres yeux, comme si un voile s'était déchiré tout à coup et laissait poindre des couleurs insoupçonnées jusqu'alors.

Il apprend la vie au féminin, il trouve de la tendresse dans une fleur, de la beauté dans un arbre, de la joie dans le chant d'un oiseau... Tout ce qu'il n'avait jamais pu entrevoir auparavant parce que, jusqu'à ce jour, il n'était qu'un mâle.

C'est la femme qui fait naître à la vie! Qui la protège dans son ventre, qui l'entretient et la fait jaillir, mais c'est aussi la femme qui fait découvrir à l'homme la face cachée des choses, l'immense force du cœur qu'il ne peut pas apprendre seul. Voilà pourquoi l'homme trouve toujours sur sa route la femme qui lui enseigne tout, qui le propulse vers les hauteurs dont il est digne. Malheur aux hommes qui ne croisent pas le regard féminin, ils sont perdus à la vraie vie...

Et le gosse mesure à chaque instant sa chance, il la savoure. Il se vautre dans le monde fascinant d'Hélène, il l'explore, il le pille... Et le plus infime détail resplendit, livre ses secrets. Il se met enfin à comprendre!

Le Père et la Mère sourient de son bonheur, avec l'indulgence de ceux qui savent. En le voyant ressusciter, c'est aussi eux qui s'épanouissent. Une bouffée d'air frais a envahi leur grosse baraque et ils se grisent de son parfum.

Hélène est belle, Hélène rit et court dans les bois, emmenant avec elle son bonheur. Elle trouve en elle des forces nouvelles. Elle aussi resplendit, apprend, découvre que chaque chose en cache d'autres. Elle puise son énergie au plus profond de la vie. Elle aime.

Surtout, le rêve n'a plus de limites pour elle. Toute son existence n'est que rêve. Elle écoute à l'infini le gosse qui lui raconte la ville et ses éclats, la ville et ses bruits... Cet univers de liberté qu'elle imagine comme une promesse, loin de ces montagnes perdues dans leur désert vert.

Ces deux-là boivent à la même coupe, ils étanchent leur soif, construisent pour l'autre un monde de beauté et d'amour. Ils ne savent pas encore qu'entre eux se creuse le fossé du malentendu: en elle, vingt siècles de paysannerie féminine poussent le couvercle de l'espoir et du rêve; en lui, deux mille ans d'orgueil masculin lui font croire qu'il sait le sens caché des choses...

Pour l'instant, le printemps qui s'avance les tient dans le creux de sa main.

*

Brantouille a disparu. L'ivrogne n'a pas pointé son gros nez rouge depuis la fameuse séance chez la Marie-Jeanne. Quand ils ne l'ont pas vu émerger, un ou deux jours après, les gens se sont quand même inquiétés. D'ordinaire il cuve plus vite que ça et il rapplique sitôt que ses jambes le portent...

Mais là, rien! Pas l'ombre d'une présence. Sa baraque était plus vide que le tronc du pauvre! Pas de Brantouille dans son lit, pas de Brantouille dans sa cave... Plus aucune trace. Alors, le gosse a dit ce qu'il savait, il a parlé des voix qui murmurent dans la nuit, des ombres qui viennent prendre ceux qui savent, de cette légende qui était peut-être bien autre chose que cela... Il a dit et les visages se sont fermés tout à coup.

Montcastel a peur. Montcastel tremble sur sa montagne. Sans que rien ne soit vraiment dit, les habitants savent qu'ils sont partis vers une destination inconnue. Ils ignorent tout du voyage qui les attend, ils n'imaginent même pas où il peut les conduire, mais ils en ressentent le souffle.

En ce printemps qui pointe son nez dans la brume des montagnes, les premiers signes sont là. Pour celui qui sait lire, ils n'en finissent pas de parler, de prévenir... Mais qui sait lire encore les signes? Personne, ou peut-être quelqu'un que l'on n'attend pas, quelqu'un de différent.

Quelqu'un qui pourrait bien être l'instrument d'une légende...

Chapitre 4

Nous sommes aux derniers jours d'avril. Cette fois le printemps a envahi la montagne depuis les obscurs contreforts jusqu'aux rondeurs des sommets. Le printemps à la mode du pays... Plein de l'eau du ciel, de cette humidité qui perle au plus intime de la vie des gens, qui pénètre leur âme et leurs pensées.

Au printemps dans ce premier rempart des hauteurs jurassiennes, la montagne suinte comme un bourgeois qui veut perdre son lard. Rien à voir avec un printemps ordinaire fait d'espoir et de douceur. Cette saison-là ne trimballe pas les désirs de chaleur, les envies de couleurs, cette folie qui annonce le retour de la sève comme une récompense. Non! Le printemps jurassien est fait des lamentations du ciel, des froideurs mêlées à de brusques accès de fièvre que le brouillard et le vent viennent aussitôt étouffer. Une saison bancale qui débarque aux environs de Pâques pour mourir quand bon lui semble, parfois au début de juillet!

A Montcastel, la pluie tombe plus que partout ailleurs... Peut-être à cause de la rivière qui coule au pied de la falaise, frontière entre deux mondes. Juché sur son perchoir, le village peut rester des semaines entières prisonnier de la grisaille humide qui s'accroche aux rochers. Les habitants savent que le soleil brille au-dessus de leur tête, mais il leur est interdit, sauf quand la crasse du ciel veut bien se dissiper.

Dans cette saison hors du temps, la vie humaine se fait au

rabais: on ne parle guère, on continue l'hiver dans les têtes, tout replié qu'on est sur soi à l'affût de la moindre douceur. Les hommes sont méfiants, ils s'épient… Ils n'accordent pas plus de confiance à leurs voisins qu'aux caprices du ciel, comme si l'heure n'était pas encore venue de s'offrir à la vie qui attend.

L'école a repris, les interminables heures de prison qu'il faut subir, le cortège des devoirs, la danse des punitions… Et la fin de l'année si loin encore.

Dans la classe, aucune trace du passé! De ce passé d'avant les vacances. Une amnésie générale a frappé les gosses, peut-être les séquelles des raclées distribuées après la bagarre de la falaise. Dans ce pays de froideur, les taloches et les coups de pied au cul poussent comme poils au menton des vieilles, on n'en dit jamais rien, ce sont de simples péripéties de la vie. Mais cet épisode de l'éducation rurale restera dans les annales locales comme une espèce de sacrifice collectif. En cognant sur leurs rejetons, les parents ont voulu effacer leur propre honte, celle d'avoir des gosses qui leur ressemblent.

Ils ont payé leur orgueil au prix fort, les mômes! Tout le village leur est tombé sur le râble, leur fidélité à Barbouzin leur a coûté la peau du dos et des heures de souffrance muette. C'est tout juste s'ils ne sont pas des assassins! Et, pour le rouquin, c'est pire encore… Son adjoint de père l'a carrément assommé avec ses énormes paluches. Le gros bâton clouté de son fils a mis à bas son honneur d'élu. Il a surtout fait fuir quelques voix qui, de toute façon, n'étaient pas acquises pour les prochaines élections. Le père a renié le fils!

Et pourtant, aujourd'hui dans cette classe terne, sous un ciel gris et triste comme un vieux garçon, plus aucune trace de l'événement. Les punitions ont racheté le geste fatidique, l'histoire de la falaise est définitivement classée, le temps est à la Rédemption…

Pas pour tout le monde! Sur sa chaise en bois, calé derrière son pupitre, le gosse rumine. Il n'a rien oublié. Sur son front, cachée par une mèche folle, une petite cicatrice rose est plantée pour la vie. Il attend l'instant des retrouvailles avec l'autre. Chaque jour qui passe, il y songe, il ne pense qu'à ça! Mille fois il a refait les gestes, répété les paroles. C'est comme ça, le gamin mitonne sa rancœur comme on laisse mijoter une soupe sur le coin du feu!

Il n'a pas de haine pour Barbouzin et même, quelquefois, il regrette... Il regrette tout ce remue-ménage, sa douleur, sa solitude aussi. Il sait que le rouquin est bien aussi étranger que lui dans son propre village, ils se ressemblent et parfois leurs regards se retrouvent, qui cherchent ensemble un peu d'air par delà l'horizon barré de forêts. Mais tout ça ne change rien, Barbouzin a une dette et une dette, ça se paie.

D'ailleurs, il le sait. Comme tous les autres sur leurs chaises, murés dans leur silence. L'évidence se lit dans les yeux des gamins, ces choses-là font partie de leur monde, ils les portent en eux.

Ils attendent, sans hâte ni peur, comme on attend l'inévitable.

Et justement, c'est en ce jour qu'ils vont se retrouver.

L'école est finie, la petite troupe s'en retourne sagement au bourg, épuisée par des heures de réclusion. Barbouzin marche seul devant, le dos plié sous un gigantesque cartable, muré dans des pensées inaccessibles. Les autres discutent, se chamaillent... Le gosse suit derrière, il tient la main de la petite poupée blonde qui trottine pour le suivre, son pouce bien planté dans sa bouche.

Sur le chemin, les peupliers agitent leurs branches tendues vers un ciel figé sous une chape de nuages immobiles. Le vent tiède du printemps n'arrive pas à déloger les gros paquets noirs accrochés aux montagnes. Là haut, le vieux combat entre hier et demain a repris. La troupe chemine en silence.

Tout à coup, le rouquin s'arrête et tourne vers les autres un visage las. Ses yeux soudain creusés semblent s'être enfoncés au fond des orbites, de grands cernes habillent son regard de noir. Sans qu'aucun mot ne soit échangé, les uns et les autres ont compris: le moment est venu, ce moment de vérité tellement attendu devenu si difficile à porter.

Un signe de tête, un regard. Tous les gestes à venir se feront machinalement, comme s'ils avaient été mille fois répétés. Le petit cortège s'ébranle comme les danseurs aux premières notes d'un ballet.

C'est beauté de les voir! Sans qu'ils s'en doutent, ils reproduisent d'instinct le rituel immuable des défis qui ont traversé les siècles, faits de regards et de gestes. Tous les combats, où qu'ils se déroulent, se vivent dans la même intensité, dans la même émotion contenue. La petite troupe perpétue une tradition du courage et de la fierté qu'elle retaille à son échelle.

Le vent du sud, chaud et sec, commence à ébranler les nuages.

Ils ont quitté le petit chemin et grimpé à travers champ jusqu'à la chapelle. C'est là que doit se dérouler la joute, sur cette terre à vaches où personne ne viendra les surprendre, juste derrière le cimetière. Les deux gaillards jettent leur cartable, s'empoignent. Pas le temps de s'observer, chacun sait exactement ce qu'il doit faire… Les coutures craquent, les doigts s'accrochent au tissu, poussées, ruades. Pas un coup n'est donné, les coqs se jaugent!

Puis une accélération, un instant d'inattention. Le gosse fait basculer le rouquin, roulade dans le sable. L'autre rue, ses bras essaient d'attraper un bout de cet adversaire insaisissable, mais le gamin tient bon, il cogne le crâne par terre, de plus en plus vite, de plus en plus fort. Des bruits sourds montent lentement, on voit du sang qui coule. Le rouquin hurle, mais l'autre continue, il lui bloque le bras derrière le dos et il serre, il serre. C'est sûr, le bras va se briser. Le gamin n'entend plus rien, ne sent plus rien… Ni les cris de douleur de ce corps coincé sous le sien, ni l'odeur âcre du sang qui se mêle à la terre en une mélasse brunâtre. Non! Le gamin est fou... Il tient sa revanche, il refait un à un tous les gestes qu'il a si longuement répétés. Comme c'est facile et comme c'est bon! Il va aller jusqu'au bout de son rêve, là dans ce petit bout de pré qui ressemble maintenant à un champ clos, sous l'œil horrifié de tous les autres qui ne savent plus que faire.

Quand il a bien frappé, bien serré, quand le rouquin ne bouge plus, ne gémit plus, il relâche son étreinte doucement. Il fouille dans sa poche. Non, il n'a pas terminé son ouvrage! Ce qu'il va faire, il doit le faire... Parce qu'une force inconnue l'y oblige. Parce que c'est comme ça! Alors, il sort son beau couteau brillant, il l'ouvre et l'approche du visage du rouquin, pour qu'il comprenne bien ce qui se passe. L'autre est immobile, il regarde. Déjà, il sait, il n'essaie même pas de se dégager. D'un geste vif, le gosse tranche le lobe de l'oreille, le sang coule et coule encore.

Le rouquin a mal. Libéré, il serre son oreille ensanglantée, il pleure. Il se penche pour ramasser son cartable, le sang jaillit de plus belle, il coule le long de la joue, dans le cou. Un sang épais, rouge qui fait fuir la meute. Mais avant de partir, Barbouzin lève son regard vers le gosse, il le fixe de ses grands yeux clairs, il sourit... Oui, il sourit dans ses larmes et ce n'est pas un rictus de douleur, c'est bien le sourire d'un vainqueur...

Il s'en retourne, la main sur son oreille. On l'entend qui rit en dévalant le champ, d'un grand rire qui emplit tout le vallon. Le gosse reste là, interdit. Il ne comprend plus. D'où peut surgir cette force qui transforme la victime en bourreau. Dans sa folie, Barbouzin lui a volé sa victoire, il a piétiné sa gloire!

Et il se retrouve seul, tout près des tombes, le vent sucré joue dans ses cheveux. Les autres ont déguerpi. Il fait quelques pas et vient s'asseoir sur le vieux banc de pierre, là où le Père l'avait amené, à son arrivée, et lui avait montré la barrière bleue des montagnes qui s'enfuient vers l'est. A son tour, il regarde. C'est décidé, personne ne lui prendra ces instants de quiétude. Aujourd'hui est un grand jour et les simagrées de Barbouzin n'y pourront rien changer. Le guerrier qui sommeillait en lui vient de remporter une grande et belle victoire...

Pourtant, ce sourire dans la douleur, ce rire... Comme si le rouquin avait voulu lui signifier autre chose. Peut-être que l'essentiel n'est pas dans cet instant de revanche. Peut-être qu'il est d'autres victoires bien plus importantes que celles de l'orgueil.

Sur la route du retour, il doute. Le rire de Barbouzin résonne dans son crâne et remplit tout l'espace. Le rouquin a réussi à pourrir son bonheur. Finalement, le visage d'Hélène se dessine.

Un visage sombre qui lui demande pourquoi il n'a pas pardonné.

Aucune réponse ne lui vient. Il baisse la tête, il a honte.

*

Le billet a été griffonné en hâte, il a le parfum épicé de l'espérance.

Quelques mots jetés sur une feuille de cahier chiffonnée. Bouteille à la mer. Le gosse l'a découverte l'autre jour, au retour de l'école, la Mère lui a tendu avec le sourire de celle qui sait. Il n'a rien dit, il est monté dans sa chambre, la feuille collée en cachette contre son cœur...

C'est qu'il ne veut rien dire, rien montrer, rien partager.

Un message d'Hélène, le premier, le seul mot qu'elle lui ait jamais écrit. Il l'a savouré comme une promesse. Depuis qu'il l'a parcouru, il a retrouvé son odeur sur le papier, caressé les lettres finement dessinées, il n'a cessé d'admirer la rondeur du trait. Une belle écriture de fille qui ne s'adresse qu'à lui. Il s'est vautré dans la promesse d'une rencontre.

Samedi, à cinq heures, à l'entrée du petit bois...

Le gosse est là, près des trois chênes. Il attend depuis si longtemps! Au début de l'après-midi, il hantait déjà les lieux. Il s'est même caché pour que la Chouette ne l'aperçoive pas... Il s'impatiente, jette des glands secs dans les arbres, scrute le chemin. Les rafales de vent n'arrivent même pas à le refroidir.

Et tout à coup, une silhouette fine se détache entre les champs, Hélène pédale sur son vieux coucou rafistolé. Dans la lumière qui décline déjà, le grincement de sa roue voilée envahit tout le vallon.

Elle freine, haletante, descend comme elle peut du vélo qui va s'écrabouiller sur le tronc du plus petit chêne, grand pas vers une fin sans gloire… Au passage, le gosse la récupère et la couvre de baisers en la serrant très fort. Elle n'a pas le temps de faire un geste mais son odeur de menthe fraîche se répand. C'est drôle cette odeur, il n'avait jamais remarqué à quel point elle était suave. Son cœur bat plus vite tout à coup.

Il la tient, là, prisonnière entre ses bras. Sans lui laisser le temps de reprendre son souffle, il l'ensevelit sous les caresses. Elle plie, son corps fatigué par la course faiblit, se laisse aller sous la fougue des mains et la chaleur des baisers. Elle ferme les yeux, tout autour la forêt se met à danser… Hélène s'accroche à ces bras qui l'enlacent, elle voudrait résister mais le flot qui l'emporte fait chavirer sa vie.

Elle abdique, son corps vient se coller à celui du gosse. Elle ne maîtrise plus aucun de ses gestes.

Le gamin sent bien le désir qui s'éveille en elle, les mots qu'il prononce ne sont pas les siens, ce sont les mots de la vie qui déborde en cette journée de printemps et qui les envahit. Il court maintenant, sans un mot, entraînant la fille avec lui.

Ils ne vont pas loin, non… En cette fin de journée, la nature est désertée par les hommes. A peine un sentier, quelques pas et un coin d'herbe, grise encore de l'hiver… Ils veulent s'asseoir, s'emmêlent et roulent entre les buis. La belle n'a toujours pas dit un mot.

L'herbe est grise encore mais la mousse sent bon la terre mouillée, elle se mélange aux effluves légers de menthe. Un parfum envoûtant, irrésistible… Le gosse pose sa bouche goulue sur ces lèvres impatientes et gourmandes et le ballet s'enflamme. Danse folle des caresses maladroites, des désirs mal maîtrisés, du plaisir de la prime jeunesse, naïf et dévastateur sous l'œil complice d'une nature voyeuse qui observe joyeusement.

Hélène s'abandonne à ce flux qu'elle aimerait tant maîtriser et qui la submerge pourtant. Elle sent ses mains qui répondent aux appels, son corps tendu vibre et frissonne. Elle perd pied entre deux abîmes qui l'attirent, à la fois honteuse de sa faiblesse et fière de son plaisir. C'est comme ça les filles! Elles portent en elles ce sens de l'unité qui leur fait faire une chose et désirer son contraire. Une acrobatie dont les mâles sont tout à fait incapables et qui les laisse loin derrière sur le chemin des émotions.

Le gosse voudrait tout d'Hélène, une sorte d'instinct lui dit de prendre ce bonheur comme s'il n'était qu'un instant éphémère. Ses caresses se font plus hardies encore, son désir s'impatiente. Le talent de la fille suffit à peine à calmer ses ardeurs. Sans qu'elle le veuille vraiment, elle répond à son feu et plus elle répond, plus elle sombre dans le doute.

Elle trouve pourtant la force de refuser. Hélène ne se donnera pas. En elle, un élan inconnu vient tout apaiser.

Elle repose maintenant sur ses habits éparpillés, son corps luit sous le soleil bas, le gosse est étendu à ses côtés, immobile, les yeux plantés dans le ciel pâle. Il ne comprend pas, une colère sourde mêlée d'angoisse monte en lui. Il sait déjà que son rêve vient de se briser.

Le silence s'installe entre eux et avec lui une sorte de gêne. Ils ne bougent plus… Pas un regard, pas un mot… Rien que le bruit du vent qui caresse les branches.

Lentement, la fille ramasse ses vêtements et s'habille. Elle est seule dans un autre monde. Le gosse suit les gestes tout en rondeur hautaine. Il voudrait pénétrer cet univers féminin si étrange qui lui échappe, mais il n'en a ni la force ni la science. Il débute à peine dans la vie…

Debout, presque étrangère, elle le regarde maintenant comme on jette un œil à un détail sans importance.

«Dis-moi, pourquoi tu as fait ça à Barbouzin?»

Ce sont ses premières paroles et elles sont pour le rouquin. Le gosse se tait, ravagé par le feu des mots qui le marquent au fer.

«Je voudrais bien que tu me dises, je pensais que tu avais compris...»

Mais le gosse n'a pas compris. Il ne veut pas comprendre. Il n'en peut plus de cette incompréhension. Chaque parole le gifle comme une offense. C'est comme si elle le frappait après l'avoir embrassé... Il baragouine une phrase sordide.

«C'est une affaire entre lui et moi. J'étais obligé. De toute façon, tu peux pas comprendre. Il fallait que je le fasse...»

Il est moche! Il est bête! Ses mots virevoltent dans le vent qui siffle en se moquant. Il ne peut plus soutenir ce regard qui tombe sur lui, glacé tout à coup.

«Si je l'ai fait, c'est aussi pour toi! Pour que tu saches que je peux me défendre, pour que tu sois fière de moi...

— Mais moi, je n'ai pas besoin d'être fière de toi... Moi, ce que j'aime en toi c'est ta douceur, ta folie. Je t'avais demandé de pardonner parce que je croyais que tu pouvais le faire, mais je me suis trompée...

— Je pouvais pas, je te dis! Qu'est-ce que tu en sais de ces choses-là?

— Rien, c'est vrai! Je ne sais rien des gars qui passent leur temps à se battre, à se donner des coups de bâton et des coups de couteau... Qui pensent à se cogner au lieu de se connaître. Vous êtes tous des brutes, voilà ce que je sais, et toi tu es encore plus brute que les autres! Tu ne comprends rien à rien. T'es vraiment trop bête!»

Coup de massue. Enorme et lent, qui n'en finit pas de s'abattre... Le gosse voit des larmes qui perlent aux paupières de la belle, qui coulent sur les joues. De grosses larmes de fille. Il se lève, s'affole, veut la prendre dans ses bras et la consoler, mais la fille recule.

«N'approche pas! Ne m'approche plus jamais...» Elle hurle:

«J'étais sûre que tu pourrais pardonner, que tu en étais

capable, comme j'étais sotte! Tu n'es qu'un étranger ici, tu comprends rien, tu salis tout ce que tu touches. Je ne t'aime pas, je ne t'ai jamais aimé, tu ne me fais plus rêver...»

Alors, en un instant, le gosse comprend tout. La poche de colère s'est crevée soudain, il la saisit par les épaules et la secoue de toutes ses forces. Premier face à face avec l'amour...

«Tu l'as déjà connu, hein... Tu l'as déjà aimé... Avant moi. Il t'a déjà embrassée, il t'a caressée. Réponds!

— Oui je l'ai connu et avant toi! Tu vois, tu n'es pas le premier, il faut que tu le saches, mais toi, tu ne remarques rien, tu ne vois que ce que tu veux voir. Tu ne t'es même pas rendu compte qu'il ne s'est pas battu, qu'il s'est laissé faire... Pauvre idiot, c'est moi qui lui ai demandé de ne pas se battre!»

La massue vient de s'abattre, tout devient noir et triste. Sa victoire, son combat, sa gloire... Tout s'écroule par le souffle d'une gamine. Cette fois, il est humilié et déçu! Des larmes brûlantes remontent et s'épanchent, laissant derrière elles deux traînées qui ravagent son visage.

Ils sont tous les deux dans leur chagrin, la douleur les calme.

«Pourquoi tout ça?

— Parce que je vous aime tous les deux! Je croyais que je pourrais oublier Barbouzin avec toi, mais j'ai compris que tu étais comme lui, aussi fier, aussi dur. Je ne voulais pas choisir...

— Mais là, tout de suite, tes caresses...

— C'est un adieu. Je vous fuis tous les deux. Vous vous ressemblez trop, vous êtes des fauves!»

Elle court, le gosse reste là, planté dans sa solitude et sa colère. Il entend son corps froisser les taillis, elle enfourche son vélo rouillé et fuit. Il n'a pas envie de la suivre. Il a mal. Il se contente de hurler... Mais c'est peut-être bien à lui qu'il adresse ces mots de désespoir.

Il enfouit son visage dans ses mains, ses doigts portent encore l'odeur de la fille. C'est tout ce qu'elle lui laissera...

Bien plus tard, quand il rentre à la maison, la nuit a tout enveloppé depuis longtemps. Dans la baraque sans lumière, il se faufile à travers la cuisine. Le ronronnement d'un moteur monte de l'atelier du Père, le bonhomme termine une commande, seul dans ses copeaux…

Le gosse grimpe l'escalier sans bruit et file jusqu'à sa chambre, il veut être seul. Là, sur son lit, il tente de trouver un impossible sommeil. Un à un, tous les détails de sa journée ressuscitent dans l'obscurité, les odeurs, les émotions. Il a mal, il souffre de n'avoir pas compris, d'avoir été trahi et humilié. Tout ce qu'il vit n'a aucun sens.

Il retrouve les vieilles angoisses d'autrefois.

Quelques bruits feutrés parviennent pourtant à ébranler sa solitude, des bruits qui montent de la chambre voisine, des bruits légers comme le pas d'une souris. La Mère est seule derrière la cloison, elle sait bien qu'il est là. Il l'imagine dans sa chemise de nuit, ses longs cheveux libres jaillissent sur ses épaules, il essaie de deviner les gestes: un livre qu'on pose, une armoire qu'on ouvre…

Les images lui font mal de désir et de chagrin, il fourre sa tête dans l'oreiller.

Le silence s'installe doucement, plus rien ne semble vivre désormais. Seul le bruit d'un moteur arrive encore jusqu'à l'étage, un bruit venu de si loin qu'il fait partie d'un autre monde.

Et puis, soudain un froissement sur le palier, à peine perceptible dans la nuit. Le gosse se lève, furtivement il entrebâille la porte, son cœur se met à tambouriner. La Mère vient de sortir de sa chambre et se dirige à pas lents vers la salle de bains, en haut de l'escalier. Elle est nue, entièrement nue dans la lumière qui caresse ses formes, qui danse sur ses épaules, sur les courbes de son dos. Le gosse l'observe, fasciné par ce spectacle, il regarde les jambes si longues et si fines, les cuisses musclées, les fesses… Ah, les fesses! Il s'imprègne de sa démarche chaloupée, bientôt elle va disparaître dans ce gouffre maudit qu'est la salle de bains. Le gamin savoure chaque seconde, il se dit que cette journée si sombre s'illumine en mourant, il aura vécu le pire et entrevu le meilleur. Au fond, c'est peut-être ça la vie, un mélange d'instants qu'il faut savoir apprécier dans leur plénitude, comme ils viennent, sans se laisser bercer par les illusions de l'âme. La Mère lui offre une belle revanche…

Mais avant de pénétrer dans la petite pièce, elle hésite, s'arrête et se retourne lentement. Pris à son piège, le gosse n'a pas le temps de refermer la porte, il voit un regard clair se poser sur lui. Le spectacle est sublime, jamais il n'aurait pu imaginer que cette femme si réservée, si simple dans les gestes quotidiens avait un corps si beau et qu'elle savait le montrer… Chaque détail de sa féminité est magnifique, le gosse oublie la porte, oublie la lumière, oublie jusqu'à la pudeur, il fait un pas en avant. Elle tourne le visage en souriant et disparaît…

Longtemps il reste là, immobile. Jusqu'à ce que le pas lourd du Père résonne dans l'escalier. Alors, le gosse file achever son rêve dans un lit devenu tout à coup trop étroit pour ses désirs de géant!

*

Le temps a viré à la pluie. Englouties les courtes promesses d'un printemps trop précoce… Depuis au moins une décade, l'eau du ciel n'en finit pas de s'abattre sur le village. Perdus dans leur solitude et les limbes froides de leur brouillard, les gens de Montcastel se calfeutrent au fond de leur maison, ils ne parlent plus, ils ne sortent plus.

Un second hiver semble les avoir ensevelis.

Le Père, lui, n'en finit pas de rigoler, comme si dans cet assaut de grisaille il pressentait quelque lendemain meilleur. Il dit que tout est bien, que l'hiver n'a pas dit son dernier mot et on l'entend chanter dans son antre, au milieu de ses bouts de bois.

Le gosse vit mal cet hiver à rebondissements, il a froid d'une douleur glacée qui remonte de son ventre, il ne mange rien ou alors pour faire plaisir à la Mère. Mais sous sa carapace de glace, quelque chose en lui bouillonne et ces deux énormes forces qui s'affrontent l'épuisent, de grandes plaques d'obscurité et de tristesse pendent de ses yeux.

Il voit Hélène! Il sent Hélène autour de lui, dans chacun de ses gestes, dans chacune de ses pensées, elles est là, elle rôde, son souffle vient se poser sur son cou, la chaleur de son corps effleure sa joue. Elle a envahi ses pensées... Jusqu'au plus intime de son sommeil, elle vient le chercher, l'appeler, elle vient montrer son corps et le narguer avec des mots indécents. Et quand, par miracle, Hélène le laisse reposer, c'est la Mère qui tout à coup jaillit du plus profond de ses songes, la Mère et ses formes folles, la Mère et son regard d'ange... Ou de démon, comment savoir...

Justement, le gosse ne sait plus, il ne veut plus savoir, il ne désire qu'une chose: que cesse ce supplice odieux, que ces créatures le laissent en paix.

Chaque jour d'école est un supplice qui n'en finit pas. L'oreille de Barbouzin s'est infectée et le rouquin a dû se faire recoudre à la ville, par un médecin spécialisé dans un mot à rallonge. Cette péripétie a bouleversé le village et fait de lui une sorte de héros solitaire. Il a sur le crâne un casque énorme qui lui donne des airs de poilu égaré. Il ne dit rien à personne, son regard se perd par delà la fenêtre. Il n'est plus là, il a quitté Montcastel pour fuir dans un autre monde où plus rien n'existe que les yeux clairs de la belle Hélène...

Eh oui, revanche des perdants ou cafouillage de la nature, en tout cas la mutilation du rouquin lui a non seulement valu une respectabilité locale, elle lui a en plus ouvert tout grands les bras de la fille. Elle qui jurait qu'elle les abandonnait tous les deux... Parole de femme. Tandis que le gosse se morfond et désespère de la gent féminine, l'autre se vautre dans les voluptés amoureuses.

Décidément, le monde se fait vieux, il perd complètement la boule!

Et comme pour ne pas être en reste, ce maudit brouillard et ce satané vent glacé ont ramené la neige. De la neige à la charnière du mois de mai, sournoise, poisseuse et agressive avec ça... Une hérésie de la nature à la sauce jurassienne... Elle s'acharne sur les vitres, elle se pose comme un linceul sur les maigres bourgeons qui s'affolent, elle salit le paysage.

Une saloperie de neige qui n'en est pas vraiment une et qui pisse la tristesse! Quelque chose d'incroyable, comme si les éléments s'acharnaient sur le village, chamboulaient les habitudes et le plongeait avec malice dans le désordre et le chaos.

Le gosse n'arrive pas à le croire et pourtant les flocons envahissent nerveusement le paysage.

A la ferme, cette lubie du ciel n'a pas vraiment surpris. Dans une sorte de réflexe séculaire, tout a repris un rythme hivernal. La Mère a chargé la grande cheminée de longs fagots maigres qui s'embrasent en dansant, un parfum épicé de résine emplit la cuisine, toute la maisonnée passe son temps devant les flammes en laissant la chaleur envahir les corps jusqu'aux limites de la brûlure.

Et on redécouvre la solidarité. On ramène le Vieux devant le feu et on parle, comme en plein mois de décembre. Les flocons qui tombent isolent la baraque du reste du monde, c'est comme si le village et les gens n'existaient plus. Seule compte la petite famille, une douce torpeur se répand autour des flammes...

Le Père raconte Montcastel autrefois, quand les hivers coupaient pendant des semaines les habitants du reste du pays, il parle aussi des sorcières qui hantaient jadis les bois et les rochers, il dit les légendes d'avant et la vie des anciens, la grande chaîne de la vie qui va et qui vient. Le gosse raconte la ville, ses bruits furieux, ses odeurs fortes et ce sentiment de sécurité quand, tout petit au fond de son lit, il écoutait le monde s'agiter alentour. Les yeux rivés sur lui, le Père essaie d'imaginer cette vie dont il a tant rêvé, le Vieux gémit des souvenirs incompréhensibles. Seule la Mère sait, elle se tait parce qu'en elle ces mots réveillent d'étranges rêves interdits et aussi parce qu'un secret la lie désormais au gamin…

Seul le Toinet est absent, sa chaise attend devant le feu, mais elle reste désespérément vide. Depuis des jours, il a complètement déserté la maison.

*

Comme il a débarqué, sans crier gare, le mauvais temps s'en est allé.

Ca s'est passé simplement, dans le mystère d'une nuit sans lune. Au matin, le ciel était lavé de sa grisaille et un petit air chaud et sucré flottait sur le vallon. Le gosse qui paressait dans la chaleur de son lit aperçut une lueur jaune filtrer à travers les jointures du volet, intrigué il s'approcha et écouta… Une tribu de merles jacassaient dans la haie d'épines noires, juste sous sa fenêtre. Quand il poussa les lourds battants de bois, les oiseaux s'envolèrent en piaillant mais le soleil qui brillait dans un ciel presque violet l'obligea à fermer les yeux. Plus une trace de l'hiver! Les sapins dessinaient leurs contours sombres sur les rochers qui brillaient dans le feu du matin.

Alors, tout à coup, les souvenirs de sa ville lui parurent moins nets et les visages d'hier dans lesquels il s'était réfugié se firent moins précis. Curieusement, il n'en éprouva aucune amertume, il se sentait attiré par la vie qui le chatouillait doucement.

Le grand miracle de la renaissance se perpétuait une nouvelle fois et il eut honte de ses peurs. L'idée étrange qu'il n'était qu'un petit fragment de vie lui traversa l'esprit. Il décida d'oublier sa mélancolie.

Que se passait-il en lui, tout à coup? Il l'ignorait. Peut-être était-il tout simplement las d'être triste. C'était ça, sans doute… Quelque chose en lui le poussait à se redresser.

Depuis ce jour, il n'en finit pas de courir seul à travers champs, de patauger dans les flaques qui bouchent les chemins. Il rentre sale, égratigné, les habits en lambeaux, mais il a dans les yeux une telle clarté que le Père et la Mère n'arrivent pas à lui faire des reproches. Chaque jour, ils l'aiment davantage…

Et c'est après ce désir de vivre qu'il court, là, sur le vallon, en cette journée de mai chauffée à blanc.

Il chemine loin du village, il a traversé les champs et filé jusqu'à l'orée de la forêt qui domine la vallée, il l'a longée longtemps sans jamais y pénétrer. Le voilà maintenant au bord d'un grand champ qui descend doucement à travers des touffes de buis et des bouquets de ronces. Il a chaud, il s'est assis un instant sur une grosse pierre et contemple le ciel vide, il respire à grandes goulées l'air doux chargé de parfums humides qui remonte de la rivière cachée quelque part tout au fond de la vallée, si proche et tellement lointaine…

Il aime ces moments de paix.

Son regard scrute l'horizon barré de montagnes bleutées, les immenses taches sombres des forêts, l'herbe qui ondule de chaleur. Et soudain, il l'aperçoit, tout là-bas, à l'autre bout du champ, sa grande silhouette danse dans le vent… Le Toinet, disparu depuis tant de jours, hante les buissons de sa carcasse grotesque.

Il sait que cet instant est un cadeau du ciel.

Il lève les bras, appelle, mais sa voix se perd dans les tourbillons d'air chaud. Qu'importe, il recommence, fait de grands signes, hurle à s'en faire péter la glotte… Jusqu'à ce que l'autre, tout en bas, tourne enfin sa tête vide et l'aperçoive. Le Toinet observe, hésite et finalement lève un bras. De son pas énorme, il remonte le champ.

Le cœur du gosse tambourine. Il vient de comprendre, en l'espace d'un éclair, le sens de ce bras qui s'agite… C'est le bras des retrouvailles! Le Toinet pardonne! Il lave le gamin de son infidélité, de toutes ces journées passées avec Hélène, dans un univers où il n'avait pas la moindre place. Son absence, son silence... Tout s'explique! Perdu entre la honte de n'avoir pas compris plus tôt et le bonheur de cet instant, le gamin ne sait plus que faire. C'est tout bonnement l'amitié qui remonte le champ à pas de géant et la force de cette amitié le terrifie.

Ainsi va la vie, offrant sans cesse magie et lumière à des yeux qui ne veulent pas voir. Mais le gosse a vu cette magie, il ne laissera pas fuir la chance une seconde fois.

Leur rencontre se passe dans le silence, ce grand silence si bavard qui n'appartient qu'au Toinet. Deux regards qui se croisent, deux sourires qui s'esquissent... Pas de gestes, rien que la chaleur d'un moment de communion. Ils s'assoient et fixent ensemble le bout du ciel, là où tout devient bleu. On dirait que leurs regards voguent encore plus loin, par delà des horizons qui ne seraient accessibles qu'à eux.

Et le temps fuit, mais le gosse n'en peut plus, il a mille choses à dire, le gosse... Et tant pis si le Toinet se tait ou tant mieux... Sans détacher ses yeux du ciel, il commence à parler, doucement, presque imperceptiblement. Lui, c'est un gamin du bruit, il ne sait pas encore jongler avec le silence... Ou si mal. Il lui faut encore les mots, le son de sa voix pour se tranquilliser.

«Ecoute, le Toinet, faut me laisser parler parce que j'ai trop de choses qui demandent à sortir. Je sais bien que tu diras rien, tu causes jamais, mais des fois, avec tes silences, tu fais plus de bruit qu'un régiment. Et puis, surtout, me regarde pas parce que je pourrai pas...»

L'autre reste là, la tête perdue dans les nuages. Entend-il seulement les mots?

«J'aurais pas dû te laisser dans ta solitude! Je sais bien, moi, que tu as besoin de quelqu'un pour partager, mais j'ai pas eu le temps! J'ai rencontré Hélène. Tu peux pas comprendre, bien sûr... Toi, les femmes, tu t'en fous, qu'est-ce qu'elles feraient dans ton monde... Mais moi je suis pas comme toi! C'est beau, tu sais, une fille, c'est tout rond et pis doux avec ça et puis ça sent… Je peux pas te dire, ça non…. Je peux pas te dire!»

Le Toinet reste silencieux, il fixe toujours l'horizon. Parfois il fait une grimace, semble parler pour lui-même, secoue la tête. Le gosse hésite, il ne sait rien d'un idiot de village, comment il pense, ce qu'il connaît des choses… Il ne sait même pas si l'autre, dans son silence, est capable de le comprendre.

«Mais tu sais, elle m'a trahi, Toinet, elle m'a menti! Elle connaissait Barbouzin bien avant moi et elle me l'a caché… Moi, tu comprends, j'avais un compte à régler avec lui, je voulais pas lui faire mal, je voulais juste que les autres sachent qu'il était pas le plus fort. Je t'assure, je voulais pas lui couper l'oreille… C'est comme si quelqu'un d'autre avait sorti le couteau. Je comprends pas ce qui s'est passé. Quand elle l'a su, elle m'a laissé. C'est fou, une fille, c'est capable de t'embrasser et puis de t'abandonner juste après. C'est dégueulasse… Mais c'est quand même bien!»

Toujours pas le plus petit signe d'encouragement chez le Toinet.

«C'est sûr, tu comprends rien! C'est quand même drôle, nous deux… On est là, assis sur un caillou, je te raconte ma vie et toi tu dis rien. Sûr que si quelqu'un nous entendait, il nous prendrait tous les deux pour des dingues. Bien sûr, pour toi c'est déjà fait… Enfin, c'est pas ce que je veux dire, je suis bien content que tu sois là! Je voudrais te demander pardon de pas avoir été ton copain plus tôt, j'aurais dû… Tu sais, des fois j'ai mal d'être seul. Je me demande ce que je fais ici, dans ce village paumé, au milieu de ces montagnes où il neige au mois de mai. J'ai rien qui me retient ici, j'ai même pas de famille. Le Père et la Mère, ils sont braves, mais ça remplace pas des parents. C'est souvent que je me vois partir, tout seul. Je sais pas où je vais, mais le monde est plein de choses à voir, je retrouve mon père et puis, après, je visite le monde pour savoir comment c'est fait ailleurs. C'est un rêve, bien sûr…»

Un regard du côté du Toinet, mais toujours rien, l'autre tord le cou en faisant des tonnes de grimaces.

«Au fond, on se ressemble, tu sais... On est seuls tous les deux et y'a pas grand monde qui nous aime par ici! On est rien d'autre que deux étrangers, deux exclus et si on disparaissait, ça gênerait personne... A part la Mère, peut-être. Tu sais qu'elle est belle, la Mère! Ah, si tu savais ce que tu perds mon pauvre Toinet, vraiment, c'est pas pensable! Cette femme, c'est une femme de la ville, ça se sent tout de suite. Elle a comme une carapace de péquenot sur le dos, mais quand elle se balade nue, ça reste une dame de la ville, je t'assure. Enfin, c'est comme ça que je les imagine!»

Il se tait. Le flot de ses pensées semble tari, il fixe à nouveau l'horizon, puis se lance enfin.

«Toinet, je voudrais que tu saches... C'est pas facile à dire... J'aimerais bien être ton frère... Oui, je te protégerais de la méchanceté des autres et puis je t'apprendrais un tas de choses sur les mystères des villes, je pourrais te raconter des histoires dont t'as même pas idée. Et toi, tu pourrais me montrer tes secrets! Si tu voulais, on pourrait être des frères. On n'est pas fait pour ce village pourri qui crève et qui nous aime pas. Si seulement tu comprenais...»

Mais l'autre a fourré son gros doigt dans son nez.

«Ah non! Fais pas des trucs comme ça... Tu vois, se gratter le nez, c'est des choses que je pourrais t'apprendre!»

Et il lui prend machinalement la main pour rabattre ce doigt inquisiteur et par trop curieux.

«Finalement, c'est peut-être pas plus mal que tu comprennes rien. Allez, oublie ce que je t'ai dit!»

Le gosse va se relever, il n'est pas déçu, non, mais il mesure l'abîme qui le sépare du Toinet. Il tapote la grosse paluche velue et sourit. Alors, l'autre pose ses grands yeux dans les siens et, sans un mot, s'empare de la petite main qu'il serre fort, très fort. Sur son visage d'idiot passe un rayon qui ressemble à un sourire, il s'approche et dépose un gros bisou sur la joue du gamin. Un de ces bisous baveux qui vous laissent sur la peau le goût de la tendresse.

Le gosse se redresse et s'écarte, mais s'il détourne la tête, c'est pour que le Toinet ne voie pas les grosses larmes qui se bousculent à ses paupières.

*

Le ciel bleu s'est emparé de la montagne. Le mois de juin va bientôt se profiler à l'horizon, le vallon grille sous une chaleur d'enfer.

Le village se laisse caresser par le soleil comme une baigneuse impudique.

Il fait chaud et le Père s'est fait écraser par la grosse charrette en bois du Martin!

Ca s'est passé tout simplement, comme la vie qui s'arrête. Un coup de main qu'on donne, une manœuvre mal amorcée, une roue qui casse… Le Père s'est fait écrabouiller…

Rien de plus.

Il n'a même pas crié, la charrette l'a complètement enseveli. On a emmené son corps cassé en mille morceaux jusqu'à l'hôpital de Saint-Sévran. Sa carcasse repose sur un grand lit blanc, dans une chambre sans couleurs. La vie ne l'a pas quitté, mais quand il bouge une paupière, c'est pour lancer des râles insupportables.

Dans le village, on dit tout bas que le mauvais œil est sur Montcastel…

*

Le soleil qui s'abat chaque jour plus fort ne parvient pas à réchauffer la grande baraque des Baptiste.

La Mère s'est tue quand l'adjoint est venu lui apprendre la nouvelle, elle a seulement mis sa main devant sa bouche pour ne pas laisser son chagrin s'épancher. Elle voulait le garder pour elle, rien que pour elle.

Mais elle a pris la vie en mains. C'est souvent dans les pires instants que les femmes se révèlent... Douces et effacées, presque inexistantes derrière leurs hommes, elles dévoilent leur force froide dans l'adversité. Le malheur les sublime.

La Mère fait face, comme l'ont fait des centaines de générations avant elle. Elle a rassemblé toute la tribu, parce que la vie continue... Parce que, de toute façon, elle n'a pas le choix. Dans un réflexe ancestral, la maisonnée a serré les rangs, elle s'est presque ratatinée, façonnant comme une palissade autour de son chagrin, une vieille tradition de la campagne qui empêche le malheur de se répandre dans le reste de la communauté. Et la voilà qui mène son monde, ordonne, organise...

Le Toinet n'en finit pas de courir, de retourner la terre, de scier, de planter. On le voit même ramener à l'aube des lièvres ou des cailles, lui qui ne touche jamais à la moindre bestiole... Sur ses talons, le gosse apprend à bêcher, il manie la hache et le râteau. Jusqu'au Vieux qui prépare les légumes sur sa chaise de malade... La baraque se transforme de jour en jour.

Six jours, déjà, que le corps du Père traîne à l'hôpital, six jours d'espoirs déçus, six jours de mutisme des médecins... Et six jours de mise à l'écart par le village tout entier!

Le gosse ne comprend pas cette indifférence, il est écorché dans son cœur de môme. Alors un soir, après la soupe, quand le Toinet a filé à la grange et que le Vieux s'endort dans sa chaise, la Mère lui explique.

«Il faut les comprendre. Ils ont peur, ils sentent qu'il se passe des choses... Le village est en train de mourir et ils le savent. C'est une sorte de réflexe collectif, d'exorcisme... Réfléchis un peu: le Martin qui veut s'arrêter, sa mère qui meurt, le Brantouille qui disparaît, le curé qui se bat avec le maire et par là-dessus la discussion chez la Marie-Jeanne et le Père qui les envoie tous bouler et toi qui estropie le fils de l'adjoint et qui tape sur les gamins pour défendre le Toinet... C'est beaucoup, tu sais! En tout cas, c'est trop, surtout qu'il y a la légende...

— Mais on ne sait même pas ce qu'elle dit cette légende!

— Mais si, on le sait. Elle raconte que le village disparaît chaque fois que les habitants ne sont plus dignes de lui...

— C'est des histoires qui n'ont pas de sens!

— Oh, si... Du sens, elles en ont! Regarde autour de toi, Montcastel n'a plus un seul paysan, les terres ne sont plus cultivées et la forêt n'arrête pas d'avancer. Les gens fuient le village depuis des années et il ne reste plus rien: des baraques en ruines, des maisons fermées et une espèce de grande peur plantée au milieu. Tous ces événements n'auraient aucune signification si on vivait ailleurs, je ne sais pas moi, dans une ville ou alors dans un grand bourg; mais ici on est à Montcastel, perdu en haut d'une montagne, loin de tout avec des gens qui n'ont pas évolué. Il suffit de quelques événements pas ordinaires pour que de grandes frayeurs se réveillent...

— Mais on n'est pas responsable!

— Non, bien sûr, mais c'est sur nous que s'abat le malheur et c'est nous qui les avons bravés, alors c'est suffisant pour qu'on soit suspects. En nous évitant soigneusement, ils espèrent se protéger, ils isolent la source du mal et ils nous dénoncent sans le dire. C'est une façon de conjurer le sort...

— Mais on se croirait au Moyen-Age...

— Es-tu bien sûr que l'on soit sorti du Moyen-Age?»

Le gosse réfléchit, il ouvre toutes grandes ses oreilles. Ce moment d'intimité, seul avec la Mère, il n'osait plus l'imaginer... Pourtant, jamais il ne l'aurait cru capable de dire ces mots. Il se rend compte, tout à coup, qu'il ne sait rien d'elle, rien de ce qu'elle pense vraiment, camouflée sans cesse dans l'ombre de son mari. Ce soir, par Dieu sait quel miracle, il aborde enfin à son rivage. Elle lui parle avec des mots de femme et il sait recevoir ces mots. Il se sent bien. Il ose la fixer de ses grands yeux.

«Comme tu as dû souffrir pendant toutes ces années avec des

gens comme ça! Moi, si j'avais été le Père, je t'aurais emmenée très loin d'ici, dans un pays sans neige où il fait toujours chaud...

— Ne dis pas de sottises! Parfois, j'ai eu du mal, mais tu sais, ils ne sont pas mauvais. Ils sont perdus, c'est tout!

— Mais qu'est-ce qu'on va devenir si le Père meurt, tu y as pensé? Je veux pas retourner au foyer, je veux pas te quitter, je veux pas quitter le Toinet...

— Tu n'es plus un enfant, alors écoute-moi bien. Le Père va nous quitter, c'est une affaire de temps, il ne peut pas se remettre de son accident, alors autant te faire tout de suite à cette idée. Tu m'entends, ne rêve pas! Mais ce que je peux te dire, c'est que, quoi qu'il arrive, je te garderai avec moi et le Toinet aussi. Nous resterons ensemble... Ici ou ailleurs, mais nous resterons ensemble.

— Comment tu fais pour être aussi forte? J'aurais tant aimé que ma mère soit forte comme toi...»

Elle se tait, détourne le visage, fait mine de chercher quelque chose dans l'obscurité de la pièce, lui jette un regard puis baisse les yeux. Elle pleure.

Le gosse ne sait pas interpréter ces silences, ces pudeurs. Il a beaucoup grandi, mais quand même pas assez pour saisir la subtilité d'une émotion si forte. Elle balbutie.

«Tais-toi donc, ne dis pas des choses comme ça! Je ne suis pas ta mère et tu le sais bien... Et je ne suis pas aussi forte que tu le crois. Regarde-moi, tout ce que tu arrives à faire, c'est me faire pleurer. J'ai l'air de quoi avec mes larmes...

— Tu as l'air d'une femme qui souffre et je te trouve très belle et je voudrais te dire... Ce que tu fais, c'est formidable et le Père, il peut être fier de toi. Je suis pas encore très grand, mais je t'aiderai. Ensemble, on va s'en sortir, tu verras, tu peux compter sur moi et le Toinet...»

Il est heureux, le gosse. Il a épanché son cœur, il avait tant de choses à dire et à entendre! Il sent lui aussi de grosses larmes brûler ses yeux, mais il ne les arrêtera pas. Il laissera couler ce flot impétueux. Demain il sera bien temps d'être un homme.

Ensemble, sans un regard, ils pleurent dans les ronflements chaotiques du Vieux qui roupille sur sa chaise.

*

Un bâtiment lourd en grosses pierres grises, une succession de portes vitrées qu'on pousse, des panneaux immenses pour se repérer et un dédale de couloirs au lino brillant, sous les néons fades... Le gosse ne dit rien, il baisse la tête. On le voit se recroqueviller sur lui-même, minuscule et si frêle tout à coup. Il déteste les hôpitaux, il ne supporte pas toutes ces ombres qui se croisent dans ce tabernacle de la douleur. Il hait par dessus tout ces odeurs artificielles qui font danser dans sa tête des images qu'il aurait voulu oublier...

Non! On n'efface pas le passé, on ne peut pas lui échapper tant qu'on n'a pas fait la paix avec lui. Le gamin revoit tout: les immenses corridors tristes, les infirmières toujours pressées qui n'avaient jamais le temps ou simplement l'envie de voir sa détresse, les chariots remplis de médicaments, le petit lit blanc caché derrière un paravent, posé comme ça dans le coin d'un couloir... Et le visage déjà si pâle de sa mère, étendue dans un combat truqué contre la mort qui s'avançait en rampant. Cette mère en partance pour la souffrance, qui s'efforçait pourtant de lui sourire quand il venait avec son petit bouquet de fleurs. Bouquet pourri! Maladie pourrie! Hôpital pourri où on vous laisse crever sans un regard!

Pourquoi les images sont-elles toujours les mêmes quand il revoit sa mère? Il l'ignore, bien sûr, et pourtant... Il garde de merveilleux souvenirs des caresses, des jeux, des mots tendres et sucrés que seules les mères savent dire. Il sait que ces images sont quelque part dans sa tête, bien au chaud, mais quand il repense à elle, c'est la souffrance qui remonte, le visage tordu par la douleur, cette lutte pour quelques instants supplémentaires de vie… Ces images écrasent les autres de leur insupportable poids de chagrin.

Il ne peut plus avancer.

Il se fige, tétanisé, les yeux hagards.

Il étouffe, il lui faut de l'air. Tout tremble autour de lui, les murs grandissent tout à coup jusqu'à devenir d'infranchissables palissades qui se resserrent autour de lui.

Il crie, porte les mains à ses yeux pour ne plus voir, mais les images sont là, incrustées dans sa tête. Il se bouche les oreilles, mais les râles de sa mère viennent du dedans, remontent, débordent. Il a mal… Partout, il a mal.

Il ne sent même pas la main de la Mère, l'autre, qui le caresse, qui le serre contre elle. Il ne sent pas le parfum qui émane d'elle.

Il court dans les couloirs en bousculant de vagues silhouettes, se trompe, erre encore et trouve enfin l'issue. Un grand hall lumineux, la porte en verre…

Il s'arrête. De grands arbres tout feuillus s'agitent lentement dans la brise, le soleil joue à travers les branches, des gens se promènent sans hâte. Le cauchemar est fini. Il regarde autour de lui. Le Toinet l'a suivi, il l'observe, immobile, dans l'ombre d'un marronnier.

Il lui faudra beaucoup de courage pour affronter ses démons.

Alors, il retourne, comme on repart au combat, le Toinet sur ses talons.

Il retrouve la Mère, ses yeux se sont creusés, elle porte sur son visage le poids de la peur. Oui, elle a eu peur pour le gosse, peur pour elle aussi… L'espace d'un instant, elle s'est vue seule, minuscule fétu de paille ballotté par la vie.

Maintenant elle essaie de sourire.

Le gosse répond, il fait un signe de la tête. Les voilà repartis. On les voit qui arpentent ce couloir interminable.

La porte bleue est fermée. Il faut encore des tonnes de courage pour la pousser. Ils entrent.

Un grand carré de lumière passe par la fenêtre aux rideaux tirés, comme si le ciel s'acharnait à pénétrer la pièce, à s'étirer pour gagner encore un peu d'espace, pour toucher le lit, pour effleurer ce corps inerte percé de tubes. Ce corps qui n'a plus rien d'humain, qui râle dans sa solitude et que le gosse aperçoit à peine posé sur les draps blancs.

Il avance, à tout petits pas, presque à tâtons. La Mère avance. Le Toinet avance. Tous les trois, comme s'ils entraient dans un tombeau. Le gosse sent cette odeur de mort qui flotte partout, cette odeur si caractéristique dont s'est imprégné tout son être.

Le Père repose, allongé sur le dos, dans sa chemise de toile rêche, sa jambe droite tenue en l'air par un jeu de poulies. Autour du lit, des tas d'appareils envoient des signaux de toutes les couleurs. Le gosse regarde ce spectacle effarant des tuyaux qui sortent de la chair, du nez, des oreilles, de la bouche. Il ne reconnaît plus rien du Père; ce visage, là, dans le lit, n'est plus celui du Père, c'est celui de la douleur, du malheur.

Ils se tiennent debout, emportés dans leurs pensées.

La porte s'ouvre derrière eux.

Ils n'ont même rien entendu, une femme jeune encore s'approche, leur demande de sortir. Quelques mots, à peine.

Elle a les yeux noirs, les cheveux bruns, cachés sous un petit bonnet, sa voix est douce. On dirait qu'elle parle pour le gosse. Le Père a repris connaissance après un long voyage dans le néant, il est très faible, il ne pourra pas supporter très longtemps leur présence. Sa jambe est brisée, mais il a surtout la cage thoracique enfoncée, la rate éclatée et une fracture du crâne...

Le gamin écoute l'infirmière énoncer sa litanie, une liste de courses, comme quand la Mère l'envoie jusqu'au camion de l'épicier... Une longue liste, interminable. Comment peut-on énumérer autant de douleur avec un tel détachement? Le gosse ne comprend pas les médecins, il ne les comprendra jamais, il refuse.

Les voilà de nouveau dans la petite pièce. Sur son lit, le Père a ouvert les yeux. On sent qu'il comprend leur présence, il cligne des paupières. Une longue conversation va s'instaurer entre eux, sans autres mots que ceux de l'âme. Il revient de tellement loin! La Mère le découvre dans son retour à la vie, elle le trouve beau au milieu de ses tuyaux. Depuis qu'elle le veille, c'est la première fois qu'elle le voit bouger un œil, mais elle connaît trop les ruses de la mort pour se fier à cette résurrection. Il est allé trop loin, trop longtemps pour s'éterniser dans cette vie-là. C'est un adieu qu'il revient leur faire.

Elle est sûre de ça.

La Mère dit quelques mots de la maison, du village... Presque rien, puis se tait. Elle comprend que le temps est désormais compté, qu'il faut aller à l'essentiel. Mais que dire qu'il ne sache désormais, lui qui a déjà goûté à l'autre versant. Son amour, sa sincérité de femme, sa certitude de le savoir en paix... Tant de choses que ses yeux ont toujours dit.

Elle lui caresse la main et parfois l'agrippe, comme pour le retenir encore quelques instants. En une poignée de minutes, ils se sont tout dit, elle s'écarte et laisse la place.

Alors, le gosse sort de son gilet un petit paquet enveloppé dans du papier journal, il s'avance et le défait avec précaution...

C'est son cadeau à lui, à lui seul. Personne ne sait rien de ce paquet, il a mis là-dedans tout son amour, toute sa tendresse. Ses mains tremblent, mais finissent par extraire un morceau de bois pas plus gros qu'une boîte d'allumettes. Dans le creux de sa petite main tremblante, une toupie grossièrement tournée, bancale et bossue, rubanée de filets multicolores avec une inscription peinte avec tant de maladresse qu'elle en est belle: «Je t'aime».

Voilà, c'est tout. Le gosse a mis la toupie dans la main du Père, il a refermé la main, on ne voit plus rien. Le bibelot fait désormais partie d'une vie qui peut s'en aller dans la paix.

Le Toinet s'est avancé en marmonnant quelques sons inaudibles, il a pris la main restée libre et il l'a serrée entre les siennes en fermant les yeux, comme s'il voulait donner à ce corps la force nécessaire à un grand voyage.

Il sait déjà tout, le Toinet. C'est le grand mystère et le grand privilège des idiots de tout comprendre avant les autres…

Quand ils ont retrouvé le soleil du dehors, la ville leur a tendu les bras. En silence, ils ont grimpé le petit chemin qui rejoint la ville haute adossée aux montagnes. Partout, les baraques montaient à l'assaut des versants ou dégringolaient dans les profondeurs d'une vallée encaissée où coulait une rivière. Des gens, par grappes entières, flânaient au soleil de cette fin de printemps, regardaient en rêvant des vitrines remplies de futilités brillantes.

Ils se sont regardés et la Mère les a précipités dans un salon de thé plein de grosses bonnes femmes gourmandes. Ils ont commandé d'énormes gâteaux couverts de crème et de sucre et ils ont ri… Tous les trois, ils ont ri sous l'œil mauvais des mémères.

C'était leur façon à eux de célébrer la vie!

*

Le Père est mort avec les premiers jours de juin.

On l'a enterré en bon chrétien. Tout le village a grimpé de nouveau la côte pour se tasser dans la petite chapelle. Le curé a rappliqué avec sa moto, son pull et son blouson de cuir. Il a été tellement émouvant que les bigotes n'ont pas été les seules à pleurer…

Le maire et ses adjoints étaient tous là, la petite communauté scellait autour de la boîte en sapin une forme de retrouvailles. La mort du Père avait en quelque sorte racheté toutes les faiblesses du village, un peu comme si désormais, le mauvais sort était conjuré. Les Baptiste avaient payé leur dette, ils avaient en même temps lavé les autres de leurs lâchetés et de leurs peurs. Tout était bien, la vie pouvait reprendre comme avant, il n'était plus question de la légende…

Après qu'on eut mis le cercueil en terre, dans le petit cimetière au-dessus de la butte, les vieilles ont ramené la Mère chez elle, comme le veut l'usage et tandis qu'elles buvaient leur café, le Toinet a pris le gamin par le bras.

Tous les deux, ils s'en sont allés dans les rochers qui dominent le village. Ils ont marché et le Toinet a tendu la main... A leurs pieds, un océan de broussailles poussait tranquillement sous le soleil, elles avaient déjà envahi les derniers communaux abandonnés, charriant des bouquets d'épines, de jeunes frênes et de sorbiers. Ils poursuivirent et contournèrent le village pour déboucher à l'ombre des bois. De son doigt pointé, le Toinet montra alors les anciens murs de pierres sèches qui marquaient autrefois les limites de la forêt, aujourd'hui couverts de mousses, éclatés par les noisetiers et les églantiers. Puis ils revinrent par le couchant, là où le Martin travaillait encore quelques arpents, le tracteur gisait au milieu du champ, quelques vaches broutaient dans un petit pré... Tout autour, d'anciennes parcelles à l'abandon, mangées par les chardons et les herbes hautes.

Alors, dans le silence du soir qui tombait, ils se regardèrent. Ils venaient de comprendre que le village était définitivement condamné.

Chapitre 5

La mort est triste et si lourde à porter.

Le Père n'en finit pas d'être là, à chaque instant, dans la baraque devenue tout à coup trop grande et trop froide pour ceux qui restent.

C'est comme si son ombre vagabondait encore, de l'atelier à la cuisine, de la cuisine à la chambre. La Mère souffre de cette présence continuelle qui refuse de s'estomper, elle la trimballe en elle, fardeau sur son cœur.

Elle n'en peut plus, la Mère…

Elle se croyait assez forte, elle pensait que le vide serait une sorte de béquille, qu'elle pourrait tout reprendre, tout refaire, que ce serait l'occasion de recommencer, elle à la barre et ses hommes aux manœuvres…

Il faut bien que le navire avance!

Mais pour recommencer, il faut qu'elle soit libre, que le passé cesse de s'accrocher à elle. Elle ne peut pas lutter contre la vie et contre la mort. Elle faiblit.

Elle ne veut pas balayer le passé… Ce qu'elle veut, c'est que son homme emprunte le chemin qui est désormais le sien, mais le Père ne la laisse pas reposer. Elle ne peut pas faire son deuil. Il la suit dans son chagrin qui devient alors plus lourd, plus cruel. Il s'insinue dans ses pensées et lui interdit les rêves. Il la poursuit jusque dans l'intimité de son lit.

La Mère vieillit, le temps la ronge. Elle sait qu'elle perdra pied bientôt dans ce combat truqué.

Alors, à bout de force, elle a demandé de l'aide. Ce soir-là, il faisait gris, les nuages menaçaient, comme suspendus au-dessus du village. Elle a dit au gosse et au Toinet le poids de sa souffrance. Elle a dit sa peur de chavirer, le tourment d'être sans cesse harcelée. Elle a dit... Et les deux gars ont compris.

Ensemble, ils ont allumé des bougies dans toute la maison, sans un mot, et puis ils ont prié, chacun à leur manière. Ils ont demandé au Père de se libérer des vivants et de suivre sa route. Ils sont restés là longtemps, très longtemps. Si quelqu'un avait pu les voir, il les aurait pris pour des fous, mais ils ne faisaient rien d'autre que perpétuer une tradition vieille comme la vie... Vieille comme la mort.

Au petit matin, le gosse s'est réveillé, la tête enfouie dans ses bras engourdis, avachi sur la table de la cuisine, le sommeil l'avait vaincu. Les premiers rayons de lumière cognaient aux carreaux. Le Toinet, assis devant la cheminée, fixait un point invisible, quelque part dans la pénombre. La Mère, le regard clair, tenait dans ses mains un chapelet. Le silence de la pièce se brisait peu à peu sous les assauts de vie des oiseaux qui jacassaient gaiement dans les branches de la haie.

Ils sentirent tous en eux une paix étrange.

Le gamin, plein de la honte de n'avoir pu vaincre la fatigue, se dit qu'il avait manqué sans doute un grand rendez-vous, qu'il s'était forcément passé quelque chose pendant cette nuit magique, mais la colère ne parvenait pas à le submerger. Une sorte de sérénité lui chuchotait tout bas qu'il était encore bien jeune et que le temps n'était pas venu pour lui. Il eut confiance.

Et la vie a repris son cours dans la grande maison. La Mère a retrouvé sa force et sa beauté. L'ombre du Père a disparu à jamais.

Mais l'école, elle, refuse de mourir! Les désespérantes journées de juin s'accumulent et les vacances d'été pourtant si proches ne sont que des marionnettes qui agitent leur ventre mou. Le gamin a mal, il ne supporte plus cette classe-prison, ces murs gris, hauts comme des montagnes, ces fenêtres tristes qui pissent l'ennui, la figure de garde-chiourme de la maîtresse. Il étouffe, il suffoque dans sa petite chemise de toile. Parfois, il jette un œil sur Barbouzin... Le rouquin l'ignore superbement, son gros pansement sur le crâne. Il a tellement changé Barbouzin! Il a vieilli. C'est comme s'il avait franchi un seuil. C'est un homme au milieu des gamins...

Le gosse comprend ça. Il sait que par leur seule présence, les filles peuvent faire grandir les gars, les propulser dans la vraie vie. Mais il sait aussi que cette vie-là est mille fois plus fade que celle des mômes.

Il regarde le rouquin avec condescendance.

Pour fuir la tristesse des jours, il se réfugie dehors. Les occasions ne manquent pas de filer sur les sentiers dans la bonne chaleur de l'été qui s'installe. Il ne quitte plus le Toinet, le gosse... Chaque jour, il pénètre davantage son silence, il s'enfonce doucement dans son monde.

Et ce monde est beau.

Il a appris à lire dans ses yeux, à comprendre ses chahuts intérieurs. Aux silences si bavards de l'idiot, il répond en épanchant son cœur. Il dit à voix haute tout ce qu'il ressent, tout ce qu'il espère, comme on causerait à un grand frère muet. L'autre semble toujours absent, mais le gosse sait bien qu'il entend ses mots et qu'il les enfouit dans le tréfonds de son être. Le Toinet n'a pas de tête, chez lui c'est l'amour qui a pris toute la place.

Entre eux, une complicité s'est instaurée, presque une harmonie. Il suffit d'un signe de tête, d'une grimace du Toinet pour que la magie opère, pour que le gamin sache lire le message des nuages dans le ciel ou reconnaître le chant de l'oiseau de pluie. Lentement, il apprend à regarder par delà les choses, à comprendre le langage de la vie. C'est bête de dire ça, mais c'est pourtant la vérité. A chaque instant, les arbres parlent, le ciel se raconte, les ruisseaux et les rochers n'en finissent pas de dire leurs secrets, mais les hommes ne savent plus écouter, ils pensent qu'ils n'ont plus rien à connaître. Le gosse, lui, écoute le silence, le temps qui passe et ce langage est aussi simple qu'il est bavard.

En ce dimanche matin, sous le ciel moutonné, ils sont partis à la falaise. Depuis qu'ils ne cessent de vagabonder, ils l'ont réquisitionnée… Pour eux tout seuls. C'est désormais leur repaire, c'est là qu'ils s'assoient et qu'ils plantent leurs yeux sur la vallée, minuscule sous leurs pieds, sur la ligne bleue des montagnes qui ronronnent au loin. Le gosse adore cet endroit. Il lui semble que du haut de ces rochers, il domine le monde des hommes, ce monde qu'il connaît si mal et qui l'attire tant.

Il n'est pas comme d'habitude, le gosse. Sur son front, un pli large est apparu, son regard s'est abaissé. On sent bien qu'il rumine quelque pensée maussade.

Il a besoin de parler. En lui, tous ces événements, toutes ces découvertes se bousculent sans trouver leur place. Surtout, il a d'étranges idées qui le hantent.

Et tout à coup, les paroles n'en peuvent plus, elles débordent… Pour lui-même ou peut-être pour le Toinet occupé à agacer une poignée de fourmis rouges en déroute.

«Depuis la mort du Père, je me suis souvent demandé ce qui se passait… Pourquoi, tout d'un coup, on s'est rencontré, pourquoi on s'entend si bien, tous les deux. C'est des choses bizarres, tu sais, mais maintenant je crois bien que je commence à comprendre…»

Il s'est soudain raidi, il soupire comme pour se donner la force de continuer. A côté, le Toinet titille les bestioles avec une petite brindille. Il est si loin…

«Je pourrai pas rester avec la Mère! Je le sais. Maintenant que le Père est parti, elle pourra pas me garder, c'est pas possible. Il faudra de l'argent... Et puis, je les connais, les gens de l'administration, un jour, la femme aux souliers rouges va revenir avec le car et elle va m'emmener avec elle. C'est sûr, ça va se passer comme ça! Elle dira à la Mère qu'elle peut plus me garder et ils vont me remettre dans un foyer. Tu vois Toinet, ça je l'ai compris en courant les bois avec toi... C'est obligé, c'est comme ça que ça va se passer.»

Le gosse parle lentement, presque sans émotion. Il a longtemps réfléchi.

«Et puis, je sais aussi que si je commence à voir les choses autrement, tu y es pour quelque chose... Maintenant, je sais qu'un arbre, c'est pas seulement un bout de bois, qu'un nuage, c'est pas forcément fait pour cacher le soleil... Depuis quelques semaines, il s'est passé des tas de choses, des bonnes et des mauvaises: c'est ça la vie et il faut l'accepter parce que ça fait un tout! Hélène aussi, elle m'a appris des choses et je crois que j'ai été bien bête avec Barbouzin, j'aurais mieux fait de lui tendre la main... Tu comprends, c'est comme si quelque chose me poussait depuis quelque temps à mettre mes affaires en ordre, à faire le ménage dans ma tête. Je suis sûr qu'il va se passer des choses. Je suis plus là pour très longtemps! Toi aussi tu le sais Toinet, et c'est pour ça que tu me montres tout ça.»

L'autre continue à se bagarrer avec les fourmis. Dans le ciel, un couple de milans noirs trace de grands cercles, immenses lettres invisibles.

«Je retournerai jamais dans un foyer! Jamais! Je le jure. Je me sauverai et ils me retrouveront pas et je t'emmènerai si tu veux... On partira tous les deux et on ira vivre loin d'ici. On en est capable, tu sais... Si on veut, personne ne pourra jamais nous retrouver... J'aime pas le village, je me sens mal, je supporte pas le regard des gens. Je sens bien dans leurs yeux qu'ils me détestent! Toi aussi, ils te détestent... On n'est pas comme eux, le Toinet, et ils le savent et nous aussi on le sait.»

Un petit vent chaud venu de la vallée fait danser les buis, la journée est lourde de promesses. Bientôt, il fera très chaud sur les rochers.

«Je vais te dire un secret, le Toinet… Je fais souvent le même rêve, c'est au bord de la mer, sur une grande plage de sable avec des arbres tout verts, hauts comme des montagnes. Je me balade et je suis bien, alors je m'assois et tout d'un coup je m'envole… Je file à toute vitesse vers le soleil, comme si j'étais aspiré… J'ai chaud, mais pas trop, je suis bien, j'entends plein de musiques et je survole le monde, oui… Le monde entier! Je vois les gens de tous les pays qui s'agitent en dessous, qui me font des signes, je suis tout brillant… Et puis, à chaque fois, mon voyage me ramène dans des montagnes et soudain, il se met à pleuvoir: de la grosse pluie froide, je suis trempé, j'ai froid et je dégringole dans le ciel et je tombe ici, à Montcastel. Je tombe dans un pré au Martin, mais sans me faire mal… Autour de moi, tout le village est rassemblé et me dit de partir et j'entends la voix de la Mère qui essaie de me retenir, mais ils la battent et je m'en vais en courant…»

Le gamin se tait, il continue.

«Je sais pas qui je suis, Toinet, tu te rends compte… Je suis rien, tombé du ciel! Le fils de personne! Mon père est quelque part dans le monde et je sais même pas où. Je veux voyager, Toinet, je veux voir comment c'est ailleurs, comment les gens vivent! J'en ai marre de ce village qui crève, je veux plus de pluie, je veux le soleil et la chaleur et des gens qui me sourient… Je suis sûr que ça existe.»

Il pleure. Il dit ces mots pour lui, pour vaincre des peurs qui ne l'ont jamais quitté. En prononçant ces paroles, il vient lui aussi de quitter l'enfance.

*

Le temps est à l'orage en cette fin d'après-midi. Sitôt la cloche sonnée, le gamin a fui l'école pour suivre le Toinet sur le chemin de la falaise. L'autre court, les lèvres pincées, le visage agité d'étranges rictus. Il se passe quelque chose.

Le gosse a du mal à suivre le rythme effréné, mais il se garde bien de parler, il économise son souffle.

Parvenu sur le bord de l'immense rocher, le Toinet n'accorde aucun intérêt au panorama grandiose qui s'étale devant lui, pas plus qu'il n'entend les cris des rapaces qui tournoient dans le ciel. Il file sur la gauche, s'engouffre entre les pins et dévale les éboulis à grandes enjambées, au milieu des touffes de buis. Jamais les deux compères n'ont emprunté ce sentier qui contourne la falaise en pente raide.

Derrière, le gosse s'essouffle, égratigne ses jambes aux épines. Il chute, se relève, glisse à nouveau, reprend sa marche forcée… Ses mollets et ses cuisses lui font mal, il se sent brusquement perdu dans ce paysage inconnu où le bruit de leurs pas vient se cogner sur les roches qui les narguent.

En quelques minutes, comme des cabris ils ont dégringolé de cailloux en rochers. Les voilà perchés sur un minuscule éperon, perdu au milieu de cette immensité de pierre, à mi-chemin entre ciel et terre. Là, le Toinet fait halte sans même se retourner, il reprend son souffle et respire à pleins poumons de cet air fouetté par le vent. Juste au-dessous, au pied de la falaise, la forêt s'étend comme une marée verte. On n'aperçoit même plus la rivière, confisquée par les arbres…

Un monde grouillant et tellement vide!

Un univers de chaos, affamé de vie, oppressant et mystérieux!

Le cœur du gosse bat de plus en plus vite, mais ce n'est pas la course qui l'empêche de respirer, c'est tout simplement la peur, l'angoisse que fait naître un monde livré à lui-même.

Mais le Toinet a repris sa marche, sa grande carcasse saute de pierre en pierre, roule sur les cailloux avec un équilibre de bique… Le voilà déjà dans les ultimes éboulis, évitant soigneusement les buissons d'épines, le gamin sur ses talons.

En bas, ils s'arrêtent quelques instants et lèvent la tête pour mieux contempler l'immense muraille qu'ils viennent de dévaler. Désormais, ils ont quitté leur territoire, la montagne a cédé la place à la vallée.

La forêt de pins leur apporte sa fraîcheur. Le Toinet reprend sa course.

Dans ce dédale de bois qui ne semble jamais finir, le gosse se fie entièrement à son compère. Sans lui, il serait incapable de retrouver sa route.

Maintenant, ils traversent des champs dévorés par des armées d'acacias. Ils ont contourné la falaise qui ne laisse même plus voir ses formes bleues. Un silence lourd pèse sur ce minuscule plateau, que viennent troubler quelques corbeaux en colère. Ils poursuivent. De petits murets de pierres sèches, chahutés par les ans, semblent délimiter un enclos. Tout autour d'eux, des pommiers sans âge agitent des fruits mal esquissés, des poiriers couverts de mousse, des cerisiers aux fruits trop mûrs dansent dans le ciel... Des dizaines d'arbres mangés par les herbes, étouffés par les ronces. Pas de doute, ils se trouvent bien dans un ancien verger!

Le gosse regarde. Derrière les murets, un champ plus petit, lui aussi dévoré par les herbes folles, puis un bosquet... Et dans l'enfilade des arbres, surgie de nulle part, une maison à l'agonie, le toit enfoncé, les fenêtres brisées. Des branches s'insinuent entre les murs et cherchent la lumière à travers les pierres écartelées.

Bien à l'abri des regards, dans ce bout du monde, des hommes ont bâti un jour leur demeure. Qui pouvaient-ils être, eux qui n'ont laissé aucune trace dans la mémoire du village? Ce coin perdu cachait-il des lépreux, comme le hameau en ruine, chez le Savagnin? Sûrement pas! La bâtisse est trop récente et trop petite... Alors, où sont-ils?

Le gamin se sent mal à l'aise. On ne lui a jamais parlé de tous ces endroits oubliés qui constellent les abords du village...

Même le Père n'en a jamais dit un mot, lui qui savait tant de choses! On dirait qu'un linceul de silence recouvre l'histoire de Montcastel.

Mais la course a repris. Le Toinet, excité comme un moineau qui attend la becquée, est déjà reparti. Moulin maladroit, il déchire l'air de ses bras immenses, s'arrête, attend un instant, repart de plus belle. Le temps de traverser une pinède toute emplie du parfum piquant de résine séchée, de dévaler une dernière côte couverte de genêts et les voilà qui pilent... Tout à coup, ils retiennent leur souffle et écoutent... Elle est là, invisible encore et pourtant tellement présente.

Ils s'avancent et l'aperçoivent entre les herbes. La rivière, calme et verte, s'étire comme un chat au soleil, comme un cadeau! Cette rivière tellement inaccessible quand ils l'observent du haut de la falaise! Cette rivière qu'ils ont enfin réussi à approcher dans son écrin d'émeraude.

Le gosse avance. Il voudrait courir, se jeter dans les flots et palper le courant, mais le Toinet le retient. Il serre si fort le bras que le gamin a mal. Il s'agite, le Toinet... Les yeux révulsés, la bouche tordue, le corps tendu comme une arbalète. Il tremble tout à coup et pointe son doigt quelque part vers la berge. Il avance en serrant toujours le bras du gamin qui se traîne derrière lui. L'eau fait entendre un cliquetis métallique.

Sur la rive, à quelques pas, un arbre est venu s'échouer, sans doute cassé par le torrent, une partie des branches gît encore dans l'eau en formant une petite retenue. Et là, dans cette minuscule mare, quelque chose bouge doucement, bien camouflé sous un amas de feuilles... Une masse informe, aux couleurs vives. Le gosse s'avance. Le Toinet lâche le bras, il refuse de faire un pas. Son visage convulsé de grimaces hideuses s'agite dans tous les sens et plus le gosse s'approche de la rive, plus l'autre s'excite et trépigne. Finalement, il enfouit sa grosse tête entre ses mains, refusant de voir...

Mais le gosse est attiré par cette chose. Il n'a pas peur, comme si une force le poussait vers cet arbre brisé. Il fait quelques pas puis, soudain, se fige, horrifié. Il hurle d'épouvante sans même pouvoir bouger.

Dans les branches qui flottent, un corps est accroché. Un corps humain mort sans doute depuis plusieurs jours. Le temps a commencé son œuvre et la chair bleuâtre se détache par endroit dans une puanteur insupportable. Le gosse regarde ce spectacle fascinant de la mort; une foule d'images remontent à sa mémoire, il revoit le visage de sa mère, propre sous la couverture blanche de la morgue... Ce corps-là, devant lui, est sale, presque noir. Ainsi la mort peut avoir des visages bien différents!

Quelque chose, pourtant, l'interpelle. Il ne sait pas exactement quoi, mais ce cadavre ne lui est pas inconnu... Soudain, après quelques instants, il pousse un nouveau cri, encore plus déchirant celui-là.

«Brantouille, c'est Brantouille!»

Le gosse a reconnu la veste en cuir qui flotte dans la vase, il a reconnu le pantalon de velours déchiré, la chemise à carreaux... L'éternel accoutrement de l'ivrogne qu'il ne quittait jamais, même pour dormir!

Le sol se dérobe sous ses pas, la rivière se met à danser. Une irrépressible envie de vomir monte de ses entrailles. Le gosse tombe à genoux sur les cailloux de la berge et vide ses boyaux à quelques pas du corps décomposé de son ami.

Dans le soir qui tombe, prisonnier dans cette vallée, il a peur soudain... Autour de lui, tout pue la mort.

Et les larmes coulent sur ses mains.

Le gosse ne peut plus retenir son corps secoué de tremblements. Il a envie de disparaître lui aussi pour que cesse cette horreur.

Lorsqu'il parvient enfin à relever la tête, il se retourne. Le Toinet est assis à quelques pas, serein maintenant. Il fixe le cadavre comme s'il voulait lui adresser un dernier adieu.

Puis ils se regardent et dans leurs yeux se lit l'angoissante certitude de vivre une malédiction...

La nouvelle s'est répandue comme une traînée de poudre. Sitôt rentrés au village, dans la nuit lourde, le gosse et le Toinet ont tout dit à la Mère. Elle a fermé ses grands yeux, s'est signée, a posé un châle sur ses épaules menues, puis elle a remonté le village jusqu'à la mairie encore éclairée, encadrée par les deux gaillards.

Le maire n'a pas bronché. Dans son costume de velours, il a écouté. Il n'a même pas posé de questions. Il a seulement repoussé du bras la paperasse qui couvrait son bureau et pris sa grosse tête dans ses mains. Le regard perdu, il est resté là longtemps, comme quelqu'un que le sort accable, puis il a appelé les gendarmes et les pompiers.

Et maintenant, ils sont tous là, au beau milieu de la nuit. Par grappes, les habitants se sont rassemblés pour commenter l'incroyable nouvelle. Le Brantouille est mort... L'indestructible Brantouille! Cet éternel soiffard, solide comme un roc, ne hantera plus la cuisine de la Marie-Jeanne et personne n'entendra plus sa voix de prédicateur tonner dans les ruelles!

C'est ça, la mort. Une toute petite absence, insignifiante et pourtant impossible à remplacer dans le monde qui continue de tourner. La mort, c'est la preuve absolue que tout ce qui vit est unique...

Le gosse a répété son histoire aux gendarmes. Ils l'ont emmené dans le bureau du maire et là, ils l'ont obligé à revivre chaque instant. Un grand gaillard, sec comme un coup de trique, a posé mille questions stupides. Il aurait bien voulu savoir comment le Toinet avait trouvé le corps, ce qu'il faisait dans ce coin perdu et tout et tout... Mais le Toinet le regardait de ses yeux vides, la bouche grande ouverte. L'autre a capitulé...

Et puis, les pompiers sont arrivés avec leur sirène et leur camion brillant et les gens se sont attroupés. La dernière fois qu'un camion comme ça est venu à Montcastel, c'est quand le presbytère a brûlé. Ca fait presque dix ans...

La nuit se consume en discours. La plupart des habitants ont suivi les uniformes jusqu'à la falaise pour voir s'ils vont oser affronter le vide et les rochers en pleine nuit. C'est une expédition insensée... Et inutile. De toute façon, le Brantouille peut bien attendre quelques heures de plus. Dans l'état où il est, il ne se sauvera pas...

Mais la sagesse, curieusement, l'a emporté! La petite balade au bord de l'eau est remise à demain. Tout ce beau monde s'est volatilisé dans un abominable concert de ferraille et de sirène.

Le village se retrouve face à lui-même.

Le gamin voudrait bien rentrer. Il a froid, il a besoin d'être seul. Tous ces gens qui l'entourent lui font peur, il n'aime pas leur regard. Mais les questions fusent, ils veulent tout savoir et sans attendre de réponse, entament leurs délires. Ils refont la mort du Brantouille. Ils refont même sa vie, sans rien savoir de lui.

Leurs propos sont obscènes dans cette nuit de douleur.

Mais soudain, dans le vacarme ambiant, dans cette surenchère de folie, une voix vient écraser les autres. La grosse carcasse du Justin s'avance.

«C'est bien vers le Trou du Gitan que vous l'avez récupéré, le Brantouille?»

Le gamin ne répond pas. Il n'a jamais entendu ce nom-là, il regarde autour de lui pour trouver un soutien, mais les autres se contentent de le fixer. Ils attendent d'être rassurés.

«J'en sais rien! Je sais juste qu'il y a une maison en ruine, pas loin...

— Alors, c'est bien le Trou du Gitan! C'est un endroit où personne ne va plus depuis bien longtemps et vous tous ici, vous savez bien pourquoi... C'est un coin où il faut pas mettre les pieds...»

Une vague de murmures ondule sous le réverbère de la mairie.

Le gamin veut savoir.

«Et pourquoi c'est interdit? Pourquoi personne n'en parle jamais?

— Je vais te dire pourquoi, gamin! Y'a un siècle ou pas loin, toute une famille de manouches a voulu s'installer à Montcastel, mais ici personne n'a voulu d'eux. C'est des voleurs, ces gens-là! Alors, ils sont descendus on sait pas trop comment jusqu'au bord de la rivière et ils se sont installés... Ils ont bâti une espèce de baraque. Au village, les gens ont laissé faire parce que la rivière, tout en bas, c'est déjà plus Montcastel, même si c'est encore sur le territoire communal. Faut être fou pour vivre dans ce trou, mais eux, ils ont vécu là avec leur marmaille! On les voyait jamais au village, mais tout le monde savait bien qu'ils étaient là... Un jour, un des gosses est arrivé en courant, il disait que sa baraque était en feu et qu'il fallait venir les aider! Mais c'est tellement loin du village! Quand les gens sont descendus, ils ont retrouvé que des cendres. Plus de maison... Et plus trace de toute la famille, ils avaient tous disparu! Personne n'a jamais su ce qui s'était passé...»

— Et le gamin, qu'est-ce qu'il est devenu?

— Quand il a vu ça, il a voulu se sauver en traversant la rivière, mais à cet endroit l'eau est profonde. Il s'est noyé et on l'a jamais retrouvé, lui non plus... On dit que la nuit, on l'entend pleurer, mais c'est des histoires!»

Tout le monde se tait. Un long frisson glacé remonte le dos du gosse. Cette histoire folle lui rappelle les derniers mots du Brantouille, juste avant sa disparition. Il se lance...

«Je connais pas cette histoire, mais je sais que le Brantouille, il me parlait des ombres... Il disait qu'elles rôdent partout autour du village, que c'est les esprits de Montcastel et il me disait aussi qu'il fallait faire attention parce qu'elles peuvent nous prendre quand on croit en elles...»

Il ne peut plus continuer, les mots ne veulent plus sortir. Au milieu de tous les visages braqués sur lui, à peine éclairés par une lampe poussive, il le voit... Partout et nulle part. Il rit de sa belle trogne de poivrot en lui faisant des clins d'œil, il rigole de toutes ses dents pourries et les immenses rires du Brantouille se perdent dans le silence.

Le curé est venu... Pour la troisième fois en quelques semaines... Avec la même moto, le même blouson de cuir et la même mine désabusée.

Il a dit la même messe que pour le Père, la même que pour la mère au Martin... Aussi belle, aussi longue, comme si le Brantouille avait été un paroissien comme un autre! Pourtant, tout le monde sait bien qu'il était mécréant, le Brantouille, et qu'il bouffait du curé chaque fois qu'il en avait l'occasion...

Dans son sermon, en montrant le cercueil du doigt, le curé avait la voix cassée. Il a seulement dit que dans la boîte où il était maintenant, il y avait sûrement plus de chaleur que dans le cœur des gens de Montcastel et tout le monde a baissé la tête. Il a dit aussi que pour lui, le Brantouille était un vrai chrétien, un vrai croyant... Bien plus croyant que tous ceux qui se tassaient dans la petite chapelle, autour de son cercueil! Il a dit que l'ivrogne croyait au bonheur, à la délivrance, au don de soi et qu'il aimait la vie... Il a dit que c'était ça, la foi!

Et puis, il a dit aussi qu'il prierait pour les gens du village parce qu'ils en avaient bien besoin et qu'il leur donnait rendez-vous le jour de la Saint-Maurice pour la procession...

Cette fois, le maire et son équipe n'ont pas bronché.

*

Les guirlandes rouges et blanches flottent au vent de l'été qui balbutie. Sur la place, devant la mairie, quelques cabanes en planches attendent les badauds dans le bavardage d'une sono poussiéreuse. Un antique manège de chevaux de bois tourne en grinçant sous l'œil envieux des tout petits que charrie leur mère. Plus loin, les plus grands rôdent autour des autos tamponneuses.

C'est la fête à Montcastel. La fête du village qui attire chaque début d'été tous les gens des environs. Depuis des années, sa réputation fait le tour du canton et c'est de loin qu'on rapplique pour rendre une petite visite aux amis ou à la famille, pèlerinage local, tradition des retrouvailles et but de balade pour les villages des alentours qui s'ennuient au soleil…

Le maire peut être fier, c'est sa fête! C'est lui qui l'a déplacée… Avant lui, Montcastel célébrait saint Maurice, protecteur du village, le 22 septembre. Non seulement il a bouleversé le calendrier, mais en plus il a montré que la laïcité faisait plier le clergé. Bonne affaire électorale dans un village d'irréductibles socialistes!

Mais pour faire passer la pilule, le bonhomme a dû jouer serré… Il a eu beau clamer bien haut que l'ancienne date tombait tard dans la saison, qu'elle décalait Montcastel des autres fêtes locales, rien n'y a fait. Une partie de ses administrés, pas franchement calotins mais attachés aux traditions, refusaient même de le saluer… L'affaire prenait un sale tour. Alors, la providence qui est bonne fille, lui est venue en aide sous la forme d'une inspiration de génie… Monsieur le maire a troqué une fête de l'automne contre une fête de l'été. Désormais, le village est en liesse le dernier dimanche de juin, quand le soleil est au plus haut et non plus à la fin septembre, quand il s'enfonce dans les ténèbres.

Symbolique de pacotille, mais tellement efficace!

Et sur la place, en ce début d'après-midi torride, la foule débarque dans le vallon, envahit les ruelles et s'agglutine autour de la buvette pour une journée pas ordinaire…

Bientôt, ce sera le discours du maire, point d'orgue de la fête!

On vient de loin pour l'entendre, ce discours! Il est même arrivé que le canard du coin s'en fasse l'écho, avec une belle photo en prime. Suprême honneur pour le village… Il est vrai que le brave homme ne ménage pas ses effets. Son discours, il le prépare des semaines à l'avance. Monsieur le maire a le sens de la formule et sait réveiller chez les militants la fibre socialiste. Pour tout dire, il a la machiavélique espérance d'être le candidat du parti aux prochaines élections cantonales, mais n'en parlons pas… C'est le rêve secret du maire et tout rêve a droit au respect.

Pour donner le change, les cléricaux de la paroisse ont organisé la riposte. Devant le blasphème municipal, ils ont instauré une contre-offensive religieuse en confisquant le dimanche matin… Ce jour-là, ils se font un devoir de rameuter dans la petite chapelle tout ce que le pays compte de calotins. Le curé donne alors libre cours à sa gouaille naturelle et fustige sans concession la tyrannie de ces républicains de trois sous…

Pourtant, cette année, la célébration est restée modeste. Les trois ombres des défunts ont plané de tout leur poids sur les fidèles. Et elles pesaient lourd.

Quand ils ont quitté leur chapelle, les paroissiens sont allés parader dans le village, mais le cœur n'y était pas. Alors, comme le veut la coutume, ils ont investi la salle du foyer pour un énorme repas que les mécréants du coin, dans leur grande malice, ont aussitôt baptisé la cène.

Ainsi, une fois encore, la tradition est respectée. La matinée se veut cléricale, l'après-midi sera laïque…

Ainsi va le cours des choses à Montcastel.

Et justement, la grosse horloge de la mairie va sonner trois heures, la foule est déjà compacte sur la petite place où l'on se pousse pour occuper les premiers rangs… Les adjoints et les fidèles du maire, en habit de parade, ont pris position devant une petite estrade où trône un micro. Le maire, dans toute la gloire de son costume de velours barré de son écharpe tricolore, la cravate bien ajustée, se profile dans l'encadrement de la porte.

Un instant solennel. Les applaudissements pleuvent, le maire minaude sur l'estrade…

Le gosse, lui, traîne entre les stands, à l'écart du troupeau. Il est seul, il cherche le Toinet sans doute apeuré par tant de bruit. Les cabanes en bois accueillent quelques égarés, hermétiques aux discours politiques… Une vieille dame s'essaie à la pêche à la truite sous les encouragements de ses petits-enfants qui se chamaillent autour du minuscule bassin. Sous un marronnier, un bon père de famille montre à ses loupiots comment viser un œuf avec une boule de pétanque que, chanceux, il manque... Il ne gagnera pas la bouteille de mousseux chauffée par des heures de canicule! Le tir à la carabine est vide, les chasseurs n'ont pas encore cuvé leur vin...

Le gamin observe, il regarde cette petite fête de village, triste et naïve en même temps, comme issue d'un autre âge. Les haut-parleurs charrient leurs derniers airs de musette.

Il quitte les cabanes pour rôder autour des maisons désertées. Toujours aucune trace du Toinet. Où peut-il se cacher? Le gosse est pourtant certain qu'il se terre quelque part à regarder ce spectacle grotesque de ses yeux vides. La voix du maire commence à tonner dans le micro...

Il contourne les baraques du bas du village et s'apprête à remonter jusqu'au bourg. Il écoute, distrait, les échos du discours qui lui parviennent maintenant par bribes comme si le vent et l'air bouillant se faisaient un malin plaisir à disperser les mots, à déformer la voix.

Et tout à coup, il les aperçoit... Dans une sorte de danse folle, le Toinet balance les pieds et les mains pour tenter de faire fuir une volée de gamins qui virevolte autour de lui. Le gosse court, au passage il ramasse des cailloux et débarque en criant au milieu de cette ronde folle qu'il brise à grands jets de pierres. Ils sont une bonne dizaine. Les gamins de Montcastel, bien sûr, et quelques autres, copains ou cousins, venus pour la fête et ravis à l'idée d'agacer un idiot bien trop idiot pour se défendre vraiment...

Il en claque un ou deux au passage, botte les fesses qui passent par là et les voilà qui se sauvent dans les cris et les pleurs. Le Toinet se tient droit, immobile et déjà parti à grands coups de grimaces vers d'autres horizons. La plupart des garnements ont disparu au coin des maisons, on ne les reverra plus, mais ceux de Montcastel se sont regroupés et déjà reviennent à l'assaut. Barbouzin n'est pas là, mais qu'importe... Ils empoignent des cailloux qu'ils lancent à la volée sur les deux gaillards contraints de battre en retraite.

Bataille de tranchées! Tapis derrière les marches d'une vieille masure éventrée qui lui sert de rempart, le gosse s'organise. Il balance quelques grosses pierres qui traînent par là. La rapidité de la contre-attaque surprend l'ennemi furieux qui se replie avant de revenir à la charge, les mains remplies de munitions... Sous le déluge de caillasses, le gosse courbe le dos et se protège, il parvient quand même à dégommer un assiégeant un peu trop exposé. On entend des pleurs.

Mais la meute se fait toujours plus menaçante et gagne du terrain. Il va falloir songer à déguerpir avant l'assaut final... Seul, tout affairé au combat, le gosse n'a même pas remarqué l'absence du Toinet. Pas une absence, parbleu, une trahison, une désertion! C'est toujours comme ça avec les idiots, on ne peut jamais compter sur eux... Le gosse est furieux de capituler, mais c'est la seule façon de se tirer d'affaire. Il a repéré une petite ruelle, il n'a plus qu'à se précipiter, il s'arc-boute... Et soudain il voit déferler une tornade humaine qui s'abat sur le troupeau dans un délire de gestes et de coups. Surprise, hésitation... Les moineaux déguerpissent sous les tournioles distribuées au hasard par le grand dadais jailli de nulle part. Devant la débandade, le gosse se relève et applaudit, c'est incroyable... Le Toinet continue à traquer les gamins, distribuant force claques et coups de pied!

Miracle! C'est un miracle... Le Toinet s'est réveillé. Il s'en revient visiblement satisfait, on dirait soudain qu'il a grandi...

Que s'est-il passé? Quelle alchimie a-t-elle pu transformer à ce point le gaillard? Le gosse n'a pas le temps d'y songer, la troupe clairsemée est déjà revenue sur ses pas. Les cailloux ne volent plus. Cette fois, ce sont les mots qui fusent! Ces mots qui les traitent d'étrangers et qui leur disent de ficher le camp... Ces mots qui les accusent des malheurs du village, de la mort du Père et du Brantouille...

Les mots des gamins ne sont que les échos des adultes.

Quand ils ont vidé leur sac de haine, les gosses s'enfuient en courant. Le Toinet se tient là, immobile, le gosse aussi. Ils n'ont plus ni la force, ni l'envie de bouger. Que peuvent-ils faire contre des mots plus lourds et plus durs que les pierres? Ils savent désormais qu'ils n'ont plus leur place dans ce village.

Ils ont mal de tant d'injustice et, en même temps, ils se sentent blessés dans leur fierté. Ils échangent un regard.

Venus de la place, quelques relents de discours parlent de combat et de dignité...

La journée s'est épuisée dans les chopines et les blagues salaces. Perchée sur l'estrade, la maîtresse a joué de l'harmonium et quelques gamins ont débité des poésies. Les plus petits, à peu près remis de leur bagarre, ont même chanté la Marseillaise... Les stands ont croulé sous la foule et les bouteilles se sont vidées. Puis les gens ont quitté Montcastel dans un grand cortège de voitures et la fumée des moteurs.

Maintenant, la fraîcheur est tombée avec la nuit bourrée d'étoiles. Une longue soirée s'annonce, remplie de musique, de danse et de caresses estivales. Les nuits d'été sont impitoyables de douceur et de mensonges, elles enivrent de leur parfum sucré, elles font croire aux hommes que la vie peut être facile...

Demain, dans les draps rêches, le réveil sera terrible.

Le gosse longe la petite estrade, coincée sous le marronnier, où quelques couples s'agitent sur les trémolos d'un orchestre rural. A quelques pas, affalés sur les tables, des paquets d'hommes et de femmes finissent leurs assiettes pleines de sauce en gloussant sous des blagues grivoises qui secouent les corps déjà noyés dans le vin. Quelques mains mâles s'insinuent sous les tables à la conquête d'un genou ou d'une cuisse ou parfois même se perdent dans des entrejambes qui ondulent d'aise...

Le gosse ne sait pas ce qu'il fait là, il s'est perdu... Cette fête n'est pas la sienne. Il regarde le ballet de la vie avec un détachement qui l'étonne. C'est comme s'il observait une fourmilière ou un nid de merles... Tout lui est lointain, étranger.

Pourtant, il n'a pu s'empêcher de venir, de rôder sous la lumière froide des ampoules. Une force l'a attiré de nouveau sur la place, malgré sa tristesse, malgré sa colère.

Depuis de longues minutes, il regarde la vie de Montcastel s'écouler au rythme lent du vin dans les verres, il s'est assis. Absent...

Pourtant, il est écrit que ce soir il fera des rencontres.

Cette silhouette bancale qui vient le rejoindre sur le banc de pierre et qui se tait dans la nuit, il la connaît... Elle lui réchauffe le cœur. En tirant sa patte folle, l'Etienne s'installe et c'est comme si, tout à coup, une montagne de joie et de paix s'était posée là... Après des semaines d'absence, des semaines de vide, le peintre réapparaît. Pourquoi avait-il fui et où diable était-il passé? Ces interrogations assaillent le gosse, mais il ne dira rien, il accepte que son ami le délaisse parce qu'il porte en lui la liberté et le rêve. Oui! Un artiste, c'est une boule de liberté et on ne demande pas de compte à la liberté...

Le gamin hésite, sa pudeur le retient, puis il se jette à son cou. Il n'a pas envie de contenir sa joie, il a envie de la laisser couler, chaude et ronde comme de la lave. Désormais, il s'est juré de ne plus rien cacher. Il a compris ça en partageant un peu de la folie du Toinet. Il tient l'autre bien serré contre lui.

«Mais, dis-moi, tu fais des progrès, bonhomme!»

La grosse voix du peintre sonne comme un tocsin.

«Je suis si content de te voir, tu m'as manqué, tu sais...»

L'autre ne répond pas, il se contente de le regarder.

«Il s'est passé bien des choses ici... Raconte-moi!»

Et le voilà qui dit tout: les bagarres, Hélène, le Père, le Brantouille, son amitié avec le Toinet... Le fleuve de sa vie s'épanche par vagues ininterrompues. L'autre écoute en secouant la tête, on dirait qu'il sait déjà.

«Et toi, qu'est-ce que tu dis de tout ça?

— Moi, j'étouffe... J'ai l'impression de tourner en rond dans un bocal, partout où je vais, je me cogne la tête. C'est pas possible de passer une vie ici!

— Pourtant, depuis des siècles et des siècles, des milliers de personnes vivent là...

— Peut-être, mais aujourd'hui, les gens de Montcastel, ils vivent plus! Le village, il meurt tout doucement et personne ne fait rien pour que ça change. On dirait qu'ils trouvent ça normal. Ils acceptent, Etienne, tu comprends... Ils acceptent!»

Il a parlé comme ça, sans réfléchir, comme on vide un grand verre d'eau fraîche quand on a soif. Le peintre le regarde de son regard clair.

«Donne-moi ton secret du bonheur...»

Qu'est ce que c'est que cette histoire... Le gamin détourne la tête, trace des ronds dans les graviers avec sa vieille sandale. Il hésite.

«Le bonheur, c'est quand on pense plus à rien! Quand on se sent bien, comme ça, sans savoir pourquoi... Parce qu'on a rencontré quelqu'un qu'on aime bien, parce qu'on s'est fait chauffer au soleil, parce qu'on a lu un livre... C'est quand on sait qu'il peut rien nous arriver, qu'on est protégé. C'est quand la réalité rejoint le rêve... Oui, je crois bien que le bonheur, c'est des petits bouts de rêve qui descendent jusqu'à nous!»

Le peintre a tourné la tête, il fixe l'obscurité.

«Et toi, es-tu heureux?»

Cette fois, c'est le gamin qui balance son regard dans la nuit, il contemple les étoiles jetées comme des grains de sable dans l'infini.

«Maintenant, je suis heureux, parce que tu es là, avec moi et aussi parce qu'on regarde le ciel... Je suis heureux quand je me balade avec le Toinet dans les bois et qu'on voit un chevreuil ou quand je parle avec la Mère. Je suis heureux quand je repense à Hélène, à sa peau... Mais ce sont des instants qui ne durent pas, ils sont tellement rares, on dirait qu'ils sont perdus dans l'océan de la vie. Il faut les traquer, les débusquer.»

Le peintre reste silencieux, il sait que le gosse a d'autres choses à dire. Il ne veut pas briser la magie de l'instant. L'autre poursuit.

«Ce qui me rend vraiment heureux, je vais te dire ce que c'est... C'est la vie qui m'attend! Je sais comment elle sera, ma vie et je me prépare... C'est pas facile à expliquer, mais je sais que je vais bientôt quitter ces montagnes et qu'une vie nouvelle va commencer pour moi. Chaque jour qui passe, j'en suis plus certain et tout ce que j'ai vécu jusqu'à maintenant, je l'emmagasine... C'est pas perdu, j'en aurai besoin pour demain. Des fois, je me dis même que c'est une chance pour moi d'avoir connu tout ça... D'avoir rencontré des gens comme toi, comme le Brantouille et de voir ce village qui crève...

— Et ta vie future, elle ressemble à quoi?

— Elle est belle comme tes tableaux! Elle est pleine de chaleur et de soleil, pleine de gens inconnus, de vent et de filles... Ca te fait rire, hein... Tu te dis que je délire, que le Brantouille m'a mis ses idées dans la tête, mais c'est pas un rêve! C'est la vérité et je la vois par petits bouts. Ma vie, elle sera comme ça! Je veux pas me laisser rattraper par le malheur! Je courrai plus vite que lui! Ca, je le sais...»

La voix du gosse s'est éteinte. Les deux ombres restent longtemps immobiles, bercées par les airs d'accordéon qu'un petit vent chaud distribue généreusement. C'est le moment où les esprits s'évadent et rejoignent les rêves, donnant aux hommes un avant-goût du bonheur.

L'Etienne sourit dans l'obscurité, mais personne ne peut le voir et c'est très bien. Il se retourne.

«Tu as de la chance de rêver ta vie... Moi j'essaie, mais j'ai pas ta force, je peux pas! Depuis tant d'années que je suis dans ce village, je sais que je m'épuise, que j'ai rien à faire ici, que c'est pas le vide qu'il faut que je cherche, mais la vie... Dès que j'ai trois sous, je file, je pars loin, très loin... Au soleil... Et je me dis qu'un jour, il faudra bien que je me décide à faire le pas, à larguer cette baraque, cette vie, à tout recommencer. Longtemps, j'ai cru que c'était pas possible! Qu'on pouvait pas partir, comme ça, sans rien dire à personne et disparaître pour toujours, mais maintenant, je sais que c'est possible et même, c'est facile... Tu peux pas savoir comme c'est facile de disparaître d'un endroit pour renaître dans un autre, loin, inconnu, vierge...»

Il soupire, on dirait que les mots lui font mal.

«Peut-être qu'un jour, je pourrai. Qui peut savoir...»

Le gosse écoute. Il est encore trop petit pour comprendre ces choses. Il le sait bien, mais son copain a tellement de douleur quand il parle qu'il en prend doucement une partie, sans bruit, juste pour partager. De toute façon, ils n'en diront pas plus. Le couple qui s'avance vers eux en dessinant des ombres difformes sous les ampoules fatiguées a brisé le mystère de l'instant. Hélène se tient là, debout à une dizaine de mètres, belle bien sûr, dans la lumière qui danse. C'est comme si la seule évocation du gosse l'avait fait paraître... Barbouzin lui tient la main.

Elle se dégage doucement et s'approche. Le rouquin reste en arrière, silencieux. On ne distingue pas son regard dans l'obscurité. On ne saura pas ce qu'il pense.

Tout près, à portée de main, elle est encore plus belle, ses cheveux défaits ondulent sous la brise. Le gosse se sent mal à l'aise tout à coup. Il crève de l'envie de la serrer... Elle le regarde.

«Il faut que je te parle. On ne peut pas rester comme ça, il faut qu'on redevienne des amis...»

Il se tait, glacé par la voix. Le voilà pris au piège entre le rouquin qui ne dit rien et l'Etienne qui l'observe du coin de l'œil. Il se dit qu'il faut une sacrée dose de courage à cette fille pour s'avancer et parler avec des mots pareils... Il sait qu'elle est sincère, ses yeux ne mentent pas. Comme il hésite, elle poursuit.

«Je sais ce que tu viens de vivre et je voudrais que tu saches... J'ai pensé à toi et Barbouzin aussi a pensé à toi... Si tu veux, on pourrait… S'il te plaît, aide moi!»

Les mots ne viennent pas, la voix s'effrite. Là, devant les trois gars, elle se met à nu comme jamais auparavant. Il n'y a pas que de la beauté dans cette offrande, il y a de la noblesse…

Mais le gosse ne l'aidera pas. Il n'a pas sa force. Il n'est pas prêt.

«C'est pas possible! Pas encore… Je mendie pas, j'ai besoin de personne…»

Les mots sont chauffés à blanc, ils brûlent les entrailles de la fille qui baisse les yeux et tourne les talons sans dire un mot. Elle se sent humiliée. Le gamin ne distingue pas les petites perles qui coulent sur ses joues.

Il a fait mal parce qu'en lui la douleur est insoutenable. La douleur des choses qu'on ne comprend pas et qui submerge tout, la beauté, l'amour, l'offrande… Sans bruit, le couple se reforme et va se fondre dans la nuit, le rouquin a pris la main de la belle.

Le gosse fixe l'immensité noire qui l'entoure. Il n'ose pas regarder le peintre, figé dans sa nuit. Après quelques instants, il ose enfin parler.

«Comment on fait pour aimer?»

Il a tellement honte de lui! Mais il ne dira plus rien, il se lève, abruti comme quelqu'un qui vient d'écorner un rêve. Il a du mal à retrouver son chemin, des saletés de larmes bouchent ses yeux.

*

Ils sont beaux et colorés comme des images pieuses! Finement dessinés à l'encre noire, les deux cavaliers chevauchent la même monture, leurs cottes de mailles émergent de leur longue tunique blanche, leurs épées pendent à leur côté. Sur leur poitrine et dans leur dos, l'énorme croix rouge semble flotter au rythme des chevaux… Le gosse fixe la gravure de ses yeux cannibales, ses doigts caressent la page usée. Il chevauche avec eux, déjà perdu quelque part dans l'inconnu, le cœur chaviré par des rêves déments.

«Tu vois, c'est des Templiers! Aujourd'hui, la maîtresse nous a lu leur histoire parce que l'école est finie. Elle dit qu'ils ont vécu chez nous il y a très, très longtemps et qu'on est des ignares si on les connaît pas... Moi j'ai jamais entendu parler d'eux dans le village! Il paraît qu'ils étaient très riches et très puissants. C'était les plus forts de tous, mais un jour le roi de France les a fait arrêter et ils les a brûlés!»

Le gamin parle vite, les mots se bousculent dans sa bouche, il a besoin de raconter ces personnages fabuleux qui résonnent dans son crâne. Il serre très fort le petit livre jauni par les ans.

«Tu imagines, des Templiers, ici... A Montcastel! S'ils ont vécu au village, ils ont sûrement laissé des traces... Peut-être un trésor!»

Le Toinet paraît intrigué, lui aussi. Il a pris le livre dans ses grosses paluches et colle son nez sur les dessins, il les sent, semble s'imprégner de l'odeur de l'encre et du parfum de la légende. Le gamin se colle contre lui, bien au chaud. Maintenant, ils peuvent rêver.

«Regarde leur bouclier, il est triangulaire, avec cette croix... Et leur grande épée... Et leur casque... Avec tout ça, ils devaient être invincibles. Et tu sais, le Toinet, ils étaient moines et guerriers en même temps, ils priaient et ils se battaient! Ces gars-là ont traversé les mers pour aller jusqu'à Jérusalem et ils ont gagné des dizaines de batailles... Mais c'est pas tout! La maîtresse, elle nous a dit qu'ils savaient plein de choses mystérieuses, des secrets qu'on n'a jamais pu leur arracher... Ils ont préféré mourir sur un bûcher...»

Sous la charpente, dans la cabane du Toinet, perchés entre ciel et terre, ces deux-là ont enfourché leurs rêves. Ils chevauchent, montés sur le même destrier.

«Toinet, tu te rends compte, ils ont vraiment existé! Des

chevaliers qui se battaient contre le mal, c'est dingue! Dès qu'ils voyaient une injustice, ils couraient au combat et tu sais quoi... Ils se battaient à un contre trois, ils avaient peur de rien et personne ne pouvait les arrêter. Imagine, s'ils existaient aujourd'hui, ils sauraient bien réveiller le village... Ils le laisseraient pas mourir!»

Le Toinet se tait tout à coup, il lève les yeux comme s'il venait d'entendre une phrase attendue depuis longtemps. Il regarde le gamin qui ne comprend pas.

Ses yeux brillent d'une étrange lumière.

Depuis qu'il a mis le nez dans l'histoire des Templiers, le gamin s'est métamorphosé... Il a découpé une espèce de tunique dans un vieux drap, s'est taillé une épée, a rafistolé des bouts de cartons pour se faire un casque et le voilà parti toute la sainte journée à pourfendre les hérétiques tout autour de la maison. Il les tue par centaines!

Heureusement que les gens du village ne le voient pas...

Mais ce matin, quand il descend pour déjeuner, il trouve à côté de son bol un gros livre à la couverture de cuir noir, un livre ancien qu'il n'a encore jamais vu dans la maison. Intrigué, il le regarde, le soupèse... Le bouquin l'impressionne. Il n'ose pas l'ouvrir.

La Mère sourit, elle suit son épopée templière avec un œil condescendant.

«C'est pour toi. J'ai pensé qu'il te plairait. C'est l'histoire des Chevaliers du Temple. Je te le prête, il appartenait au Père et je suis sûre qu'il aurait aimé que tu le lises. Mais rends-le moi sitôt que tu l'as fini et, surtout, ne l'abîme pas...»

Les pages défilent sous ses doigts, laissant parfois paraître quelques dessins, des plans, des figures géométriques, des équations... Quelques-unes portent des annotations manuelles griffonnées dans les marges.

«Le Père connaissait l'histoire des Templiers? Il n'en parlait jamais, je savais pas qu'il avait des livres!

— Il ne te disait pas tout...

— Mais il savait qu'ils ont vécu au village, il y a très longtemps?

— Tout le monde sait ça à Montcastel!

— Mais pourquoi il en parlait pas? C'est important...

— Il en parlait comme on parle d'une histoire tellement vieille que personne ne peut plus dire si c'est une légende... Il était prudent, voilà tout! Tu sais, je me demande si c'est une bonne chose que la maîtresse vous ait parlé des Templiers. D'abord, elle ne connaît rien à l'histoire du pays, et puis, ça vous a mis des idées dans la tête et je crois que ce n'est pas le moment avec tout ce qui se passe au village...

— Elle a dit que c'est le maire qui lui a demandé de nous en parler! Justement, à cause des événements et de cette légende que personne ne connaît vraiment. Elle nous a dit qu'il fallait qu'on connaisse l'histoire de Montcastel.

— Eh bien, à mon avis, elle aurait mieux fait de se taire!

— Mais toi, tu sais sûrement des choses... Dis-moi!

— Non! Je ne sais rien... Personne ne sait rien et j'ai bien l'impression que c'est ça qui rend les gens aussi sots! Tout ce que l'on sait, c'est que Montcastel se trouve au cœur d'une région où ont vécu les Templiers. Certains disent qu'ils ont habité le village ou les environs, mais on n'a jamais retrouvé leurs traces. Et puis d'autres parlent d'une légende qui court sur le village et qui dit qu'il disparaît à certaines époques et qu'il renaît ensuite... Mais ce sont des histoires de fous que les vieux ressortent chaque fois qu'il y a un mort dans la commune!»

Elle a fini par s'énerver, la Mère! Au fond d'elle-même, elle n'est pas aussi persuadée qu'elle veut bien le laisser paraître. Surtout depuis la mort de son homme.

«Il faut oublier ces légendes. Elles font plus de mal que de bien et elles ne ramèneront pas les morts. Montcastel traverse un mauvais moment et les gens feraient bien mieux de se serrer les coudes plutôt que réveiller des légendes…

. — Dis-moi… Tu crois que le village, il peut cesser d'exister aujourd'hui?

— Arrête de dire des bêtises, s'il te plaît! Le village, il mourra si les habitants le laissent mourir et c'est pas demain la veille!

— Mais, à part le Martin, y'a plus personne pour cultiver les terres… Et la friche, elle avance partout. On le voit bien quand on va se promener avec le Toinet, le bois se resserre tout autour du village, on dirait qu'il veut l'étrangler!»

La Mère sent un frisson qui la parcourt de bas en haut. Elle se sent mal, elle se sent froide, froide comme la mort.

Elle déteste la légende.

Chapitre 6

Juillet a sonné comme une délivrance. Finies les heures de réclusion, la trogne immonde de la maîtresse! Finie cette classe infecte aux relents de vieux papier et finie l'école pourrie de Montcastel! En cette fin d'année scolaire, c'est une page de la vie du gosse qui se tourne. Dans quelques semaines, il fera son entrée au collège... Ses résultats n'y sont pas pour grand chose, non... Il est toujours aussi cancre! Cet honneur revient plutôt à son âge!

A treize ans passés, il était impossible de garder le lascar plus longtemps dans une école de campagne. On l'a largué au collège comme on balance un sac puant à la décharge... Du bout des doigts, en espérant qu'il ne contaminera pas le voisinage.

Traitement identique pour le rouquin, prié lui aussi d'aller faire voir sa haute carcasse à la ville voisine! Les deux gaillards se retrouveront dans le vieux bahut de Saint-Sévran, souvenir lugubre des austères Pénitents Blancs. Une réalité effrayante et fascinante à la fois. La perspective de vivre dans l'ombre d'Hélène les grise et signe en même temps la fin d'une liberté qui leur colle à la peau.

Ils ont peur de troquer une prison pour un bagne.

Mais demain est tellement loin. Qui peut dire de quoi il sera fait...

Pour l'heure, le gosse se vautre dans les délices de l'été. La chaleur n'en finit pas de lécher la montagne, la canicule appuie sa chape de plomb, c'est à peine si l'on peut respirer dans le vallon. La Mère a bien compris son besoin d'évasion, elle le laisse disparaître des journées entières dans le sillage du Toinet. Ils reviennent noircis par le soleil, les yeux pleins de rêves et les jambes égratignées.

Elle ne demande rien, le sourire du gamin lui suffit.

Et pourtant, elle se fait du souci, la Mère... Elle sait bien que les quelques sous que va lui ramener la pension de son homme ne suffiront pas à faire vivre la maisonnée. Déjà, les maigres économies du couple ont fondu. Elle ne dit rien, mais elle sait que les mauvais jours ne tarderont pas à frapper au carreau.

*

Le ciel est tellement bleu qu'il vire au violet! Un de ces ciels qu'on ne trouve que dans les peintures de l'Etienne... Et sur ce vallon! Un bleu tellement pur que tout ce qu'il touche paraît plus étincelant, comme lavé de l'habitude d'exister. Chaque arbre, chaque rocher, chaque oiseau qui plane semble venir de naître.

C'est comme si la vie se régénérait.

En cette mi-journée, le Toinet et le gamin ont repris le chemin de la rivière, ils ont dévalé à nouveau la falaise, ils ont traversé la forêt, longé la baraque aux Gitans. Ils ont retrouvé l'arbre où gisait le Brantouille et ils ont poussé encore plus loin. Le gosse avance dans l'inconnu, il sait qu'en face, sur l'autre rive, un ailleurs commence qui n'est pas le sien. Il se laisse guider par le Toinet.

Ils ont quitté un peu la rive et viennent de franchir une pinède grillée par le soleil. Leurs épaules sont brûlées, ils ont chaud, ils ont soif, mais ils avancent. Le Toinet continue sa marche de forcené. Dans cette vallée qui se rétrécit peu à peu, ils ne sont plus que deux silhouettes infimes écrasées par la majesté du vide qui les entoure.

Les voilà dans un champ minuscule parsemé de genêts, qui descend jusqu'à la rivière. Ils ne la voient pas, mais ils devinent le murmure des flots, soudain plus impétueux. A ce moment de la journée, la lumière parvient à peine à caresser cet endroit sauvage et mystérieux, enfoui au plus intime de la vallée qui se transforme doucement en gorge.

Parvenus sur la rive, ils s'arrêtent, échangent un regard puis se jettent en courant dans les flots. On dirait deux enfants. Ils touchent l'eau, palpent le courant, s'enivrent des caresses de la rivière. Le gosse hurle et ses cris de joie viennent se cogner sur les énormes rochers qui les renvoient à l'infini. Ils s'aspergent, se renversent... Ils plongent, nagent. Leurs corps épousent le torrent qui bouillonne doucement. Ils jouent ainsi longtemps, très longtemps, peut-être des heures... Et quand ils ont bien joué, quand leurs corps se sont épuisés de bonheur et de rires, ils se laissent tomber sur les galets ronds et chauds.

Ils reposent, les peaux sèchent au soleil qui déjà décline et joue à cache-cache avec les arbres. L'eau vive les a rafraîchis et son murmure régulier les enveloppe maintenant dans une douce torpeur. Ils sont seuls au monde et s'abandonnent. Ils ferment les yeux, le temps les ensevelit.

Mais brusquement, le Toinet rompt l'indolence de l'instant. Piqué par on ne sait quelle mouche, il saute sur ses longues pattes, ses frusques encore mouillées collent à sa peau. Il regarde le gosse.

L'autre comprend qu'il faut poursuivre. Sans un mot, il récupère ses habits et suit ce grand gaillard qui l'emmène Dieu sait où.

Il ignore que le périple de cette singulière journée lui réserve bien des surprises...

Sans bruit, comme deux furets, ils suivent la rivière qui s'enfonce, étroite, entre deux barres de rochers. Dans cet endroit ignoré des hommes, la nature a reconquis tout l'espace. Il faut se frayer un chemin à travers les buissons et les pierres.

Puis ils commencent à grimper à travers les cailloux. Juste au-dessous, le fond de la gorge sombre maintenant dans une pénombre presque froide. De taillis en rochers, le Toinet progresse de plus en plus péniblement, attentif à chaque geste. Le moindre faux pas les précipiterait dans l'eau qui bouillonne en contrebas. La montée le long de la falaise semble interminable.

A les voir, coincés contre cette grande muraille de pierre, oscillant entre le ciel et les ténèbres, on dirait deux ombres en quête de lumière. On croirait voir deux fous à la poursuite du soleil...

Et à force de patience et de ténacité, ils quittent l'ombre humide de la gorge pour la chaleur sécurisante d'un après-midi d'été qui chauffe le sommet de la falaise toute constellée de buis. Ils s'arrêtent un instant pour reprendre leur souffle et contempler le chemin parcouru, remplis de la satisfaction de l'obstacle surmonté. Tout en bas, le torrent gargouille, comme absorbé dans un gouffre sans fond.

En face, sur l'autre rive, dans une espèce d'au-delà inconnu, une immense forêt court à perte de vue sous un chapelet de montagnes rondes que caresse un soleil fatigué. Le gosse ne bouge plus, il regarde autour de lui l'immense désert vert. Ici, aussi loin que peut porter le regard, tout est libre et beau. L'homme n'a pas sa place.

Les yeux du gosse s'emplissent tout à coup de grosses larmes chaudes...

Mais déjà, il faut quitter la falaise et poursuivre à travers un plateau parsemé de frênes et de pins. Le gamin ne reconnaît pas le lieu, il n'a plus aucune notion de l'endroit où ils se trouvent. Peut-être ont-ils complètement contourné le vallon. En tout cas, ils sont très loin de Montcastel.

Le Toinet va bon train, comme s'il avait conscience du temps qui passe. Le plateau a laissé la place à une forêt dense où braillent une tripotée d'oiseaux bavards. Dans le soir qui commence à tomber, le paysage suinte de noblesse sauvage.

A travers les arbres hauts, le jour se fait plus rare. Dans les faîtages, le soleil s'accroche encore aux branches, mais sur le sol une lumière jaunâtre se reflète où dansent des ombres improbables... Soudain, le Toinet s'immobilise. Son bras semble indiquer une masse sombre entre les fourrés. Le gosse s'avance de quelques pas et s'arrête, stupéfait: devant lui se dressent les contours d'une vieille chapelle.

C'est une bâtisse en grosses pierres taillées, enfouie sous des arbres énormes qui lui dessinent comme un halo doré dans la lumière du soir. La mousse a envahi les murs et ce qui reste du toit en lauzes lourdes, éventré par le temps. De minuscules fenêtres en ogive, rongées par le lierre, s'affaissent doucement... Les abords de cette étrange bâtisse sont dégagés, libérés de la forêt qui semble se retirer pour dessiner comme un couloir. On dirait que quelqu'un a pris soin d'entretenir l'édifice...

Le gamin ne bouge plus, fasciné par cette vision irréelle. Il donne un coup d'œil au Toinet, toujours immobile. Il s'approche. Sur le seuil, deux énormes dalles rongées par la mousse et gravées d'étranges signes font office de parvis. Quelques morceaux de bois vermoulu, grossièrement assemblés, montent le long d'un porche bas en rappelant une porte. En pénétrant dans le lieu, le gosse est surpris par la clarté qui semble nimber l'espace, comme si les dernières lueurs s'acharnaient à jongler sur les murs pour les illuminer... L'endroit est étroit. La chapelle ne peut guère contenir plus d'une douzaine de personnes. Dans le chœur minuscule, surélevé de trois marches, trône un autel en pierre brute presque blanche. Un autel nettoyé sur lequel reposent quelques fleurs à peine fanées.

Le gosse laisse son regard vagabonder sur les fenêtres étroites, sur les murs mangés par les arbustes, sur les voûtes ouvertes où se reflète le ciel maintenant mauve... Le sol est pavé de grandes dalles assemblées grossièrement où semblent se dessiner quelques noms. Ses yeux fouillent... Les colonnes et au-dessus, des signes gravés. Intrigué, il avance encore et s'arrête, interdit. Sur chaque chapiteau étrangement dépouillé se dessine une croix à quatre branches en triangle, la pointe tournée vers le centre. Une croix qui ne lui est pas inconnue... La croix des Templiers!

Maintenant, son cœur bat plus vite. Il se retourne vers le Toinet. L'autre l'observe depuis le parvis. Il n'a pas pénétré le lieu mais il est agité d'étranges convulsions, il lui fait de grands signes d'impatience. Alors, le gosse rompt le charme et le suit. Ils contournent la chapelle et poussent jusqu'à une pierre plate, énorme dalle d'où s'élève le chuintement régulier d'une source. Le gamin se penche... L'eau sort par-dessous l'édifice et coule en chantant dans un lit de mousse jusqu'à une petite fontaine creusée à même la roche et couverte de lierre.

Le gosse n'en peut plus de bonheur et d'angoisse à la fois. Il a soudain conscience d'avoir retrouvé la trace de ces Templiers qui hantent encore Montcastel! Ses pieds foulent un sol sacré que tant de générations ont cherché avant lui. Ivre de sa découverte, il s'abandonne à sa joie. Il rit, ouvre la bouche sans qu'aucun son n'en sorte, grimace, s'agite en tous sens.

On dirait le Toinet...

Mille questions jaillissent en lui dont il ne connaît pas les réponses, mais qu'importe... Sa seule certitude, en cet instant, c'est qu'il a pénétré la légende templière, qu'il a renoué le contact avec ces chevaliers perdus dans le dédale du temps. Comment a-t-il fait? Il l'ignore, mais autant de chance lui fait froid dans le dos.

Il se met à courir dans la petite clairière, s'arrête, observe une pierre, repart, stoppe à nouveau. Il est fou, il ne peut plus contrôler son bonheur de gosse qui déborde et emporte tout sur son passage.

Enfin, son regard se pose sur le Toinet. Le gaillard se tient debout, immobile et silencieux près de la fontaine, il fixe le gosse et ce regard le pétrifie.

En pleine débauche de joie, le gamin est fauché par ces yeux qui lui rappellent soudain la réalité. Il n'a rien trouvé, rien découvert! Il n'est pas cet élu marqué par l'Histoire, à qui revient l'honneur de tirer les Templiers de leur sommeil... Le vrai héros, le seul être de lumière dans cette affaire, c'est un pauvre idiot de village, sans tête mais surtout sans orgueil! C'est le simple parmi les simples qui l'a conduit là, comme on fait un cadeau à quelqu'un qu'on aime... Sans calcul, sans désir.

Belle leçon d'humilité.

Le gosse revient à pas lents vers le Toinet. Il est calme maintenant. Il veut parler, en vain.

L'autre sourit. Il lui prend la main.

A l'intérieur du bois désormais plongé dans le crépuscule, le Toinet marche d'un pas assuré en s'éloignant de la chapelle.

Ils avancent d'une centaine de mètres jusqu'au pied d'un grand rocher, sorte de falaise surgie de nulle part, haute comme les chênes qui poussent alentour, couverte d'arbustes qui la masquent en partie au regard. Au pied, un entrelacs de buissons, pelote inextricable de feuilles et d'épines... Le Toinet s'arrête, semble hésiter un instant, puis fouille entre les branches basses. Il se met à quatre pattes et, tel un lapin, disparaît dans un épais fourré. Le gosse, fasciné, s'engouffre à son tour sans hésiter. Il a tellement peur de perdre son guide!

Ils progressent en rampant sous le feuillage jusqu'au pied de la roche. Là, le Toinet tâte et s'enfile dans un étroit boyau qui s'élargit peu à peu. Le bougre connaît bien le chemin! Le gamin suit, plongé cette fois dans une nuit noire aux parfums de terre. Il n'a plus aucun repère, il ne perçoit que le grattement du corps qui le précède contre la paroi rocheuse. Puis, soudain, l'espace se fait plus large, l'air circule mieux. Instinctivement, il s'immobilise et attend. Une odeur forte de résine s'élève, puis une grande lueur déchire la nuit. Le Toinet vient d'allumer une torche...

Le gamin frotte ses yeux, il se trouve dans une grotte aussi haute et aussi vaste qu'une maison!

Déjà, le Toinet court allumer d'autres flambeaux disposés contre les parois. Peu à peu les détails se révèlent... Le sol en terre, parfaitement plat, est recouvert de feuillages sur toute la surface, les aiguilles de pin séchées craquent sous les pieds... Sur les énormes murs de pierres qui grimpent haut dans l'obscurité incertaine d'une sorte de plafond, quelques tentures pendent, accrochées et défaites... Tout au fond, là où la voûte est la plus haute, de longues traînées de suie maculent la roche. Par terre, des restes de bûches calcinées laissent deviner un feu encore récent. Dans un recoin, une petite source murmure dans un filet d'eau claire.

Le gosse écarquille les yeux, son cœur n'en finit pas de tambouriner... Cette grotte est encore plus belle et plus mystérieuse que tous les repaires qu'il a pu imaginer dans ses rêves les plus fous! Un vrai château! Il nage en pleine merveille.

Il se tourne et se retourne. Dans un coin, posée sur des troncs d'arbres grossièrement alignés, une large couche faite de branchages et d'une couverture épaisse. A côté, sur une planche de bois coincée dans la paroi, un alignement d'étranges visages en pierre... Un peu comme ceux qui peuplent la tanière de l'Etienne! Visage de Christ, visage brisé de Vierge, restes de saints aux traits énigmatiques... Par terre, d'autres morceaux de statues.

Ainsi, tout s'éclaire maintenant... La chapelle n'est qu'une infime partie de ce repaire. La vraie cachette, c'est cette grotte, impossible à dénicher pour un être normal! Il faut être le Toinet pour en trouver l'entrée, pour deviner le passage à peine taillé pour une bête.

Une caverne à l'abri de la curiosité humaine.

Et en un instant, une partie du mystère du gaillard s'estompe. Cet endroit, le Toinet l'a investi! C'est là sa véritable demeure et la cabane, tout en haut de la grange du Père, n'est qu'une cahute de circonstance... Voilà bien la raison de ses longues absences inexpliquées!

Mais mille questions restent encore sans réponse. Le Toinet a-t-il trouvé cette cachette par lui-même ou bien quelqu'un la lui a-t-il révélée? Les Templiers se sont-ils réfugiés ici? D'autres après eux les ont-ils suivis? Pourquoi cette chapelle si bien cachée et cette source et cette fontaine?

Le gosse ne sait pas. D'ailleurs, il ne veut rien savoir... Ce qu'il désire, c'est rester là longtemps et s'imprégner des lieux, c'est parler avec chaque objet. Il sent remonter en lui une espèce de fourmillement d'aise. Ses yeux croisent ceux du Toinet.

L'autre respecte ce moment d'émotion, il est serein. Puis, il emmène le gosse devant le feu, devant le lit, devant la source et les tentures et, à chaque fois, il met son doigt sur sa bouche.

Le gamin fait signe de la tête. Il a bien compris que son ami lui demande de garder le secret. Quelle idée! Comme s'il pouvait révéler ce qu'il vient de découvrir.

Il sourit.

Entre eux, ils viennent de sceller un pacte de vraie fraternité.

*

Les jours passent sous la chaleur étouffante de juillet. Le secret est bien gardé. Le gosse et le Toinet filent aussi souvent que possible dans leur repaire; ils sont heureux.

Mais en cette matinée moite, le car de midi a ramené de la ville de funestes nouvelles. Des nouvelles chaussées de petits escarpins rouges...

Quand elle frappe au carreau de la grosse porte, la jeune femme a ruminé tout son discours, elle sait à la virgule près tout ce qu'elle va dire. Elle n'aime pas cette sale besogne qui consiste à distiller la tristesse et le malheur, alors elle fonce... Comme une bête blessée. Elle se jette à corps perdu dans cette mauvaise comédie de la vie qui la laisse à chaque fois plus aigrie, plus écœurée.

Dans son habit d'assistante sociale, rigide et austère, elle voit une silhouette s'approcher. La Mère jette un œil à travers le carreau, presque machinalement. Elle sait bien que le destin vient frapper à sa porte et elle sait les mots qui l'attendent.

Les deux femmes s'observent. A travers leurs regards, ce sont deux mondes qui s'affrontent, faits d'incompréhension et de peur. La Mère craint la lourde sentence de cette espèce de bourrelle du bonheur, rivée à son rôle de froide exécutrice. Elle redoute son petit cartable noir, ses papiers, les phrases qu'elle va lire. Elle craint sa bouche, la forme des lèvres qui bientôt parleront... L'autre a peur du regard, du poids des yeux par où s'échappe tout le flot du chagrin. Elle a peur de la force que donne l'amour. Elle redoute d'entendre le langage du cœur.

Au fond, elles se ressemblent: deux femmes belles et jeunes encore. Ces deux-là auraient pu devenir des amies. On pourrait très bien les imaginer en train de rire d'un rien, de se chamailler, de s'émerveiller ensemble de la vie...

Seulement voilà, sur le pas de la porte, dans ce face à face, elles ne sont pas amies!

La Mère se tait, elle tourne le dos et s'en va d'un pas lourd jusqu'à la table. Elle s'assoit. L'autre suit, referme la porte, s'approche. Chaque geste est parfaitement exécuté, détail d'un ballet trop longtemps répété.

La femme aux escarpins rouges ouvre son cartable, tout près une assiette attend, solitaire.

«Vous êtes seule... L'enfant n'est pas là?»

Les hostilités sont engagées, le dialogue truqué commence.

«Il est en balade pour la journée. J'ai préféré qu'il ne soit pas là pour votre visite. Il est inutile de le faire souffrir plus qu'il n'est besoin!

— Mais vous savez pourtant qu'il est nécessaire que je le voie, c'est la règle.

— Il sera toujours assez tôt de lui dire des choses désagréables...»

La jeune femme se raidit. Elle ne supporte pas le ton las de la

Mère. Elle déteste ces femmes qui jouent les victimes en lui donnant mauvaise conscience.

«Ecoutez... Nous n'allons pas jouer à cache-cache. Vous savez très bien pourquoi je suis ici. Croyez-bien que je suis désolée de ce qui vient de vous arriver, mais ce qui compte avant tout, c'est l'avenir de l'enfant... Et vous savez bien que l'enfant n'a aucun avenir avec vous!»

Le coup fait mal. La Mère rugit, blessée dans sa chair de femme.

«Qu'est-ce que vous pouvez savoir de l'avenir de ce gosse? Et qu'est-ce que vous savez de ma vie? Qu'est-ce qui vous autorise à dire que je suis incapable de lui donner ce qui lui convient?

— S'il vous plaît, ne me rendez pas la tâche plus difficile! Depuis le décès de votre mari, vous n'avez plus de ressources et le peu que vous allez toucher ne vous permettra pas d'élever l'enfant. Dois-je vous rappeler également que pour accueillir un enfant il faut un couple... Un couple, pas une veuve! Vous n'y pouvez rien et moi non plus, mais je suis au regret de vous dire que vous ne remplissez plus les critères administratifs. Le gosse vous sera retiré une semaine avant la rentrée...

— Et qu'est-ce que vous allez en faire? Vous allez le mettre dans un de vos foyers?

— Nous allons essayer de lui trouver une nouvelle famille d'accueil et si nous n'y parvenons pas, en effet, il rejoindra un établissement spécialisé...»

Les mots deviennent insupportables. Elle le savait, la Mère, mais elle a trop présumé de ses forces. Elle a mal mesuré sa tendresse de femme, sa fragilité. Il y a des mots, comme ça, que l'amour ne peut pas entendre parce que, s'il les entend, il cesse d'être l'amour.

«Mais comment pouvez-vous dire des choses aussi horribles avec autant d'aplomb? Vous parlez de la vie d'un gosse, de son bonheur comme d'une simple référence, d'un numéro, d'une chose qu'on trimballe d'un endroit à l'autre... Mais, un enfant, c'est de la chair, du sang, des larmes... Et les gens qui accueillent ces enfants, ce sont des parents et rien d'autre...

— Vous n'êtes pas des parents, justement! Vous ne pouvez en aucun cas vous substituer à eux. Vous êtes là pour les accompagner, pour faire un bout de chemin avec eux, c'est tout!

— Vous parlez comme une page de code civil! Aussi froide, aussi absurde... Mais si on ne donne pas tout l'amour qu'on a en nous, jamais ces enfants ne pourront pousser droit, jamais ils n'auront la moindre chance d'être heureux... Vous comprenez ça, vous: être heureux... Pouvoir rire, aimer, donner, oublier la peur et la solitude... Et toute la haine! Vos paroles sont blessantes et vous êtes injuste. Le petit, il n'a jamais manqué de rien pendant ces années et il a retrouvé le sourire. Aujourd'hui, il mène la vie de n'importe quel autre gosse de son âge et ça, c'est l'œuvre d'amour de mon mari et de moi-même... Alors, je n'accepte pas vos arguments d'épicière... Le bonheur, ce n'est pas une simple question de revenus ou de couple. Le bonheur, c'est un mot qu'on dit au bon moment, c'est un regard, c'est une complicité. Qu'est-ce que vous pouvez comprendre à la complicité?»

La Mère s'est levée, elle est grande, elle est belle dans sa blessure, dans ce désespoir qui lamine tout sur son passage.

«Votre administration ne peut pas se plaindre de moi, ni de mon mari et, si le malheur s'est abattu sur nous, je suis encore capable de travailler et d'élever ce gamin. Il veut rester ici, il est bien à la maison... Il est heureux!

— Ecoutez... Je n'ai rien contre vous, mais vous n'offrez plus le cadre indispensable à l'évolution du petit. Vous devez le comprendre et l'accepter!

— Mais que voulez-vous que je comprenne? Il n'y a rien qui puisse être compris... Vous vous cachez derrière des décrets... Des mots écrits sur une page... A peine un peu d'encre et tellement de bêtise! Votre administration, elle se fout pas mal du bonheur d'un gosse! Vos foyers, vous savez bien que ce sont des usines à malheur… Vous le savez, bon sang…

— Je ne peux pas accepter ce discours! Essayez d'être digne, s'il vous plaît… Et regardez-vous! Regardez où vit ce gamin! Dans un village perdu dans des montagnes, dans une ferme avec une femme veuve et un dégénéré! Je suis sûre que vous ne savez même pas où il est le gosse, à cette heure… Ca suffit, il faut vous reprendre! C'est vous qui allez faire souffrir l'enfant!»

La Mère ne veut plus se battre, elle saït bien que le combat est perdu, que toute sa vie s'effondre. Elle sait qu'elle ne peut rien contre cette machine infernale qui écrabouille les rêves. Elle refuse, c'est tout.

Elle braque ses yeux clairs dans ceux de la jeune femme, ultime contre-attaque.

«Je vous souhaite de pouvoir vous regarder sans vous écœurer… A trop répéter qu'on ne peut pas changer les choses, à trop les laisser faire, elles finissent par vous emporter. Vous pouvez me parler de tous les textes que vous voulez, moi je vois bien vos yeux: vous avez honte de ce que vous faites et c'est peut-être ce qui vous sauvera… Maintenant partez! Quittez ma maison! L'enfant vous sera rendu avant la rentrée, je ne vais pas le séquestrer. Allez, foutez le camp… Votre car va partir sans vous et vous seriez obligée de rentrer à pied…»

Tout est dit. Les escarpins rouges s'en retournent jusque sur la place.

Personne ne voit rien, même pas les yeux nombreux qui lorgnent derrière les rideaux sales… Et pourtant, tout au long du chemin quelques gouttes viennent s'écraser dans la poussière de l'été. Des gouttes lourdes et salées.

Il n'y a pas le moindre nuage sur Montcastel…

*

La salle du conseil enfle son ventre mou à mesure que débarquent les gens. D'énormes grappes d'hommes et de femmes venues s'agglutiner contre les murs en se poussant à la recherche d'une place que chaque minute rend de plus en plus improbable. Par paquets, le village s'entasse dans cette salle trop petite comme on va au cirque... Pour voir et entendre l'incroyable. Et de cette masse informe, marée vaguement humaine, montent mille odeurs fortes et poisseuses de crasse, de sueur et de mauvais parfum.

Même au temps mémorable où l'on se battait pour le remembrement, la petite pièce n'avait jamais connu pareille affluence!

Sous les hauts plafonds en poutres de chêne, les deux gros lustres oscillent dangereusement. Le plancher tremble, les murs où trône la bobine du Président de la République tremblent, l'escalier tremble sous le flot ininterrompu... Toute la mairie vacille sur ses bases.

Gênés par ces badauds trop bruyants, prisonniers dans leur costume du dimanche, les élus, installés autour de la grande table ovale, balancent tantôt des sourires, tantôt des grimaces comme on jetterait des bouteilles à la mer. Ils sont mal, de ce sentiment de vivre des moments trop grands pour eux.

Les conseillers attendent leur maire. Cette soirée n'a rien d'ordinaire et toute la petite communauté l'a bien compris. Si la salle du conseil est remplie comme un œuf, si les gens se tassent jusqu'à n'en plus pouvoir respirer, c'est qu'il se passe quelque chose de très important.

Ce soir, l'avenir de Montcastel va peut-être basculer...

L'énorme murmure populaire grossit à mesure que le temps passe. L'impatience collective grandit, gonfle et s'apaise: un gigantesque spasme fait d'angoisse et d'excitation.

Et puis, quand l'agitation est à son comble, quand les uns et les autres s'interpellent, quand le bruit est tel que la mairie bourdonne comme une ruche, le maire fait son entrée.

Une entrée théâtrale. Devant le conseil qui s'est levé, le bonhomme avance d'un pas décidé jusqu'à la grande table, sans même regarder autour de lui. Puis il fixe tous ces gens agglutinés.

Dans ses yeux qui brillent, on sent comme de l'arrogance. Au fond de lui, quelque chose d'irrépressible le pousse à mépriser ces visages qui attendent, ces yeux qui cherchent une certitude. Il sait qu'il ne sort jamais rien de bon d'une foule inquiète...

Le bruit s'est apaisé, d'un geste il fait signe aux conseillers de s'asseoir. Sur son siège à grand dossier, il a l'air rabougri dans son habit de velours noir. Envolée la belle prestance affichée pendant la fête... Les cheveux gras mal ajustés, le col largement défait, le chandail élimé, les grosses gouttes qui déjà perlent sur son front... Tout en lui pue la peur.

Il se racle la gorge.

«Je vois que beaucoup d'entre vous ont fait l'effort de se déplacer et je vous remercie, même si je suis navré de constater qu'à Montcastel, on ne se bouge que quand la situation est grave...»

Une chape de silence s'est abattue sur la centaine d'yeux qui l'observent. On entend la vieille comtoise qui égrène le temps de son rire pointu. La voix est hésitante, presque éraillée.

«Vous le savez, mais je vous le répète quand même, cette réunion n'est pas un conseil municipal, il n'y a aucune décision à prendre, mais j'ai voulu vous informer d'événements qui peuvent avoir d'énormes conséquences pour la vie de Montcastel. Alors, s'il vous plaît, restez tranquilles et écoutez... Vous parlerez quand je vous donnerai la parole, sinon j'annule tout et on rentre à la maison!»

Quelques chuchotements téméraires parcourent la salle. C'est clair, le maire est de mauvais poil...

«Inutile de perdre du temps! Je sais bien que tout le monde en parle au village et surtout chez la Marie-Jeanne... Vous êtes tous au courant, aujourd'hui, que le Martin a décidé d'arrêter la ferme! Depuis la mort de sa mère, il a bien réfléchi et il préfère tout arrêter. C'est surprenant, mais c'est comme ça! C'est sa façon de voir les choses, il faut la respecter. J'ai essayé de le convaincre, il n'a rien voulu savoir...»

Une vague d'indignation parcourt la salle, le Martin constitue l'un des piliers du village.

«Et pourquoi qu'il arrête le Martin, on voudrait bien savoir. On a besoin de paysans à Montcastel...»

Cramoisi, le maire s'est redressé comme un coq, ses bras fendent l'air, il pointe son doigt vers la masse anonyme qui s'étale en face de lui.

«Je vous interdis de parler, nom de Dieu! Vous n'avez pas à intervenir! Si vous recommencez, je vous vire tous et je suspends les débats. C'est pas la foire ici... Je veux plus vous entendre, c'est compris...»

Un silence d'enfant puni est retombé sur la salle, les yeux se baissent, on se pousse du coude pour faire taire les plus rebelles.

Le maire s'est levé, il désigne quelqu'un.

«Martin, puisque tu es là, tu peux dire un mot et vous autres, vous vous taisez! Je veux pas entendre un commentaire ou tout le monde se retrouve dehors: c'est clair? A toi, le Martin...»

Le grand gaillard s'est levé pour parler. Autour de lui, les cous se tordent, les têtes se retournent, mélange de respect et de curiosité. Lourd dans sa grosse veste, rougeaud et mal à l'aise, il baisse la tête, regarde ses gros godillots pleins de terre. Il roule son chapeau de feutre entre ses gros doigts.

«Voilà! Je sais que beaucoup ici vont pas comprendre, mais faut que je parle... Ca fait vingt-cinq ans que je travaille sur cette terre tous les jours que Dieu fait et je peux dire que je l'aime. Sacré Bon Dieu, ça je peux dire que j'aime ma terre, comme j'aime ce village et tous ceux qui y vivent. Ici, c'est ma famille! Mais je peux plus... Je peux pas continuer à tourner en rond dans mes champs! Je peux plus rentrer le soir à la ferme et me faire mon manger comme un pestiféré...»

Il s'arrête, lève sa grosse tête ronde, regarde sans voir tous ces gens accrochés à ses paroles.

«Faut comprendre! J'en ai marre de vivre seul comme un chien, de jamais partir pour voir comment c'est ailleurs, de rester tout seul parce qu'aucune femme ne veut vivre avec un paysan dans ce coin perdu… J'en ai marre de pas savoir si je vais vendre assez de lait pour payer le Crédit Agricole! C'est plus possible. Tous les jours, je tourne ça dans ma tête et ce soir, je cause pas en l'air… Quand la mère était là, je restais pour elle et elle le savait, mais maintenant elle est partie et je suis libre. J'ai honte de vous dire ça, j'ai tellement honte que j'arrive pas à vous regarder. Je sais bien que c'est pas des paroles dignes d'un homme, mais si je reste ici plus longtemps, je vais crever… Comme le village!»

Discrètement, il essuie une larme du revers de sa veste. Ce gars-là fait ses adieux à une vie qui l'a brisé, il se vide de tout son malheur, il le dépose au pied du village comme un paquet de linge sale. Son regard s'est éclairci au fil des phrases, il est beau maintenant, comme libéré. Sitôt sa dernière phrase achevée, il se fraie un passage au milieu des gens et disparaît dans un silence d'enterrement. Son pas lourd résonne dans l'escalier.

«Moi, je veux remercier le Martin d'avoir dit tout ça! Il fallait du courage, mais le village, c'est une page qui se tourne. Personne ne s'est proposé pour reprendre la ferme. C'est triste et, pour la première fois de son histoire, Montcastel va se retrouver sans agriculteur!»

La voix du maire est chevrotante, ses mains tremblent, il est devenu livide. Dans la salle, chacun garde le silence comme pour faire écho aux mots du Martin.

Dans la solitude des cœurs, chacun l'envie de choisir sa vie…

Le maire enchaîne.

«Ce n'est pas tout, j'ai autre chose à vous dire… J'ai reçu un courrier de l'inspecteur d'académie qui doit venir me voir. L'école sera fermée à la rentrée!»

Cette fois, c'en est trop, le silence est horrible, impossible à déchiffrer, à mi-chemin entre la surprise et la colère. Puis, brusquement, c'est l'explosion, un chahut énorme, incontrôlable. De partout, des voix grondent, on se regarde comme pour trouver dans le regard de l'autre une confirmation de sa peur, on gueule, on crie. La salle n'est plus qu'une scène sordide où se joue une tragédie féroce.

Le maire essaie de contenir ce flux qui l'emporte, il tape sur la table avec sa règle, mais plus rien ne semble pouvoir arrêter la colère. De dépit, le voilà qui grimpe sur sa chaise pour ramener le silence. En vain, ses appels au calme se perdent dans le vacarme. Dans leur coin, les conseillers tentent d'endiguer cette rage qui déferle.

Une voix émerge de la cohue.

«Et pourquoi qu'elle fermerait notre école... Y'a des gamins. Dans d'autres endroits, c'est pas mieux!»

Plus question d'évacuer la salle... Les menaces du petit maire de Montcastel se sont diluées dans le feu de l'instant. Marionnette chahutée, il essaie de se faire entendre comme il peut, soutenu tant bien que mal par son troupeau d'élus.

«C'est vrai, ça! Si on enlève l'école, on va crever... Ils ont déjà enlevé le curé et le bureau de poste...»

Maintenant, la foule a confisqué la parole dans cette salle surchauffée où les uns et les autres se répondent sans s'écouter. La colère roule. C'est le cœur de Montcastel qui bat sous les lustres qui dansent.

Le maire retrouve sa voix, perroquet perché sur la table.

«Ecoutez-moi! Ecoutez-moi, bon Dieu! Vous le savez bien que ça ne pouvait plus durer... Déjà au printemps, j'ai reçu une lettre de l'inspecteur pour me prévenir. On en a parlé au conseil... C'est plus possible, à la rentrée ils seront plus que cinq. Qu'est-ce que vous voulez que je fasse? Que j'aille m'enchaîner aux grilles de la préfecture?»

Le brouhaha reprend, plus fort, plus monstrueux. Les menaces s'élèvent de toutes parts, des gens qui se sentent trahis, qui ne comprennent pas.

«Faut occuper l'école et inscrire quand même les gamins et pis, s'il faut, on trouvera un maître ou une maîtresse et on fera quand même la classe. Nos gosses ont le droit d'aller dans leur école...»

Cris désespérés de ceux qui veulent croire à tout prix qu'ils vivent encore. D'autres leur font écho.

«Ils peuvent pas faire une chose comme ça! C'est pas normal… On va quand même pas accepter sans rien faire. C'est au conseil de réagir!»

Debout, les veines gonflées, le maire hurle ce qui lui reste de forces.

«Mais on peut pas réagir! Comment vous voulez qu'on réagisse? C'est la faute à personne si y'a que cinq gamins à l'école… Faut pas se boucher les yeux, on n'a pas une seule chance de changer les choses et mon boulot, c'est de vous le dire!»

Dans son dépit, le maire a ouvert la porte aux vieilles rancœurs. Une voix sarcastique, venue de nulle part, tonne déjà.

«Tout ça, c'est des discours! La vérité, c'est que vous êtes tous des guignols et que vous avez pas été fichus de sauver l'école… Voilà la vérité! On devrait vous virer à coups de pied dans le cul…»

Descendu de son perchoir, le maire bouscule les gens pour empoigner l'indésirable, un grand tout en muscles qui rigole en le voyant s'agiter. Retenu par quelques bras, il crache en s'étouffant:

«Toi le Bastien, t'as toujours été con, mais ça va pas m'empêcher de t'en coller une! Quand on passe sa vie à l'église, on vient pas donner des leçons! Qu'est-ce que tu connais de l'école, tu y as jamais mis les pieds, tu sais même pas écrire ton nom…»

La salle est debout, brasier incandescent, les chaises commencent à voler… Les conseillers s'interposent, repoussent les uns, tirent les autres, retiennent leur maire par la veste pour éviter la bagarre… De partout montent les invectives, on profite de la cohue pour régler de vieilles querelles… Montcastel a retrouvé ses vieux démons!

Alors, au plus fort du tumulte, on voit une vieille bonne femme, petite et ridée comme un pruneau, qui s'avance jusqu'à la table du conseil en évitant les coups. Sèche et droite encore malgré son âge, elle agrippe le maire par sa manche et le ramène jusqu'à sa chaise. Avant qu'il n'ait le temps de comprendre, l'autre se retrouve au fond de son siège. Tout autour de lui, le chahut soudain s'estompe... Ce geste d'autorité a surpris tout le monde, le calme revient, on regarde la vieille.

De ce petit morceau de femme, émane une majesté qui force le respect.

«Ecoutez-moi tous, bande de brutes... Je suis vieille et je vous ai tous vus grandir, je vous connais par cœur autant que vous êtes et vous savez bien que vous me faites pas peur! J'ai pas pour habitude de parler, mais aujourd'hui j'ai honte à vous voir vous battre comme des chiffonniers! On risque pas de s'en sortir si on continue à se taper dessus, à se reprocher d'être «rouges» ou «blancs»... Tout ce que vous méritez, c'est des fessées! Je vais vous dire ce que j'ai vu, moi, tout au long de ma longue vie à Montcastel... Et j'espère que ça vous fera réfléchir, bande d'idiots!»

Du coup, les uns et les autres se rassoient, on remet les chaises en place, tout le village fait la trêve pour écouter la vieille maîtresse de Montcastel...

«Quand j'étais gamine, j'habitais à côté, au hameau des Capettes. A cette époque, les gens de Montcastel pouvaient pas supporter leurs voisins et personne n'a jamais su pourquoi... C'était comme ça! Il y avait plus de trois cents habitants à Montcastel et c'était au début du siècle: c'est pas si vieux... Il y avait des tourneurs, des paysans, des artisans. Il y avait aussi quatre bistrots et deux auberges, un curé, un maréchal-ferrant, un meunier et deux ou trois épiceries. Il y avait une poste et, après la guerre, on a même installé une perception! Et puis, j'ai vu les paysans arrêter les uns après les autres, c'était comme une épidémie. J'ai vu les tourneurs disparaître et les jeunes ne revenaient plus au pays après leur service militaire... Alors, les auberges ont fermé et les bistrots. Ces vingt dernières années, tout s'est accéléré: la poste, l'épicerie, le café... Et le curé qui vient quand il a le temps! Aujourd'hui, c'est le Martin qui craque et mon école qu'on ferme. Vous savez comment on appelle ça? L'exode rural! Je vous l'ai appris à tous. Ca s'appelle aussi la mort!»

La vieille a calmé les esprits, définitivement. Petit à petit, chacun intègre cette idée qui se fait certitude: le village va disparaître et les gens aussi. Une angoisse indéfinissable s'insinue. Dans le silence, un vieux chuchote comme pour lui-même.

«Ce village, il est marqué par le destin. C'est sûr, il va mourir encore une fois. C'est la légende...»

Le père de Barbouzin attendait comme un chasseur à l'affût. Il ne supporte pas cette idée de légende...

«J'en étais sûr! Je savais que vous alliez ramener vos racontars de bonnes femmes sur le tapis! Combien de fois faudra-t-il vous dire qu'elle existe pas cette légende, qu'elle a jamais existé ailleurs que dans vos caboches vides...»

Fatigué, le visage marqué, le maire étend son bras en signe d'apaisement.

«Ce soir est particulier pour Montcastel. Si on prenait le temps de l'écouter vraiment, cette légende dont tout le monde parle et que personne connaît...»

Puis, sans attendre de réponse, il se tourne vers le fond de la salle et désigne du doigt celui qui a assisté sans broncher à cette triste soirée.

«La Mémoire, tu la connais, toi, la légende... Alors raconte-la une bonne fois! Ce soir, tout le monde a le droit de savoir...»

Le vieux se lève lentement, ses yeux verts brillent sous son gros feutre qui tombe sur son front. Tous les regards le fixent. Il n'a jamais rien dit, mais il sait que le temps est venu de parler. Sa voix lourde monte et remplit la salle. C'est le secret de la vie qui coule entre ses lèvres.

«Tu as raison, le maire! C'est une histoire qui a traversé les siècles. A chaque génération, celui qui l'a reçue doit la transmettre à une seule personne qui jure de ne jamais la répéter, sauf si les signes indiquent que les temps sont venus. Voilà pourquoi vous savez tous qu'elle existe sans la connaître... Ce soir, je peux vous la raconter.»

Sa voix semble sortir de la terre, il pèse chaque mot. Autour, le silence est total, les gens ont fait cercle.

«Montcastel n'est pas un village ordinaire. Personne ne sait rien de son histoire ancienne, elle n'a pas laissé de traces! On dit qu'il y a plus de deux mille ans, des Celtes vivaient ici parce que l'endroit réunissait les forces telluriques et cosmiques, un peu comme une cheminée qui monte des entrailles de la terre et s'élève vers le ciel. Ces endroits sont des lieux de respiration de la terre et ils portent en eux une force étrange. Les Celtes les vénéraient et offraient des sacrifices humains pour remercier les dieux...»

Le vieux s'est installé, il a sorti sa pipe. Tout en la bourrant, il promène son regard tranquille sur l'auditoire hébété. Les visages sont tendus. Il poursuit, englouti dans un nuage parfumé de miel et de cannelle.

«Il en est mort des gens ici! Mais de tout ça, on ne sait plus rien... Le temps a fait son affaire. On se souvient même pas qu'une communauté a vécu là dès les premiers siècles de notre ère et qu'elle a bâti quelque chose sur la butte, où se trouve justement notre chapelle, comme par hasard... A cette époque, les barbares n'arrêtaient pas de sillonner la contrée et ils détruisaient tout ce qui leur tombait sous la main, mais à chaque fois le village renaissait et la vie reprenait sans qu'on sache pourquoi. Ainsi en a-t-il été jusque vers l'an mil. En ce temps-là, la vallée où coule la rivière était une voie de passage entre le nord et le sud et les seigneurs de la région ont décidé de faire du village une place forte pour contrôler les échanges. De là est venu son nom qui signifie «le château sur la montagne»... Mais ce château a été plusieurs fois assiégé et détruit... Et il a toujours été reconstruit sans qu'on sache comment!»

Tout le village boit les paroles du vieil homme.

«Mais c'est avec les Templiers que s'éclaire la légende de Montcastel! Au XIIe siècle, le cinquième Grand Maître de l'Ordre était originaire du village ou plus exactement du hameau des Capettes dont vous a parlé la maîtresse… Bien peu de gens le savent! Il fit construire une énorme tour sur les ruines des châteaux précédents et on dit que des princes, des rois et des savants de toute l'Europe vinrent ici et qu'il se passait dans cette tour des choses bien étranges… Il amassa une fortune colossale, si importante qu'elle fit pâlir d'envie une partie de la noblesse de France, jusqu'au jour où les Templiers furent pourchassés et anéantis. Alors, la tour fut détruite et les pierres dispersées de manière à ce qu'il ne subsiste aucune trace des chevaliers du Temple… Plus personne n'entendit parler d'eux, mais on raconte que quelques-uns survécurent et se cachèrent dans les forêts des environs. Ils se retrouvaient en secret dans une minuscule chapelle perdue au fond des bois. Cette chapelle, ils l'auraient bâtie sur une ancienne source sacrée, à l'endroit exact où se conjuguent les forces telluriques et cosmiques et ils se seraient abrités pendant de longues années dans une grotte dissimulée dans les rochers. C'est eux qui ont transmis la légende du village…»

La Mémoire fait une pause, tapote sa pipe contre le rebord de son siège. On dirait qu'il attend quelque chose.

«Cette légende, elle dit que le village est un peu le pouls du monde… Une de ses palpitations, si vous préférez! Il naît et grandit aussi longtemps que les hommes qui y vivent en sont dignes; mais qu'ils cessent de lutter, qu'ils se laissent aller et il disparaît sans que personne ne puisse rien faire… Jusqu'au jour où d'autres hommes à nouveau dignes le ressuscitent. Un nouveau cycle commence alors! C'est ça la légende du village, une respiration de la terre que personne ne peut empêcher. Aujourd'hui, Montcastel est en train de disparaître!»

Plus personne ne bouge dans la salle, les paroles du vieux pèsent trop lourd, elles ravivent de trop vieilles plaies. Le maire secoue la tête.

«Alors, si je comprends bien, tu nous dis qu'on n'est pas dignes de vivre ici, qu'on n'est pas capables de saisir la subtilité du lieu et qu'on n'a plus envie de se battre...»

Le vieux le regarde, sphinx immobile.

«Tu l'as dit...

— Mais dis-moi, la Mémoire, en admettant qu'elle soit vraie, ta légende. Je dis bien, en admettant... Rien ne prouve que le village va mourir! C'est pas parce qu'un paysan s'en va et qu'une école ferme que tout s'arrête. Moi, je peux pas te laisser dire ça...»

L'ancien tire sur sa pipe une longue bouffée.

«C'est toi qui a voulu connaître la légende!»

Mais déjà, d'autres voix s'élèvent.

«Y'a pas que la ferme et l'école... On vient d'enterrer trois personnes en quelques semaines! C'est bien un signe, ça...»

Le brouhaha a repris de plus belle. Du fond de la salle, une voix s'élève par dessus le vacarme.

«Dis-nous, la Mémoire... Cette chapelle, où c'est qu'elle est? On est tous du pays, on connaît chaque chemin... Si elle existait, on l'aurait trouvée bon sang...

— Vous ne l'avez pas trouvée parce que vous ne la cherchez pas... Pourtant, moi je sais qu'elle existe, même si j'ignore où elle est!»

Tout est fini. Assis par terre, juste en face de la grande table du conseil, le gamin n'a rien perdu de la soirée. Il se tait. Il est venu sans le Toinet disparu Dieu sait où, il regarde parfois la Mère, assise près de la porte, les yeux dans le brouillard. A quelques pas, la silhouette rugueuse de la Mémoire se détache dans un halo bleuté.

Dans le grondement des chaises qui se cognent, il aperçoit alors les yeux du vieux qui ne le quittent plus...

La Mère gravit le sentier avec peine, elle économise chaque pas. Même fatiguée, elle est belle dans sa longue robe jaune qui bat ses genoux et découvre parfois le détail d'une cuisse. Le gosse suit ce feu d'artifices prometteur de plis et de rubans et chaque ondulation lui ramène en pleine figure ce corps souple entrevu un soir dans l'ombre d'une salle de bains. Il soupire. La Mère sent tout ça de son instinct de femme, elle joue de ce désir. Chaque détail du sentier la fait tanguer. Dans sa robe de couleur, telle une apparition, elle semble aspirée vers le haut de la butte.

A mi-pente, elle s'arrête. Son souffle est court. Elle est lasse soudain. Comme si plus rien autour n'existait, elle laisse son regard se perdre sur les maisons jetées en contrebas dans le creux du vallon. Quelques silhouettes bougent dans les jardins et les cours et cette infime agitation quotidienne l'étonne. Elle est seule tout à coup, de cette solitude qui fait danser le monde comme un champ de blé sous la chaleur. Trop longtemps elle s'est cloîtrée dans sa cuisine, elle ne sait plus regarder les autres, le moindre signe de vie lui donne le vertige.

Elle reprend sa marche. Quelques pas et le muret en pierres sèches du cimetière se profile devant elle. Elle l'a toujours aimé ce muret, un simple amas de pierres posées les unes sur les autres par des générations, comme pour bâtir un monument sans fin... Derrière, la forêt de croix s'étire, antique armée figée dans un repos éternel, les tombes alignées dans un parfait désordre brillent sous la lumière lourde de ce début d'après-midi. Elle entend les grillons qui discutent avec les morts...

Juste derrière, sentinelle solitaire plantée sur sa butte, la petite église veille au repos du lieu. La porte close semble cacher quelque secret oublié. L'endroit frétille sous la lumière et la chaleur. Il respire l'éternité.

La Mère avance, elle se faufile entre les tombes sans leur accorder un regard. Elle file jusqu'au banc de pierre et s'assoit. Toujours murée dans sa solitude, elle contemple l'horizon qui noie son ombre violine dans les montagnes qu'on devine au loin. Elle s'imprègne de la beauté du site, respire plus fort, répétant ainsi un rituel qui a traversé les siècles.

En cet instant, les mots de la Mémoire résonnent en elle. C'est vrai, ce lieu est magique!

Le gosse ne sait plus s'il a sa place dans cette scène étrange, il observe en silence. Après quelques instants, il vient se poser tout au bout du banc, infime détail dans cette belle unité.

Il n'a rien demandé, lui. Il est venu là comme on court au-devant de la vie, sans savoir, sans penser à rien. C'est la Mère qui a voulu…

Pourtant, en son cœur de gosse, il sait. Sans que rien n'ait été dit encore, il entend gronder en lui chacun des mots qu'elle va lui dire. Il sait déjà la voix coupée par les sanglots, il sait les larmes et les regards, cet immense sentiment d'injustice qui le saisira tout à l'heure et cette peur dans les yeux de la Mère… La peur de celle qui abandonne, qui trahit et sait qu'elle se condamne.

C'est comme ça! Les gosses devinent toujours les mots des adultes avant qu'ils ne les prononcent…

Elle se tait. Elle prend sa main. Les voilà tous les deux blottis sur le banc de pierre, ce même banc que le Père avait choisi, bien des mois plus tôt, pour tenter de lui dire toutes ces choses qu'il n'avait pas su comprendre. Maintenant, c'est elle qui lui parle. C'est elle qui termine l'ouvrage. Il tremble, il ne sait pas s'il est capable d'entendre.

Elle fixe la barre des pins qui se tordent en face, sur l'autre versant du vallon. Surtout ne pas le regarder, serrer simplement la main… Elle tend le cou vers ce ciel immaculé comme pour capter un maximum de lumière, comme pour demander de l'aide, comme pour se faire caresser par une main invisible…

«Tu sais pourquoi on est venu là… Bien sûr que tu sais! Il est des choses qu'on ne peut pas taire…»

Il regarde cette main longue et fine, aux veines bleutées qui tient la sienne, qui semble s'y agripper. Il ferme les yeux, il écoute.

«Je n'ai pas envie, mais je dois parler, c'est comme ça! C'est celui qui fait souffrir qui doit parler le premier... Je t'aime, pour moi, tu es mon fils. Quand j'attendais cet enfant qui ne venait pas, qui fuyait mon corps, c'est toi que je voyais... C'est tes yeux qui me regardaient et c'est ta voix qui me réveillait la nuit. C'est dans tes cheveux que mes doigts se perdaient et c'est tes larmes que je séchais avec mes baisers... Je te dis tout ça parce qu'aujourd'hui tu peux comprendre... Bientôt, bien plus tôt que tu ne penses, c'est toi qui connaîtras ces moments et je voudrais alors que tu te souviennes de moi.»

La voix est chaude. Le gosse garde les yeux fermés, dans sa nuit il imagine son visage, sa bouche qui articule chaque mot, son corps qui se gonfle et se vide à chaque respiration, la jupe que l'air chaud fait onduler dans le soleil...

«Je veux que tu sois heureux, je le veux très fort, mais c'est un péché de vouloir garder quelqu'un pour soi quand on n'est pas capable de le rendre heureux! Je peux plus, mon petit, je peux plus te garder... J'ai plus de sous! Je sais, j'ai promis, j'ai cru moi aussi qu'il suffisait de vouloir, mais je me suis trompée. En vivant dans l'ombre du Père, j'ai perdu le sens commun... Je me suis endormie. Aujourd'hui, je me réveille et c'est toi qui souffres...

— Et toi, tu souffres pas? Tu crois que je vois pas tes larmes... J'ai pas besoin d'ouvrir les yeux pour te voir pleurer! Mais c'est pas la peine que tu continues, tu sais, ça te fait du mal et j'aime pas... Je le sais bien qu'il faut que je parte, je l'ai vue, la dame aux souliers rouges... Dis-moi simplement quand.

— A la fin des vacances! Ils vont te chercher une famille où tu seras bien. Ils vont trouver, ne t'inquiète pas. Y'a des tas de braves gens qui aimeraient bien avoir un petiot comme toi...

— Tais-toi, dis pas de bêtises! Il faut qu'on soit fort et qu'on se dise la vérité dans des moments comme ça, pour qu'après on puisse se regarder bien en face... Tu sais bien que je suis trop grand pour être placé. A treize ans, on prend plus les enfants seuls, c'est trop tard! C'est une chance que je vous aie eus, toi et le Père, et je sais bien que ces mois passés avec vous, c'est un peu de bonheur économisé, mais faut pas être aveugle, c'est le foyer qui m'attend...»

Elle se tait, elle ferme les yeux très fort pour comprimer ce flot brûlant qui ravage pourtant son visage. Elle sait que cette rupture sera définitive, que l'enfant ne devra plus être qu'un souvenir et elle ne supporte pas cette idée. Un long silence s'installe, brûlé par le soleil.

«Et toi, qu'est-ce que tu vas faire?

— Je vais mettre la maison en vente et j'irai travailler à Saint-Sévran. La Marie-Jeanne connaît un marchand de chaussures qui cherche une vendeuse... De toute façon, je ne veux pas rester ici.

— Et le Toinet, tu peux pas le laisser, le Toinet?

— Il faudra bien! Qu'est-ce que tu veux que j'en fasse? Tu l'imagines dans une ville... Il vaut mieux qu'il reste là, dans ses prés et dans ses bois. C'est là qu'il est heureux... Et puis, je n'ai aucun droit sur lui.»

Le gamin sent quelque chose qui remonte du plus profond de son être, sûrement le dégoût... Oui, c'est ça, le gosse sent cette chose piquante et chaude qui grimpe jusque dans sa bouche. Il lâche la main, ouvre soudain ses yeux mouillés.

«Comment tu peux faire une chose pareille... Comment tu peux nous abandonner et continuer ta route, comme ça, comme si on n'existait pas... Et le Père, tu y penses au Père, là, sous la terre? Tu crois qu'il aurait accepté ça? Tu crois qu'il a pas honte de ce que tu dis? Il disait tout le temps qu'on formait une vraie famille, tous ensemble et toi, tu abandonnes tout au premier coup dur... C'était rien que des mots pour toi?»

Il pleure, ses yeux se remplissent de ce liquide brûlant comme la douleur, brûlant comme la haine. Il ne sait même pas s'il pense vraiment ce qu'il dit... Il a envie de faire mal, c'est tout, de sentir sa souffrance partagée.

La Mère garde les yeux fixés sur l'autre versant du vallon. Son regard est noyé, lui aussi, mais elle ne veut rien montrer ni des larmes qui coulent, ni des spasmes qui ébranlent son corps. Elle se tait. Elle se demande si, au fond, le gosse n'a pas raison… Si elle n'est pas en train de brader son présent pour un avenir illusoire, fait de bric et de broc…

«Je devrais te flanquer une bonne paire de claques pour ce que tu viens de dire! C'est odieux. Il y a des choses qu'on n'a pas le droit de dire, même quand on a treize ans et qu'on est malheureux… Je t'interdis de me juger. Si je pouvais vous garder tous les deux avec moi, je le ferais, mais c'est pas possible. Peut-être que tu es trop jeune encore pour comprendre ces choses. Peut-être que je me suis trompée sur toi. Je me suis trompée si souvent…»

Le silence se fait de nouveau. Tous les deux, sur leur banc, ils voguent par delà leurs espoirs, perdus devant la puissance immense de la vie. Maintenant, le gamin a mal de ce qu'il a dit. Il voudrait tout gommer, tout recommencer… Mais il sait qu'il est trop tard.

«Il faut que tu me pardonnes… J'ai pas voulu te faire mal, j'ai parlé comme ça, sans réfléchir. Oublie tout ce que tu as entendu, je t'en supplie… Je pourrai pas vivre si tu me pardonnes pas! Je voulais te garder pour moi, mais c'est des caprices de gamin… Toi aussi, il faut que tu vives!»

Elle se tait, le regard toujours braqué sur les pins qui s'agitent en silence, puis se retourne enfin. Elle sourit de ce sourire absent qui n'appartient qu'à elle. Elle se lève et prend à nouveau sa main. Les voilà partis à travers les allées minuscules du cimetière. Le gosse se laisse guider.

Ils contournent la chapelle et s'arrêtent devant le lourd caveau où le nom du Père est gravé dans la pierre.

«Maintenant, le Père repose avec tous les siens, mais tu dois comprendre une chose, mon petit, la vie ne s'arrête pas avec les morts et c'est devant qu'il faut regarder, pas derrière… Dieu sait que j'ai vécu avec lui une vie pleine et je ne regrette rien, mais aujourd'hui, cette vie n'existe plus. Il faut laisser les morts avec les morts et les vivants avec les vivants...»

Elle se signe, ferme les yeux. Elle prie. Le gosse hésite, comprend mal ce qu'elle a voulu dire. Il ferme les yeux à son tour.

Pendant une éternité, ils vont parler avec le Père, lui raconter leurs peurs, leur douleur d'exister. Ils vont lui demander de l'aide et peut-être qu'il entendra, qui sait... Ces choses-là sont tellement mystérieuses.

Quand ils ouvrent les yeux, c'est pour se regarder. Ils sont en paix maintenant. Le gosse prend la main fine dans la sienne.

«Je suis tellement bien avec toi... Si je dois te quitter, alors je préfère me sauver!»

Les mots sont tombés comme tombent déjà les ombres avec le soleil qui faiblit.

*

Ils sont assis sur les lourdes dalles aux inscriptions mystérieuses, la lumière de cette matinée pénètre en tremblant à travers le toit béant. Ils se sentent protégés dans cette vieille chapelle oubliée.

Le gosse a posé sur ses genoux le gros livre en cuir noir du Père, il montre d'un geste appliqué une gravure où apparaissent deux cavaliers montés sur le même cheval, puis son doigt parcourt d'autres dessins: les longues tuniques blanches, la croix, les épées, la bannière, de noires forteresses perdues dans le désert... Le Toinet boit les images, la bouche ouverte il n'ose pas toucher le livre.

«Tu sais, Toinet, depuis que la Mémoire a raconté la légende, j'arrête pas de penser aux Templiers. Tu te rends compte qu'on a retrouvé l'endroit où ils se rassemblaient en secret et la grotte où ils se cachaient... Et on est les seuls à le savoir!»

Il tourne les pages. Dans ce grand livre, tout est consigné. Le gamin lit pour son ami perdu entre les dessins et les mots…

«Ces gars-là, c'était des moines et en même temps des soldats! L'Ordre a été créé en 1118 pour défendre les pèlerins qui voulaient aller à Jérusalem sur les Lieux saints. Tu te rends compte, à Jérusalem… A cette époque! Ils ont participé aux croisades, ils se sont battus contre les Sarrasins, ils ont conquis des villes entières, ils ont construit des châteaux… Et ils sont devenus si riches que les rois de toute l'Europe en avaient peur! Ils étaient plus riches que le roi de France, Toinet… A Paris, ils avaient une énorme tour qu'on appelait le Temple. Et puis un jour, Philippe le Bel les a tous arrêtés, ils les a fait juger et exécuter. On n'a plus entendu parler des Templiers. Ceux qui avaient échappé aux juges se cachaient. Ils ont sûrement vécu dans la grotte…»

La voix tremble, l'œil s'évade, les images et les mots se bousculent dans les têtes du gosse et du Toinet. Ils chevauchent déjà, les armes au fourreau, la lance levée, sous leur étendard blanc et noir, vibrant tous les deux du même désir de rêves et d'aventures, défenseurs des causes perdues, sauveurs du monde…

Le Toinet écoute, son regard sans fond court du livre au gamin. Soudain plus hardi, il passe ses doigts sur le papier, caresse les dessins, effleure les mots. Le gosse sait ce que signifie cette soudaine excitation.

«Ils allaient toujours par deux, Toinet… Et ils juraient de mourir plutôt que d'abandonner le combat! Je sais ce que tu penses, je le lis dans tes yeux… Tu te dis que si c'est nous qui avons découvert ce lieu, c'est pas un hasard et qu'on a sûrement, nous aussi, une mission à remplir…»

L'autre ne bouge pas d'un poil, ses yeux ne font plus qu'un avec ceux du gosse. En cet instant, ils ne s'appartiennent plus, ils sont l'encre et les pages d'un gigantesque livre.

«Toinet, les signes sont là! La Mémoire sait bien ce qu'il dit quand il raconte que le village meurt si les habitants ne le méritent plus… Regarde ce qui se passe, Montcastel est en train de crever, ils sont plus dignes de vivre ici et regarde nous... On est rien d'autre que des exclus, ils nous supportent pas parce qu'on n'est pas comme eux et ils veulent nous chasser! Mais c'est nous qui avons trouvé la chapelle et la grotte, c'est nous qui avons compris le sens de la légende... Toinet, aujourd'hui les Templiers, c'est nous! C'est à nous que revient la mission de réveiller les autres! Il faut partir en croisade, Toinet, et tu l'ignore pas... Je sais pas si on réussira, mais il faut qu'on se batte pour empêcher le village de mourir... Ou pour l'aider à disparaître!»

Le Toinet ferme les yeux, immobile. Il est étrangement calme. Peut-être attend-il ces mots depuis très longtemps. Qui peut le dire?

Au dehors, les oiseaux redoublent leurs piaillements. La nature grouille sous le soleil de midi.

*

Le gosse se tient droit, le regard au sol. Autour de lui, les tombes dansent sous les ombres du soir naissant. Il est seul dans le petit cimetière, seul devant ce gros tas de terre qui suinte dans le soir. Une croix en bois, courbée par l'orage de la veille, affiche un nom inconnu. Le gamin se recueille, il ferme les yeux en joignant ses mains.

Il parle. Un murmure à peine audible que le vent d'été emporte. Personne ne peut entendre ce qu'il dit, ses mots sont si faibles...

Et pourtant...

Il parle au Brantouille, le gosse! A cet ami disparu sans que personne ne sache comment, il est venu lui dire adieu, sur cette tombe oubliée, saloperie de tas de terre au milieu des pierres taillées couvertes de fleurs... Il sait que le Brantouille n'a pas sa place dans ce cimetière, pas plus qu'il n'avait sa place au village. Même mort, il reste une tare, un fardeau, un objet immonde délaissé par la communauté...

Mais le gamin n'a pas mal pour son ami. Il sait que là où il est, il peut enfin vivre ses rêves… Que ce qui n'était que délires est enfin devenu réalité. La mort porte en elle ce pouvoir de donner la vie aux rêves les plus fous et le gosse le sait, mais il veut aller plus loin encore sur les pas du Brantouille…

Les rêves de l'autre, il les a fait siens. Il les revendique, il sait qu'ils donnent la force de continuer, mais il ne se contentera pas de rêver… Non! Ces fantasmes de liberté et d'audace, il leur donnera corps, il les fera vivre en lui. Il le jure.

Une vie nouvelle l'attend, remplie de mystères. Il ne l'accepte pas comme le Brantouille acceptait sa misère, il va la forger, la dompter… L'apprivoiser.

Il ne sait pas comment son ami est mort, si c'est un accident ou un choix délibéré, mais peu lui importe. Ce qu'il est venu dire, c'est que la vie du Brantouille coule entre ses veines avec son flot brûlant du désir d'exister et que cette vie lui donnera force et courage…

Voilà, c'est simple. C'est une promesse de gosse devant le tas de terre qu'est la tombe d'un vagabond. Mais c'est aussi le serment d'un chevalier qui vient se recueillir avant de partir au combat.

Demain, une autre vie commence.

Demain, le gosse et le Toinet partiront ensemble en croisade contre la bêtise des hommes.

Chapitre 7

C'est un matin d'été moite, un matin de juillet finissant, trop lourd, trop chaud. Sitôt le jour levé, le Toinet a débarqué dans la clairière, il a contourné la chapelle et s'est faufilé sous les fourrés jusqu'à la grotte. Le temps a passé.

Bien plus tard, quand le gosse est arrivé à son tour, il a sifflé comme à l'accoutumée pour prévenir l'autre, mais stupeur… Ce n'est pas le Toinet qui a jailli des taillis, mais un étrange personnage tout de blanc vêtu et la tête couverte d'un casque brillant. Il brandissait une large épée qu'il faisait tournoyer dans l'air. Sur sa poitrine, une énorme croix rouge s'étalait.

Le gosse avait en face de lui un Toinet Templier!

Il fallut quelques instants au gamin pour reprendre son souffle… Sans rien laisser paraître, le Toinet avait usé ses jours et sûrement ses nuits à confectionner cette tenue fidèle jusque dans le plus petit détail… La tunique avec la croix brodée, le casque en ferraille, l'épée avec son manche et son pommeau, le fourreau… Le gaillard avait étudié par le menu les gravures du grand livre noir et son habileté avait fait le reste.

Mais ce matin-là, il ne fut pas le seul Templier à investir la clairière. Il tendit au gamin émerveillé un costume en tous points identique. Il l'offrit simplement, comme on offre une formule magique qui permet de pénétrer les rêves…

Et depuis ce matin merveilleux, deux ombres venues d'un autre âge hantent la chapelle et préparent en riant un bien étrange rendez-vous.

*

Leur décision est prise. Ils ne reviendront plus en arrière. Ils ne baisseront plus les armes. Dans leur folie, ces deux gaillards-là sont beaux, de cette beauté qui illumine... Les parias qu'ils étaient ont jeté les dés. Ils ont brisé les ponts qui pouvaient encore les ramener vers Montcastel, vers une vie qui leur tourne le dos et qu'ils refusent désormais.

En eux bouillonne une étrange sensation de liberté et de force. De cette légende, ils sont pétris, elle les a révélés. Ils ont désormais en eux cette tranquillité que procure la certitude d'être guidés.

La nuit est tombée, leur nuit. Ce soir, ils ne rentreront pas à Montcastel. Ils n'y retourneront plus jamais. Ils se préparent à une autre vie.

Ils ont revêtu leur habit. Dans l'obscurité de la clairière, on croirait voir danser deux fantômes dans la lueur pâle d'une torche. Ils avancent jusqu'au parvis de la petite chapelle, ils sont côte à côte, puis ils pénètrent le lieu et s'agenouillent devant la pierre de l'autel. Ils font silence.

Ils prient... Ils offrent leurs pensées, leurs espoirs. Ils demandent la force qui leur est nécessaire pour continuer, pour aller jusqu'au bout de leur choix. C'est bien ça, prier... Le gosse prie en tremblant, il songe à sa mère, à son père enfui dans les limbes du temps, à toutes les choses qu'il a vécues dans sa courte existence. Il les dépose là, devant l'autel de cette chapelle perdue et il dépose aussi la vie qu'il entrevoit parfois dans le creux de ses rêves, avec ses couleurs, ses parfums, son goût de miel. Il ignore s'il aura la force d'aller au bout de lui-même, alors il demande de l'aide.

Et le Toinet, lui, que fait-il dans cette chapelle, lui qui a toujours refusé d'entrer dans une église? Prie-t-il en cet instant ou bien sa tête vide est-elle partie en errance vers d'autres mondes connus de lui seul? Personne ne sait les songes du Toinet. Personne ne sait ce qu'il est au juste. Et si la vie, dans sa grande malignité, l'avait déposé là pour une tâche inconnue? Et s'il n'était, à tout prendre, que l'instrument du Destin...

La vie n'est que mystère.

Ils se taisent et le temps passe, la torche faiblit peu à peu. Le gosse ne sent plus ses jambes, le froid l'engloutit. Il a mal, mais il ne se plaindra pas, il serre les dents. A côté, le Toinet ne bouge pas, on dirait une statue.

Cette nuit est particulière. C'est leur veillée d'armes, chevaliers en prière avant le combat. Demain sera un autre jour.

Cette fois, l'obscurité a presque entièrement investi la chapelle. Il ne reste plus de la torche qu'un moignon rougeâtre qui ondule dans la nuit. Le gosse n'en peut plus, il finit par s'asseoir, harassé. Le Toinet le regarde. Il s'assied aussi.

Ils mesurent, assis sur les dalles froides, tout ce qui leur reste encore à apprendre et à endurer pour mériter de pénétrer l'univers magique qu'ils convoitent. En cet instant, ils ont bien conscience de n'être que de pâles copies, huit siècles les séparent de ces étranges chevaliers et ils n'ont pas le cuir aussi dur...

Le gosse n'aperçoit même plus son voisin, l'obscurité a tout mangé désormais. La nuit fait entendre ses bruits barbares.

«Toinet, je sais pas ce qu'on va devenir tous les deux, mais il faut que tu saches... T'es la personne la plus formidable que j'aie jamais connue. Je peux te le dire parce que je sais que tu me vois pas! On se connaissait pas tous les deux et il n'y avait aucune raison qu'on se rencontre un jour, mais voilà, on s'est découvert et tu m'as appris des tas de choses que les gosses de mon âge ne peuvent pas comprendre parce qu'ils ont pas quelqu'un comme toi pour leur servir de guide. T'as changé ma vie, Toinet... C'est vrai, tu sais! T'as rappliqué comme une tornade, tu m'as appris tellement de choses... Sans un mot, tu m'as fait découvrir tout ce qui nous entoure et qu'on sait pas voir. Et puis, tu m'as fait comprendre la légende...»

Il se tait. Il cherche ses mots.

«Les gens de Montcastel, c'est pas vraiment de leur faute... Ils se sont laissés bouffer! C'est comme s'ils s'étaient endormis avec le temps. C'est cette saloperie de friche qui les tue, par petits bouts, chaque jour un petit peu! C'est elle qu'il faut combattre. Ca, je l'ai compris... «

Il parle vite. La froideur subite de la nuit le fait trembler.

«La légende, elle dit rien d'autre... Si personne ne fait rien, la friche va faire crever le village! Il faut l'abattre. On est là pour ça, Toinet, et tu le sais bien.»

Il écoute la nuit. Aucun bruit autour de lui. L'autre garde le silence. Alors, tout bas, comme pour lui-même, il continue.

«J'ai choisi! J'irai plus jamais dans un foyer! Je veux être libre, mais avant de partir, j'ai une croisade qui m'attend. Si tu veux, tu viens avec moi...»

Le gosse se vide. Il laisse couler tout ce qu'il porte en lui de bonheur et d'espoir et en même temps toute l'angoisse du choix qu'il fait. Il s'offre, une offrande à la folie de vivre, à la démesure du rêve. Il se sent bien. Il est libre et tellement léger tout à coup.

Dans la nuit qui ne veut pas finir, il parle... Les paroles d'un gamin qui, brusquement, n'en est plus un. Le flot d'une vie mal vécue, mal partie qui semble se dissoudre et se régénérer dans l'obscurité devenue intime.

Et chaque heure qui passe transforme son existence, sa perception des choses et des gens, comme si dans la nuit une grande lumière intérieure s'allumait! Il offre sa vie vécue jusque-là en automate et qui, maintenant, devient trop petite, trop fade, presque laide... Il offre aussi cette vie à venir, merveilleuse et inconnue, et, dans l'obscurité de cette minuscule chapelle, il sait que l'Etienne a raison quand il dit qu'il est si facile de disparaître…

Le gosse découvre le sens secret d'un face à face avec lui-même.

Quand les premières lueurs de l'aube caressent le toit éventré de la chapelle, ils sont toujours là, assis sur les dalles. Le gosse sait qu'il est trop tard pour revenir en arrière. A cette heure, la Mère a dû lire le petit mot qu'il a griffonné pour elle…

*

Elle tient la feuille de cahier dans sa main, une feuille mouillée par les larmes, froissée comme un visage de vieillard. Elle est assise dans son lit, la petite lampe de chevet éclaire son visage défait.

Depuis des heures, la Mère relit les mêmes mots sans les comprendre. Elle les tourne dans tous les sens sans parvenir à percer leur mystère. Elle mesure combien elle a vieilli.

Et ces mots sont terribles de simplicité. Ils remercient pour l'amour donné, pour les moments de bonheur. Ils parlent d'un combat à livrer, d'une croisade pour que vive le village. Ils disent surtout que le gosse ne reviendra plus et qu'il a choisi une autre vie…

Aux premiers chants des oiseaux dans la haie, terrassée par la fatigue, la Mère s'endort sur la feuille, seule dans son grand lit froid.

*

Sa silhouette cabossée tangue sur la petite place. Recroquevillée dans ses habits noirs, elle attend patiemment que le cercle se forme autour d'elle. Elle sait bien que sa seule apparition attire les gens.

La Chouette a débarqué au village. La Chouette est là, venue de sa forêt dans son habit de nuit, sa crasse et sa puanteur. Celle qu'on ne voit jamais a franchi les limites de Montcastel. C'est comme si le monde, tout à coup, s'arrêtait de tourner…

Les femmes préfèrent hâter le pas et rejoindre leur demeure, les gosses se cachent, épouvantés par cette sorcière qui hante leurs nuits de ses rires méchants. Quelques hommes se sont rapprochés, attirés et vaguement inquiets. La Chouette ne vient jamais au village, ce sont les gens qui vont chez elle, à la lisière de la forêt, quand ils sont malades. C'est la règle.

Si elle trimballe sa carcasse jusque-là, c'est qu'il se passe quelque chose.

Le groupe s'est épaissi, les murmures parcourent l'assistance mais personne n'ose lui parler et encore moins la regarder.

Quand le cercle est suffisamment dense, elle pose ses petits yeux plissés sur les visages qui se détournent un à un. La vieille sait la peur qu'elle inspire, elle ricane.

«Vous vous demandez bien pourquoi j'ai quitté mes bois et ce que je fais ici. Ca vous inquiète, pas vrai… Et vous avez bien raison d'être inquiets parce que le village se prépare des jours de douleur! Il viendra un moment où il ne fera pas bon vivre ici, croyez-moi… Oui, croyez-moi!»

Elle rit de toute sa mâchoire sans dents.

«Je suis venue vous prévenir… Montcastel est en danger, le village va disparaître si vous n'y prenez garde! Regardez autour de vous, tous les signes sont là. Depuis longtemps, ils sont là et vous ne les voyez pas…»

Une sorte d'indignation succède à la frayeur. On entend la voix d'un vieux.

«Qu'est-ce que tu racontes, la Chouette. Si t'es venue pour faire peur aux gosses, rentre dans ta tanière. On n'a pas besoin de tes sermons de vieille femme…»

Elle regarde, cherche dans l'assistance celui qui a parlé, ne trouve pas.

«Je ne suis pas venue vous faire de sermons. Le curé s'en est chargé, mais lui non plus vous ne l'avez pas entendu et c'est tant pis pour vous… Moi, je suis venue vous parler de la forêt!»

Les autres la regardent, intrigués. La forêt, c'est un peu comme une seconde peau. Ils écoutent.

«Vous aimez bien le bois, sa beauté, sa douceur! Il chauffe vos maisons, il fait des toits et des meubles et plein de choses encore. Et puis, il rapporte des sous quand on sait planter et couper en bonne lune… Tous ici, vous avez vécu par le bois, mais je vous le dis, ce qui vous a fait vivre pourrait bien vous faire crever! La forêt donne, mais la forêt reprend… Regardez autour de vous, le bois fait son œuvre. Il est en train de vous étouffer!»

Le murmure a fait place au silence.

«Vous avez laissé la forêt vous envahir! Vous ne défendez plus votre terre, vous ne l'aimez plus… Et ça, c'est le plus grand des péchés! Vous devez tout à cette terre qui vous a nourris et, vous, qu'est-ce que vous lui donnez en échange? Rien! Vous la laissez mourir, engloutie par la forêt…»

Une voix de femme monte de l'assistance, anonyme.

«La Chouette, tu crois qu'on est sots… Tu crois qu'on voit pas la friche qui avance chaque jour? Mais qu'est-ce que tu veux qu'on fasse? On n'a même plus de paysan au village! Pour la faire reculer, il faudrait des dizaines de bras et des machines… Et on serait même pas sûr du résultat. Ca fait des années que nos hommes combattent cette saloperie, ils ont pas pu l'arrêter. Aujourd'hui, c'est trop tard. On y peut plus rien!

— Que tu dis, ma belle… Que tu dis… Mais pour vaincre, il faut avoir envie de se battre et pour avoir envie de se battre, il faut avoir envie de vivre! Vous avez plus envie de vivre, vous avez perdu l'amour!»

Un grondement parcourt la troupe qui s'enfle comme la panse d'une vache. Le maire est sorti de sa mairie, il veut ramener le calme.

«Dis pas n'importe quoi, la Chouette… Tout ça n'a rien à voir avec l'amour!

— Pauvre maire! T'as le cœur bien trop sec pour comprendre. La friche qui vous tue à petit feu, la vraie, c'est celle qui vous consume de l'intérieur, qui vous bouffe le cœur! Vous avez même plus un regard pour ceux qui vivent à côté de vous! Vous êtes secs et pleins d'épines comme le mauvais bois qui vous dévore. Tous vos malheurs, ils viennent de la friche que vous avez laissé pousser en vous! Vous êtes tellement rongés que vous ne voyez même plus tous les signes qui vous entourent. Pauvres de vous!»

La vieille pose son regard sur les gens, elle déchiffre chaque visage, lit le moindre silence.

«Vous croyez tout connaître de la légende, mais vous ne savez rien... Demandez donc à la Mémoire de vous dire la suite de l'histoire des Templiers! Hein que c'est vrai, la Mémoire... Tu restes dans ton coin, comme toujours, raconte un peu...»

Les têtes se tournent vers le platane. La haute stature du vieux se mêle aux feuilles basses, son chapeau noir camoufle son regard. Il s'avance, fixe la vieille.

«Peut-être que tu as raison, la Chouette. Peut-être qu'il est temps de raconter... La légende, elle dit que si les gens de Montcastel ne sont plus capables de faire vivre le village, alors il disparaît d'une manière ou d'une autre, mais elle dit aussi que c'est quelqu'un d'étranger qui l'accomplit. Quelqu'un que la communauté a renié. Quelqu'un qui servira de bras...»

Le vieux ne dit rien de plus, il fixe toujours la vieille.

«Vous avez peur, hein... Vous commencez à trembler! Ecoutez bien ce que je vous dis... La friche, c'est un ennemi redoutable, mais c'est rien d'autre que votre miroir! Cette chose qui vous fait si peur, c'est l'ombre de vous-mêmes, c'est vous qui l'avez créée... Et qu'est-ce qui vous dit que la friche n'attend pas que vous ayez le courage de la défier, de la combattre et de la vaincre pour que vous retrouviez votre fierté et votre force? Et si elle était là simplement pour que vous redeveniez vous-mêmes...»

Elle se tait. Elle regarde une dernière fois la Mémoire qui lui fait un signe imperceptible de la tête.

Elle brise le cercle et s'en va, crapaud sous le soleil.

Son œuvre est achevée, la légende peut désormais s'écrire.

*

La peur s'est installée dans le village et les beaux jours n'y peuvent rien changer. Une angoisse bleue comme le ciel, chaude comme l'air piquant qui assiège le vallon. Depuis l'apparition de la Chouette, la vie a changé, les yeux se sont creusés, les idées vagabondent dans les têtes, les bouches se sont tues. On ne sait pas ce que pensent les gens, mais ils évitent soigneusement la ferme des Baptiste, ils se replient sur leurs peurs.

La Mère est seule, si seule... Dans la maison, tombeau froid et vide, elle erre sans fin. Tout est soudain trop grand, tout pue la mort et la solitude, sans le gamin et le Toinet. Parfois, elle s'adresse au Père, elle lui demande de l'aide, mais seul le silence répond.

Elle a l'impression de sombrer doucement dans la folie.

En ce premier jour du mois d'août, elle se laisse caresser par le soleil du matin. Assise devant sa porte, elle boit un grand bol de café fumant pour réchauffer son corps froid. On dirait qu'elle attend quelqu'un...

Et soudain, la silhouette râblée du maire apparaît au détour du mur. Le bonhomme s'arrête, surpris de trouver la Mère assise là, en face de lui. Il hésite et finalement s'avance. Lui qui comptait sur l'effet de surprise, c'est le fiasco. Il se dit que cette femme qu'il n'aime guère a un sens de l'anticipation étonnant.

Les graviers de la cour crissent sous ses godillots.

Il se tient droit, raide dans sa dignité d'élu. Il n'est guère à l'aise, le bougre... La Mère observe ce visage émacié, ces traits profonds qui lui barrent le front, ces cheveux sombres en bataille. Elle n'avait jamais pris le temps de regarder vraiment

Elle est lasse, étrangement calme sur sa chaise. Elle se dit que dans sa vie, il y a tant de choses qu'elle n'a jamais su regarder…

Il lui tend la main. Salut où se mêlent respect et prudence. La crasse de son éternel pantalon de velours brille sous le soleil du matin.

«J'ai préféré venir vous voir discrètement. Ce n'est pas simple comme démarche. En ce moment, le village nage en plein irrationnel…»

La Mère le regarde. Elle sourit. Elle sait tout ce qu'il va lui dire, comme si chaque parole faisait résonner des mots déjà entendus ailleurs, sans savoir où. Etrange sensation d'avoir déjà vécu cette scène avec le même décor et le même personnage.

«Depuis que la Chouette est venue, les gens sont nerveux… Cette légende les bouleverse. C'est des histoires, bien sûr, mais vous savez ce que c'est… Montcastel a toujours été un village un peu spécial. Enfin, la Mémoire a quand même dit que tout ce qui pourrait arriver serait provoqué par des gens extérieurs au village…»

Elle pose son regard sur lui, un regard si lourd.

«Des gens étrangers, des gens reniés… C'est ce qu'il a dit, en effet!

— Oui… Et, justement, en tant que maire, je suis responsable de ce qui peut se passer ici. Moi, personnellement, vous me connaissez, je ne suis pas sensible à ce genre de ragots, mais je suis bien obligé de prendre en compte les réactions des gens… Et les habitants sont inquiets. Il faut que je sache où est le gosse… Et le Toinet aussi…

— Je ne sais pas où ils sont! Tout ce que je peux vous dire, c'est qu'ils ne sont plus ici depuis plusieurs jours…»

Le maire s'agite. Son visage se crispe. Toute la gêne qui l'habitait a fondu. Il ne croit pas un mot de ce que lui raconte la Mère. Cette femme, en face de lui, cache les deux gaillards; il le sait comme on sait que la pluie va tomber quand souffle le vent de l'ouest dans le vallon…

«Ecoutez, je ne peux pas croire ce que vous me racontez! C'est des histoires à dormir debout et je n'ai pas de temps à perdre. Si votre mari était encore là, tout ça n'arriverait pas... Avec lui, on pouvait causer, mais avec vous, c'est impossible! Vous êtes têtue comme une bourrique et vous ne comprenez rien à la situation! On n'est pas dans un roman, nom de Dieu, on est dans une histoire qui peut nous péter à la figure à n'importe quel moment...»

La Mère le contemple de son beau sourire las. Décidément, le bonhomme l'amuse.

«Que voulez-vous que je vous dise... Si vous refusez de me croire!

— Mais je ne peux pas vous croire! Vous êtes en train de me dire que le gosse et l'autre idiot se sont volatilisés dans la nature... Vous me prenez pour un imbécile, voilà la vérité! Moi, je vous dis que vous les cachez tous les deux quelque part et que c'est de la folie... Avec tous ces événements et cette légende, le gamin et le Toinet doivent être retrouvés et le plus rapidement sera le mieux! Ils sont dangereux, ces deux-là... Et vous êtes la seule à ne pas le voir! Ils sont dangereux et en même temps ils sont en danger. Avec ce qu'a raconté la Chouette l'autre jour, la plupart des gens de Montcastel croient qu'ils sont responsables de tous les problèmes du village... Bon Dieu de Bon Dieu, vous devez me dire où ils sont avant qu'on soit dans le pétrin!»

Il éclate, il hurle et tant pis si les voisins entendent. Cette bonne femme qui le contemple depuis sa chaise, avec son bol dans les mains et son regard narquois... Cette femme qui n'est même pas du pays, qui a toujours considéré les habitants d'un air détaché avec ses manières de citadine... Cette femelle l'exaspère. Il laisse toute sa bile s'épancher.

«Je vous le demande une dernière fois, dites-moi où sont les deux lascars!»

Cette fois, la Mère s'est levée. Elle pose lentement son bol sur le rebord de la fenêtre et se plante devant lui. Elle est belle.

«Ce n'est pas la peine de prendre ce ton et c'est encore moins la peine de hurler! Je sais très bien que vous n'êtes pas venu de vous-même. Vous êtes bien trop poltron pour ça! C'est le village qui vous envoie… C'est ça, hein… Tous ces gens qui m'ont mise à l'écart, qui ne m'adressent plus la parole, qui fuient quand ils me voient et qui font un détour pour ne pas passer devant ma porte… Ces mêmes gens qui sont prêts à s'en prendre à un gosse et à un idiot parce qu'ils ont peur, parce qu'ils deviennent tous cinglés. Mais vous vous rendez compte que vous êtes le maire d'un village de fous!

— Ce village, vous y avez vécu et maintenant vous crachez dessus…

— Mais non, Monsieur le Maire! Vous vous trompez, je n'ai pas vécu… Je suis morte un peu chaque jour depuis vingt ans! A chaque instant, je me suis enterrée vivante un peu plus au milieu de gens qui ne m'ont jamais acceptée… Des gens comme vous, Monsieur le Maire! Et je vais vous dire une bonne chose, si demain Montcastel doit disparaître, alors je serai la plus heureuse des femmes parce que ce village, il n'a plus aucune raison de vivre!

— Mais qu'est-ce qui se passe dans votre caboche? Bon Dieu, la légende vous est montée à la tête… Vous vous prenez tous pour des héros dans cette baraque… Mais vous n'êtes rien! Vous entendez, rien du tout! Et le village, il a rien à faire de gens comme vous! Vous êtes des nuisibles et c'est tout!»

Les voilà plantés l'un contre l'autre, les visages se touchent presque. Deux mondes qui grondent et se soulèvent, prêts à tout anéantir.

«Mais c'est vous qui n'avez rien compris! C'est vous qui n'arrivez plus à vivre la vie d'aujourd'hui, reclus dans vos montagnes et dans vos têtes! C'est vous qui n'avez pas vu le temps passer! Et comme vous n'êtes pas assez courageux pour vous remettre en cause, vous êtes tous bien contents de tout mettre sur le dos d'une pauvre légende dont personne ne sait rien... Vous êtes un lâche, Monsieur le Maire, et votre village est aussi lâche que vous! C'est la Chouette qui a raison... Si vous aviez pris le temps de parler, d'écouter, d'aimer, Montcastel ne serait pas un désert et vous ne seriez pas là à vous déshonorer en racontant des saletés sur des gens qui ne vous ont jamais rien fait...»

Le bonhomme a baissé son regard, il a reculé. Cette femme lui fait peur, il ne la comprend pas, mais il sait que ses paroles sont vraies. Il se tait.

Le silence se fait.

Et la Mère, vide de toute colère, se tait aussi. La voix du bonhomme est calme soudain.

«On ne s'est jamais compris tous les deux et vous pouvez penser ce que vous voulez de moi, je m'en fous... Mais aujourd'hui, le gamin et le Toinet sont en danger et il faut qu'on les retrouve!»

Sans baisser son regard, la Mère fouille dans la poche de sa longue robe aux dessins passés et ce geste fait coller quelques instants ses vêtements à sa peau, dévoilant ses formes. La lumière du matin qui danse sur ses cheveux rend plus belle encore cette fossette de colère qui s'inscrit sur sa joue. Elle tire un papier plié qu'elle tend à l'homme perdu quelques instants dans des rêves trop secrets. Il prend lentement la feuille. Il tremble.

Le maire lit les phrases biscornues du gosse, puis il rend le papier. Son regard se fait lourd. De la lourdeur de celui qui a peur.

«Surtout, ne montrez cette lettre à personne!»

Elle le regarde de ses grands yeux clairs, voilés d'une brume mauve. Elle ose.

«J'ai peur moi aussi... Ils sont tellement fragiles!»

Il n'entend pas, il a déjà fait demi-tour. Avant de disparaître derrière le mur, il se retourne une dernière fois.

«Je vais les faire rechercher. On n'a plus le choix...»

Dans les branches de la haie, les merles font un raffut d'enfer.

Ils ont envahi Montcastel! Des voitures, des camions, des gendarmes, des pompiers... Toute une cohorte de gens en uniformes qui se sont mis à ratisser les prés et les bois comme des forcenés. Répartis en petits groupes, ils ont quadrillé les environs du village comme les chasseurs quand ils filent le chevreuil ou le sanglier, un déploiement de force et de discipline qui a fait l'admiration des vieux, des dizaines de têtes, en rangs d'oignons, sous les ordres d'un grand échalas au regard perdu sous son képi trop large. A la demande du maire, les habitants se sont mêlés aux recherches, guides incertains bardés de la certitude de tout connaître de leur village...

Depuis deux jours, ils cherchent. Ils n'ont rien trouvé.

Pourtant, ils ont retourné jusqu'au moindre taillis, même que les anciens ont fait remarquer en ricanant qu'il suffirait de leur donner à chacun une bêche pour que Montcastel retrouve sa splendeur d'antan...

Le premier jour, ils ont filé à travers les prés jusqu'au petit bois, ils ont disparu dans les acacias et poussé jusqu'à la baraque du Savagnin. On les a vus revenir, égratignés, couverts de feuilles et de branches sans avoir trouvé la plus petite trace des deux lascars. Le lendemain, ils ont descendu la falaise, longé la rivière et se sont retrouvés coincés au début des gorges. Ils ont fait demi-tour.

Pas la plus petite empreinte du gosse ou du Toinet! Les troupes épuisées ont dû abdiquer sous la chaleur et la fatigue et une sourde peur s'est installée de nouveau sur le village...

Pourtant, au plus fort de la journée, il s'est passé quelque chose, à peine un détail. Une équipe qui s'était avancée loin vers le couchant, qui avait dépassé les plateaux et traversé les forêts de pins qui redescendent jusqu'à la rivière a cru apercevoir deux silhouettes camouflées entre les arbres. Des silhouettes qui semblaient les épier. Pas vraiment des formes humaines, plutôt des apparitions vaguement colorées dans la chaleur de midi... Les cris, les battues, les appels se sont noyés dans le silence de la forêt et l'on a mis tout ça sur le compte de la canicule.

Il faisait tellement chaud en cette journée d'été...

Au troisième jour, l'homme sec au képi a annoncé que les recherches s'interrompaient, que peut-être ne s'agissait-il à tout prendre que d'une fugue banale et qu'il avait autre chose à faire qu'à fouiller les buissons. Tout ce beau monde est remonté dans les camions dans un invraisemblable remue-ménage et on a pu voir le long cortège de ferraille disparaître au creux des virages. Les pétarades des moteurs se sont fait entendre longtemps après que les engins ont été avalés par les bois.

Depuis, Montcastel a retrouvé le silence, les gens sont retournés à leurs occupations. Mais le visage du gosse et celui du Toinet hantent les esprits.

Seul, livré à lui-même, le village devra affronter le destin qui déjà se profile à l'horizon.

*

Ils marchent depuis des heures. Sans rien dire à personne, Hélène a quitté sa maison au petit matin. Comme une couleuvre, elle s'est glissée jusque dans le jardin, puis elle a couru jusqu'à l'orée du petit bois. L'Etienne l'attendait, ils se sont mis en route.

Ils cheminent en silence, économisant leur souffle. Dans leur tête défilent mille espoirs insensés. Ils sont certains de retrouver le gosse et le Toinet, ils savent qu'ils se terrent quelque part au fond de cette forêt immense et ils veulent les ramener. Ils sont habités de cette certitude que tout peut encore basculer, que la solitude et la douleur peuvent s'effacer, que tout peut recommencer. Ils marchent.

Ils ne savent plus qui des deux a eu l'idée et, d'ailleurs, qu'importe... Ce qui compte en cet instant, c'est que leurs regards se soient croisés, qu'ils aient senti ensemble l'impérieuse nécessité de retrouver les garçons. Quelques mots ont suffi... Un rendez-vous... Une espérance démesurée.

Le peintre tire la patte. Il ne dit rien, mais l'allure imposée par la gamine le fait souffrir. Il n'est plus guère habitué à ce genre de randonnée et la belle file à travers bois comme un furet. Parfois, il trouve la force de sourire. Si les gens du village pouvaient voir ce couple si mal assorti rôder dans les sous-bois, il se ferait lapider... Pour sûr!

Mais Hélène a l'esprit ailleurs. Elle a la certitude qu'il faut filer jusque chez le Savagnin et pousser plus loin, bien plus loin... Là où les gendarmes ne sont pas allés. Quelque part dans la forêt qui s'étend à perte de vue jusque sur le versant des gorges. Si le gamin et le Toinet sont quelque part, c'est dans ce coin. Elle le sait. Elle le sent...

Au fil du parcours, le paysage s'est peu à peu transformé. En fin de matinée, ils ont aperçu la bicoque du Savagnin, ils ont pris soin de bien la contourner, ils ne voulaient être vus de personne. Ils ont enchaîné avec les petits plateaux aux herbes hautes. Quand ils sont parvenus à l'orée du bois, ils ont fait halte pour manger, en silence, avant de reprendre leur marche. Une forêt d'épicéas, quelques clairières, de nouveaux plateaux, une forêt encore, sombre et presque froide, peuplée de vieux chênes ridés, de frênes à la peau lisse et de hêtres... Une forêt sans aucun chemin pour les guider, mais la fille n'a plus besoin de guide. Quelque chose en elle lui dit que c'est par là...

Ils avancent avec peine dans cet univers sauvage où les bois ont poussé à leur gré, sans rien pour les contraindre. Un endroit livré à lui-même, trop grand, trop fort. Un endroit oppressant qui ignore l'homme. Un lieu hors du temps.

Ils appellent. Ils hurlent de toute la force de leurs corps fatigués. Depuis presque une heure, ils gueulent dans les bois. Leurs voix se cognent aux écorces, s'élèvent dans les feuillages et se propagent à l'infini dans un raffut d'enfer...

Mais rien ne vient répondre à leur appel. Parfois, une volée d'oiseaux fuit en piaillant.

Ils sont seuls.

Et puis, soudain, ils entendent quelque chose... Pas vraiment un bruit, plutôt un son, une voix. Oui, c'est une voix qui s'élève quelque part autour d'eux. Ils ne comprennent pas les mots, mais ils reconnaissent ce timbre sorti de nulle part.

Le gosse leur répond.

Ils se regardent, ils rient. Ils savent qu'ils ont gagné, que leur folie les a amenés là où personne n'est encore venu. Ils se prennent par la main, courent d'un arbre à l'autre, hurlent encore...

Le silence est retombé.

Ils attendent.

Devant eux, une paroi de roche couverte de mousse et de lierre leur barre le passage. Tout autour, de grands arbres obscurs, des branches, des sous-bois épais. Ils se sentent pris dans un piège de bois et de feuilles. Et la peur s'installe tout à coup.

Alors, la voix de l'Etienne monte de ce tombeau végétal, lente et profonde.

«Je sais que tu es là, mon petiot... Je ne te vois pas, mais tu es tout près... Il faut m'écouter! Ca fait des heures qu'on te cherche, toi et le Toinet. Hélène est venue avec moi, c'est elle qui vous a trouvés.»

Les mots se perdent dans les arbres.

«Il faut revenir! Vous n'avez aucune raison de vous cacher! Personne ne vous veut du mal. La légende, c'est rien qu'une vieille histoire... Ce n'est pas la réalité! Ecoute-moi, mon petit, je vais t'expliquer ce qu'elle veut dire la légende...»

Toujours le même silence.

«Elle dit que dans la vie, qui qu'on soit et où qu'on soit, il faut vivre... Il faut avancer et faire face! Elle dit que chacun d'entre nous doit accomplir sa tâche, si petite soit-elle, pour que la vie puisse se poursuivre. Toi et le Toinet, vous n'êtes pas là pour détruire, tu comprends ça... Vous n'êtes pas les instruments de la légende! Ca n'existe pas, ces histoires... C'est des conneries de vieux! Le village a compris, les gens vont réagir, ils vont se prendre en main et demain Montcastel vivra à nouveau... Il faut pas faire de bêtises, petit! Je sais que tu es malheureux, que les habitants ont été bêtes, mais il faut pardonner. Tu m'entends, pardonner... Il faut que tu rentres avec moi!»

Le peintre se tait, il a vidé son grand sac de mots, il écoute le silence. Il n'est même pas sûr de croire à ce qu'il dit! Il ne sait plus pourquoi il est venu là, ni pourquoi il baragouine toutes ces formules... Ce qu'il sait, c'est la solitude de ce gamin qui se cache dans les bois avec un idiot. Sa solitude et toute sa difficulté d'exister et il sait aussi que son amitié n'a pas suffi, qu'il n'a pas su l'aider.

Il a honte.

Il est vide tout à coup. Il tourne son visage vers la fille, comme pour demander de l'aide.

Debout dans la forêt, tendue comme un archet, elle écoute. Elle hume l'air. En cet instant, elle est devenue féline, elle se fond dans ce monde inconnu, inquiétant. Sa voix s'élève doucement.

«Je t'ai fait du mal, tout le village t'a fait du mal... C'est vrai, mais il faut que tu rentres avec nous! Moi, je te hais pas, je veux être avec toi pour t'aider, pour... Pour... J'ai besoin de toi! La Mère et le village ont besoin de toi et du Toinet! Ne m'oblige pas à dire ces choses, je sais pas...»

Elle pleure, de grosses larmes rondes, des larmes de fille qui s'offre. Des larmes qui roulent comme un torrent de printemps. Elle cache son visage dans ses mains.

Le temps passe, ce temps qui ne peut plus se mesurer tant il est lourd. La voix du gosse perce soudain, faible, presque inaudible, venue de nulle part.

«C'est trop tard! Vous venez trop tard. La légende s'accomplit déjà et je sais bien, moi, ce qu'elle veut dire... Je sais bien que le Toinet et moi, on a un travail à faire! Si on rentre avec vous, que deviendra la légende? Qui pourra sauver le village? Qui combattra la friche?

— Les gens de Montcastel! C'est eux qui vont sauver leur village, ils en sont capables et bien mieux que vous... Tu sais bien que cette légende ne tient pas debout! On n'est plus au Moyen-Age, les croisades, c'est fini... Tu ne vas pas me dire que tu crois à cette fable, bon Dieu...

— Bien sûr que j'y crois! Et tu sais pourquoi j'y crois à la légende? Parce qu'elle est belle, bien plus belle que la réalité! Parce qu'elle me fait rêver! Parce qu'elle sent la liberté et l'espoir... Tout ce que j'ai pas eu jusqu'à présent. Je veux plus être trimballé comme une valise d'un foyer à un autre! Je veux plus que des gens en souliers rouges décident de ma vie! Ma vie, je veux plus qu'elle pourrisse mes rêves, c'est moi qui vais la choisir!»

On entend les pleurs de la fille dans le silence brusquement retombé.

«Rentrez au village et dites aux gens de ne pas s'inquiéter. Tout se passera bien... Et dites-leur aussi que c'est pas la peine de nous rechercher, ils pourront jamais nous retrouver!

Merci à tous les deux d'être venus. Je vous aime...»

C'est tout. A peine un bruit de branches qui craquent, la forêt a repris ses droits.

La fille pleure, elle n'arrive plus à bouger, perdue dans ses sanglots. On voit le peintre qui s'approche et la prend par le cou.

Il est des instants fragiles comme le cristal où l'enfance se brise.

Le chemin sera long et pénible pour rentrer au village.

Chapitre 8

Depuis deux jours, le peintre rôde dans sa maison à la recherche d'un signe qui ne vient pas. Il cherche des réponses dans ses couleurs, dans les visages inertes qui peuplent son univers, mais ses outils se taisent, comme se tait sa grande bâtisse devenue moche tout à coup...

Il a essayé de sculpter, de jeter sa hargne sur la pierre mais la fatigue n'a pas effacé le doute.

Depuis deux jours, il vit l'enfer entre ses quatre murs, il avale des litres de café, il beugle comme une bête blessée. Ses interrogations lui reviennent à la figure.

Il n'en peut plus... Il a mal au plus profond de son être. La douleur de celui qui a honte.

Deux jours et deux nuits qu'il ne ferme pas l'œil, qu'il se calfeutre dans sa bicoque, qu'il se terre comme un cafard!

Il a tout revécu cent fois. Le chemin à travers les bois, interminable, épuisant. Cette capacité mystérieuse de la fille à sentir les choses. Et puis, cette voix venue d'ailleurs et toute la détermination d'un gosse à vouloir vivre vraiment...

Il ne sait plus.

Lui, dans son atelier, au milieu de ses bouts de pierre mortes, de ses couleurs figées... Lui, l'artiste... Quelle vie a-t-il vécue depuis tant d'années? Combien de ses rêves a-t-il bradés? Combien de fois s'est-il saoulé de mots, d'œuvres mortes avant même d'être nées?

Son existence lui remonte des tripes comme une envie de vomir. Dans la profondeur de la forêt, la voix du gosse a ramené à la surface toute une gangrène mal soignée, des oripeaux de vie passée qu'il croyait guéris et qui le brûlent encore. Il ne supporte plus ce qu'il est devenu, sa fuite incessante devant le vide des années, cette peur de vivre qu'il prenait pour la paix de l'âme.

Il est furieux. Une énorme colère contre lui, contre ses renoncements, contre ce monde qui continue à tourner alors que tout en lui chavire, contre ce gamin que rien ne peut plus arrêter dans son rêve...

L'Etienne fixe ses tableaux, l'œil hagard. Un long frisson le parcourt. L'évidence est là, nue et cruelle. Le donneur de leçons qu'il est devenu, le manipulateur de mots ne sait même pas vivre... Il n'a jamais vécu!

Et toutes les images défilent. Le retour, le silence dans le soir et cette décision absurde de taire cette rencontre, de l'enfouir au fond de sa mémoire. La fille l'a fait jurer. Une fois de plus, il n'a pas su dire non...

Mais chaque heure qui passe pèse plus lourd et c'est pour ça qu'il souffre. En lui, une voix lui dit qu'une course contre le temps a commencé.

Quelque chose se prépare. Quelque chose est déjà en route.

Alors, comme surgi d'un cauchemar, il ramasse un vieux chapeau et file.

*

L'Etienne avance, sa jambe pèse une tonne, vieux débris qui refuse de suivre. Lentement, les dents serrées, il remonte jusqu'au village, vague silhouette brinquebalante. Les premières maisons laissent deviner leurs toits brillants sous le soleil de plomb. La poussière du chemin tremble sous le vent du sud qui balaie le vallon.

Bientôt, il verra le maire, il dira tout... Le gosse caché au fond de la forêt, son espoir insensé... Et tant pis pour le regard de mépris de la fille!

Il prépare les phrases, choisit les mots.

Il ne sait pas que le destin veille...

Dans les vergers, les arbres balancent leurs branches dans le vent chaud. Le peintre regarde d'un œil distrait le bleu du ciel jouer à cache-cache avec les feuilles, avec les fruits qui pendent, gorgés de soleil.

Il se dit que l'été est beau dans le vallon.

Et soudain, il la voit monter derrière le paquet de maisons! Gigantesque colonne noire qui tourbillonne dans le vent et retombe sur le village... Une immense fumée qui barre le ciel de son œil énorme, vive comme un mauvais démon.

Elle vient de la lisière du bois, tout au bout des champs envahis par les herbes folles.

Le peintre hâte le pas. Il marche seul dans le village endormi. A cette heure, les gens écrasés de moiteur, somnolent dans la fraîcheur de leur maison. Seules quelques voix ténues montent du quartier du bas pour sonner le rappel. On crie au feu! On entend des godillots qui résonnent sur le bitume. De petites grappes d'hommes et de femmes surgissent dans les ruelles, ivres de stupeur, courent au hasard en gueulant... Armée à l'abandon, troupeau désemparé...

L'Etienne veut voir. Il a contourné les maisons, il s'arrête, écrasé par le spectacle...

Devant lui, à quelques centaines de mètres, toute la bordure du bois n'est plus qu'une immense torche qui grimpe dans le ciel noir. Une gigantesque créature incandescente gronde et lèche les arbres de ses baisers de mort, les tord et les fait craquer dans d'interminables convulsions. Les gens accourus regardent, pétrifiés, cette scène incroyable où se mêle le rouge et le noir dans une folle étreinte.

Comme une bête en chaleur, la chose court sous les bourrasques répétées du vent qui l'excite... Tantôt elle part à l'assaut de la forêt, pulvérise les arbres, s'engouffre dans les buissons. On voit sa carapace rouge grimper dans le ciel, faire le gros dos et dégringoler un peu plus loin en dévorant tout sur son passage… Tantôt, elle s'arrête et revient en courant défier le village, brandir ses immenses ergots et engloutir d'un coup de langue la friche qui s'embrase en miaulant. Son souffle chaud vient caresser les visages figés dans la stupeur.

Un appétit monstrueux, une rage folle!

Au village, dans un réflexe ancestral, les hommes courent au-devant des flammes. Par paquets, ils avancent, les vieux et les femmes suivent derrière. Ils ont pris leurs pelles, leurs bêches, outils dérisoires devant cet océan de feu qui s'enfle sous le vent… Ils s'approchent, narguent les flammes, disparaissent dans les tourbillons de fumée… Ils creusent, creusent sans cesse de larges bandes de terre, comme on dessinerait un cercle magique… Nains arrogants entre les pattes du monstre.

La créature rugit, gonfle son corps énorme et bondit. Une pluie de braises tombe du ciel, brûle les peaux et les cheveux, disperse les troupes… Les flammes se jouent des minuscules pare-feux, la chose a enjambé l'obstacle, elle poursuit sa course folle, avale les buissons de sorbiers, rampe dans les herbes sèches.

Le peintre regarde. La vitesse, la souplesse, l'intelligence du feu le subjuguent. Il est sous le charme, il s'émerveille des couleurs que jamais il ne pourra rendre, des formes que son bras ne saura jamais reproduire.

Il n'a même pas le temps d'avoir peur.

Le vent s'est apaisé, en un instant, comme si le fabuleux animal changeait de tactique… Délaissant le village, il repart à l'assaut de la forêt, plus affamé encore. Quand l'armada des camions de pompiers débarque dans une débauche de sirènes, le temps a déjà fait son œuvre, un immense front de flammes s'élève sur toute la largeur du bois. Les langues de feu montent si haut dans le ciel qu'on dirait une seule flamme immense tombée des nues…

Par vagues, les pompiers investissent les ruelles. Ils filent au-devant des flammes dans les champs déjà dévastés, profitant de l'accalmie provisoire pour déployer un gigantesque mur d'eau autour des premières maisons. D'autres poussent encore plus loin vers la forêt pour prendre le monstre à revers. On les voit disparaître dans la fumée.

Encore des camions, encore des pompiers… Une marée de chair, de fer et d'eau. On entend gueuler, on voit cette fourmilière grouiller… Le vent s'est remis à souffler, le village est maintenant englouti sous la fumée, les casques et les bottes.

Dans les champs qui entourent les maisons, la créature a reculé, blessée par le déluge qui la submerge, mais ce n'est qu'une ruse. Ragaillardie par le souffle du ciel, elle saute par-dessus les arbres, enjambe les fourrés et dans un suprême défi, s'abat plus loin sur la friche, là où personne ne l'attendait. Le bois éclate sous la chaleur, les herbes s'embrasent… Un fleuve de feu court maintenant vers le village sans que rien ne semble pouvoir l'arrêter.

Empêtrés dans la chaleur et la fumée, pris de vitesse, les hommes reculent. Ils abandonnent la forêt en flammes pour couper la route à la marée brûlante qui galope vers les premières baraques.

Dans les ruelles, c'est la panique! Le monstre a piégé ses poursuivants. Plus rapide, plus vif, il bondit de droite et de gauche, s'arrête, fait demi-tour. Parfois il observe, immobile, jauge les hommes qui le traquent. Il s'enfle, il miaule, il rugit…

Il joue. Son souffle brûle l'atmosphère.

Les habitants regardent les flammes avancer. Inexorable, poussée par le vent, la légende déferle sur Montcastel. Le peintre ne dira jamais au maire tout ce qu'il sait sur le gosse.

*

La riposte s'organise… D'énormes camions viennent former comme une enceinte autour du village. Collée aux maisons, on dirait une muraille métallique crachant l'eau de mille gueules béantes. Loin devant ses poursuivants, le démon incandescent continue sa course dans les fourrés. Ses immenses pattes s'élèvent par-dessus la route, essaient de franchir cette barrière dérisoire dans un mugissement terrible.

A l'abri entre deux maisons, le peintre observe ce combat inégal. Il sait que chacun des gestes du monstre ne doit rien au hasard et qu'il fera tout pour détruire le village...

Un fleuve humain coule sans répit dans Montcastel, toujours plus gros, une marée de gendarmes, de soldats... Et tous ces gens venus du voisinage! Débauche de mains maladroites, ridicule solidarité humaine.

En bas du village, la créature a franchi la route. Ses langues de feu hautes comme des églises ont sucé les buissons d'épines noires, le versant s'est embrasé. Dans sa folle conquête, elle a déjà mangé les restes des vieilles ruines mortes depuis longtemps. Le premier cercle de protection que constituaient les anciens quartiers de Montcastel vient de tomber. L'animal caresse les poutres brisées, court sur les murs éventrés et danse sous le nez des hommes.

Désormais, il ne s'agit plus d'un quelconque incendie mais d'un combat entre la vie et la mort. Les habitants attendent...

Les flammes redoublent de violence. Poussées toujours plus loin par le vent qui tourbillonne, elles s'enflent pour bondir au-delà du mur d'eau et de chair qui se dresse devant elle. Sur la place, l'inquiétude monte, le maire a battu le rappel. Surgis de partout, les gens rappliquent, quelques femmes crient, les vieux traînent leur carcasse...

La peur s'inscrit sur chaque visage.

Le maire parle, autour de lui une poignée de gendarmes attendent, immobiles. Sa voix monte dans le tumulte et la fumée. Il appelle au calme, tente d'apaiser mais ses mots dérisoires se perdent dans le vent brûlant. Et lorsqu'il annonce qu'il faut évacuer le village, c'est la panique. Les cris redoublent, les hommes s'insurgent... Sales, égratignés, brûlés, ils reviennent du combat, fourbus. Ils savent maintenant qu'ils sont inutiles, que seule la chance peut sauver leur village, mais ils refusent de baisser les bras.

Le cordon des gendarmes se resserre autour des habitants.

C'est un gros homme en uniforme à barrettes qui ramène le calme. Sa bedaine déborde de sa veste, il sue. Ses paluches énormes confisquent le haut-parleur. Rouge, gonflé comme un coq, il hurle. Sa voix tombe, une voix plus dure qu'un coup de pied au cul… Le colonel des gendarmes n'a pas d'état d'âme ni de temps à perdre, il ordonne à ses hommes d'encadrer la manœuvre. Un troupeau de casquettes pousse déjà les gens vers les maisons. En quelques instants, la place se vide, on voit des mères qui tirent leurs gosses, des hommes qui courent.

Le maire reste là, seul dans la fumée. Des braises pleuvent du ciel…

Un silence lourd enveloppe tous ces gens qui marchent sans comprendre. Leur maison, leur biens… Ils abandonnent tout. En quelques heures, leur monde s'est écroulé. Autour du cortège, le vacarme des lances et des pompes, les cris des hommes, les ordres qui cinglent ne sont plus qu'un décor muet. Même les flammes qui bourdonnent aux portes du village ne font plus aucun bruit. Un silence de mort les emmure dans leur désespoir.

L'Etienne se tient toujours immobile sur son perchoir. Il n'a rien entendu, il ne sait rien du drame qui se joue dans les ruelles. Blotti entre les maisons, dans une espèce de couloir qui le protège de la fumée, il observe. Il a tout oublié, les gens, le village qui s'agite, sa maison à l'écart sur l'autre versant, bien protégée sur sa butte… Même lui n'existe plus, il vit tout entier l'instant magique qui s'offre à lui.

Et tout à coup, une pensée lui traverse l'esprit, une pensée horrible.

Le gosse et le Toinet sont quelque part dans cette fournaise!

Ils sont là, c'est sûr et cet immense brasier n'est rien d'autre que leur œuvre.

C'est une scène terrible, une vision hallucinante.

Le feu redouble d'assauts, son étreinte de mort se resserre sur le village.

Les habitants se précipitent dans leurs baraques sous une pluie de cendres et de braises, une fumée noire et chaude court dans les ruelles. Ils avancent, mais sans savoir ce qu'ils font, poussés par des grappes de gendarmes. Ils passent d'un meuble à l'autre, montent dans les chambres, vident en hâte les armoires, sortent de petites mallettes ou des sacoches, secrets jalousement gardés… Ils ont les yeux vides, ils ne comprennent pas ce qui se passe. Les gendarmes fouillent, portent, tirent. Partout des vêtements tombent, des papiers s'éparpillent, des chaises et des meubles se renversent. Ultimes vestiges d'un village à l'agonie.

On entasse tout dans des voitures, dans des camions… Femmes, gosses, vieillards… Et cette voix de colonel dans le haut-parleur qui n'en finit pas de gueuler! Maudite journée, maudit feu qui s'approche comme la mort et maudit village aussi, maudites gens qui s'enfuient dans la pagaille laissant derrière eux une vie inachevée…

En quelques minutes, Montcastel s'est vidé de son âme. Un flot de camions embarquent sur la route cahotante une poignée de familles en pleurs qui regardent leur univers disparaître dans un enfer qu'elles ne comprennent pas.

Sur la place, le tumulte redouble. Le maire n'a plus la force de fuir, il se sent tellement vide! Seul, il erre au milieu des lances et des camions dans un brouhaha qu'il n'entend même pas. Personne ne voit cet étrange fantôme dans l'atmosphère incandescente: il n'est plus qu'une ombre qui s'agite dans une nuit embrasée. Il regarde les maisons béantes, ramasse un jouet, rentre un vieux vélo. Une vie de labeur et d'ambition vient de s'effondrer sous les coups de gueule d'un colonel bedonnant.

Son village est en train de crever et il n'a pas su le protéger.

Il a envie de disparaître lui aussi.

Il pleure.

Autour de lui, l'agitation bat son plein. C'est fou cette vision de mort, comme si les lois du temps et de l'espace avaient tout à coup disparu!

Les pompiers et les soldats courent en hurlant, ils traversent les ruelles pour se porter sur un nouveau front. La chose poussée par le vent a volé par-dessus les arbres et embrasé les friches, derrière le village. Cette fois, le feu avance sur toute la largeur du vallon, Montcastel est pris au piège, presque entièrement cerné par ce démon de plus en plus vorace.

Mais le maire n'entend rien, il continue à errer, il longe les maisons, ferme les portes, ramasse ce qui traîne...

C'est comme si les craquements sinistres des pins ne parvenaient pas jusqu'à lui, comme si les braises tombées du ciel ne le brûlaient pas, comme si la fumée ne l'empêchait pas de respirer...

Soudain, une main agrippe son épaule, il ne réagit même pas, il se retourne sans hâte, les yeux vides. L'Etienne est là qui lui parle, mais ses mots ne lui parviennent pas. Le peintre le secoue. Deux pantins qui s'agitent dans une nuit infernale!

«Qu'est-ce qui se passe, bon Dieu, où sont les gens?»

Le maire hésite, on dirait qu'il sort d'un sommeil profond, il regarde autour de lui, semble chercher. Le peintre le secoue plus fort.

«Vous allez me répondre...

— Partis! Tous, ils sont partis! Le village est vide, il est mort. C'est la légende!»

Il rit... Oui, dans ce gigantesque brasier, le maire rigole. Il écarte les mains, comme pour montrer le spectacle de désolation qui s'étale autour de lui et il rit, un rire qui éclate comme les arbres dans le vallon, un rire fou qui n'en finit plus.

L'Etienne contemple ce bonhomme brisé par des événements qui le dépassent, englouti sous les remords et l'orgueil. Le maire rit de ce rire monotone et en même temps il pleure, il s'assoit par terre, se vautre dans la boue de cendres et d'eau qui recouvre le sol. Le peintre reste là, désemparé, il sait qu'il n'a pas la force de le soulever. Il voudrait trouver les mots pour le convaincre.

«Le vallon est en feu! Bon Dieu, on peut pas rester là! Tout va cramer, ici... Il faut venir avec moi. C'est fini, vous m'entendez, c'est fini... La forêt brûle et le village aussi. Il faut se sauver...»

Mais l'autre n'entend pas. A quatre pattes, il regarde les maisons qui l'entourent, ouvertes aux cendres, noires de fumée et chaque endroit où se pose son regard lui arrache un nouveau rire, de nouvelles larmes.

Le peintre cherche de l'aide, mais l'endroit est vide. Les hommes se sont tous précipités vers les flammes. Ils sont seuls dans ce décor d'horreur.

Alors, il rassemble son courage et attrape un bras, une jambe... Il tire de toutes ses pauvres forces, mais le corps couvert de boue ne bronche pas, collé au sol. Le maire a repris son délire.

«Il l'avait dit, la Mémoire! Et la Chouette, elle l'avait dit aussi! Vous méritez pas Montcastel... Ils avaient raison, la légende vit, elle balaie tout! C'est la vengeance des Templiers! Le village doit disparaître... Rayé d'un seul coup, éliminé! Et l'autre corbeau qui veut faire sa procession. Qu'il essaie de le balader son saint Maurice au milieu des débris, il aura l'air d'un con!»

Et le rire reprend de plus belle.

Le peintre s'épuise à bouger ce corps sous les braises qui, maintenant, tombent drues comme pluie en novembre. Une fumée à couper au couteau lui brûle les poumons, ses forces l'abandonnent, mais il ne laissera pas le bonhomme à quatre pattes au milieu des décombres...

Il supplie. En vain. Il hurle mais les mots s'enfuient dans le vent. Alors, à bout de forces, il s'agenouille et plante son regard dans les yeux vides qui le fixent.

«Suivez-moi, on va voir les Templiers! Ils sont là-bas, dans les champs... Venez, ils attendent!»

Quelque chose s'est réveillé, comme une petite lueur. Le rire cesse. Le gaillard ne sait plus, il essaie de parler, mais les mots meurent sur ses lèvres. De ses yeux écarquillés, il dévisage le peintre, là devant lui. Puis il se relève d'un bond, hésite sur la route à suivre, tente de se repérer dans les tourbillons de fumée.

L'Etienne a réussi, le maire est debout. Maintenant, il leur reste à se frayer un passage pour quitter le village. Ils foncent, leur instinct les guide .

Ils contournent une baraque, puis d'autres, ravagées par la fumée et les cendres. Les voilà dans la grande rue. Derrière eux, la place n'est plus qu'un capharnaüm lugubre où s'entassent camions et machines dans un tintamarre d'enfer. Les pompiers arrosent toutes les maisons, au corps-à-corps avec le feu. Dans le ciel devenu noir, on distingue les flammes qui balancent leur auréole incandescente au-dessus des bâtisses, mais les deux gaillards ne voient rien, ils avancent. Ils se faufilent sans que personne ne les remarque…

Le maire se tait, il court après la légende. L'Etienne suit, sa jambe traîne. Parfois, il est obligé de s'arrêter, mais repart aussitôt à la poursuite du bonhomme guidé par sa folie.

Ils ont réussi à quitter le village par le quartier du haut, le seul encore épargné par les flammes. Ils ont couru et couru encore, maintenant ils sont à l'abri du brasier, les dernières maisons tremblent encore dans la fumée et la chaleur. Avec ce qu'il leur reste de forces, ils grimpent vers les hauteurs, ils butent sur les pierres, s'accrochent aux buissons… Enfin, ils arrivent, épuisés. Là, ils se laissent tomber. A leurs pieds, le vallon n'est plus qu'une immense torche!

Le monstre est devenu gigantesque, sa panse est pleine de tout ce qu'il a avalé et, plus il dévore, plus son appétit grossit. Maintenant, il combat sur deux fronts. Par delà les champs qui entourent le village, la forêt n'est plus qu'un brasier immense, large comme un fleuve, haut comme une cathédrale qui crache vers le ciel un chapelet de fumée noire. Une armée de nains tente de l'assiéger… Entre la forêt et le village, quelques fumerolles montent encore des prés noirs, dévastés. Ici, plus rien ne brûle parce que tout a déjà brûlé... Mais c'est sur le village que les flammes s'acharnent. Elles dansent autour des maisons, s'élèvent dans le ciel, plongent pour manger ce qui peut l'être encore: un toit, une remise... Pourtant, Montcastel tient bon! Jamais le village n'a semblé aussi soudé, monolithe immobile.

Le quartier du bas a déjà succombé, la créature tente à présent de remonter jusqu'au cœur du bourg. Bloquée par un mur d'eau, elle a couru sur les côtés et ronge maintenant les maisons les plus isolées, ses assaillants battent en retraite. Brinquebalées par le vent capricieux, les flammes volent d'un coin à l'autre, n'en finissent pas d'embraser des buissons, d'engloutir des bouts de prés ou même d'anéantir des poignées d'arbres...

Un tourbillon vertigineux.

Longtemps, les deux hommes observent le combat. La plupart des maisons qui formaient la ceinture extérieure du village ont été touchées, mais le feu ne parvient pas à pénétrer le village, alors les flammes se jettent sur la friche dans une immense manœuvre d'encerclement. Par centaines, les hommes luttent dans un combat perdu d'avance.

Sur sa butte, le peintre suit du regard cette puissance vivante qui ruse et se joue de ses ennemis. Le feu est une force claire douée d'esprit, il en a désormais la certitude...

Et son esprit se perd dans la beauté du spectacle. Jamais de sa vie, il n'a vu pareille féerie...

Assis à ses côtés, le maire scrute de ses yeux de fou ce qui reste de son village, il balbutie, il pleure. Et, soudain, il pointe son bras quelque part dans la fumée qui couvre le vallon, là à leurs pieds. Il montre un endroit précis, il s'agite.

«Ils sont là! C'est eux, c'est les Templiers! Ils viennent voir. Regardez, ils descendent! Vous voyez bien, la légende, la légende...»

L'Etienne se tourne, il observe le point que lui montre le bonhomme, les herbes, les pins... Il ne voit rien qu'une épaisse fumée noire, puis au bout d'un moment, il distingue deux formes vagues qui dansent dans la chaleur. Elles se tiennent tout près des flammes, sur le même versant qu'eux, mais bien plus bas, à une centaine de mètres des premières maisons. Elles avancent lentement d'un buisson à l'autre.

Le peintre n'arrive pas à voir, la fumée fait écran. Il s'efforce de suivre ces étranges silhouettes. A côté, le maire hurle. Il s'est agenouillé.

«C'est eux! Ils sont là. Ils sont revenus pour nous punir. Pauvres de nous! Qu'ils aient pitié de nous, qu'ils nous pardonnent!»

L'Etienne n'en peut plus d'entendre ces niaiseries. Il sent la colère qui monte, mais les formes se mettent à bouger. Cette fois, elles avancent à découvert entre les buissons, la fumée s'est un peu estompée. Ce ne sont pas des pompiers, ce ne sont pas des gendarmes, ce sont... Le peintre n'en croit pas ses yeux!

Là-bas, à la lisière des flammes, deux personnages casqués, vêtus de blanc, s'avancent doucement, ils portent une épée au côté et une grande croix rouge sur leur tunique. Impossible de se tromper, ce sont bien deux Templiers qui parcourent les bois, tapis derrière les flammes.

L'Etienne se tient la tête. L'autre cinglé danse à côté de lui.

C'est sûr, le peintre est en train de sombrer lui aussi dans la folie.

*

Le vent a repris de plus belle, la fumée voltige dans l'air, le vallon s'est couvert d'un voile noir.

Impossible de distinguer quoi que ce soit. C'est comme si l'apparition s'était tout à coup évanouie, ne laissant derrière elle qu'un souvenir improbable. Perchés sur leur butte, les deux hommes attendent, sans un mot.

Ils voudraient tellement être sûrs de ne pas se tromper...

Le temps passe, un temps sans temps, fantasque, joueur.

Et, durant ces minutes interminables, le peintre revoit les deux silhouettes, brillantes sous l'éclat du feu, sorties d'un autre âge. Il n'a pas rêvé, il les a bien vues avec des épées et des casques, filant derrière les flammes. C'était bien des Templiers!

Sa tête sonne, il est épuisé, il a mal dans tout son corps. Il ne sait plus. Après tout, peut-être est-il sous le choc de l'incendie? La folie qui a enseveli le maire est en train de l'emporter, lui aussi...

Il attend.

Le nuage de fumée se fait plus ténu, une partie du vallon s'éclaircit.

Le champ où couraient tout à l'heure les deux ombres apparaît, le feu a dévoré toute la partie basse des friches, mais il n'y a plus personne!

Plus rien! Que les flammes qui avancent doucement vers la lisière du bois... Que la fumée qui tourbillonne... Les Templiers ont disparu.

Et le vent redouble de fureur, il crie dans les sapins. Son mugissement se mêle aux crépitements des flammes dans le vallon, au brouhaha des hommes et des machines.

Bientôt, tout le versant devient clair comme le cristal, les bourrasques ont tourné, elles rabattent la fumée sur le village. Le vent hésite.

Les deux hommes s'usent les yeux à regarder et soudain le maire se remet à trépigner, à pointer son doigt plus loin dans le vallon, là où le versant est couvert d'épines noires, de buis et d'herbes fauves. Les deux personnages se tiennent immobiles, ils observent le feu qui revient à la charge, qui s'élance de plus belle contre les maisons...

Ils semblent si près! On distingue tout leur attirail qui brille sous le ciel dégagé tout à coup. Deux Templiers tout droit sortis d'un livre. Ils ont le dos tourné.

Et l'Etienne lâche un cri... Pas un cri, un râle! Il porte ses deux mains à sa tête, comme pour ne plus voir, comme pour refuser l'évidence qui vient de lui tomber dessus, à l'instant. Lui aussi trépigne. Lui aussi bredouille des mots incompréhensibles.

Ces deux visions qui hantent les sous-bois et courent autour du feu ne sont autres que le gosse et le Toinet...

Dans la tête du peintre, les idées les plus folles se téléscopent et, surtout, les pires interrogations...

Mais l'Etienne n'aura pas la réponse; le vent a changé d'avis une fois de plus. Fantasque, il écarte maintenant les flammes du village et les repousse contre le versant. De gigantesques torches montent dans le ciel et s'abattent sur les champs qui s'embrasent en criant, à deux pas des deux silhouettes prises au dépourvu. Les bourrasques se succèdent, des langues de feu, toujours plus hautes, toujours plus agiles, passent par-dessus les buissons et plongent sur les arbres, à l'orée du bois. Les branches craquent, les pins et les genévriers s'embrasent... Une nouvelle fois, le monstre a dupé les hommes. Il vient de s'offrir une nouvelle facétie, mais cette fois deux Templiers sont pris au piège!

Comme un voleur, le feu court le long des arbres. Pour l'instant, il avale les haies de bois sec qui marquent la limite de la forêt. Au-delà, c'est la montagne qui commence, un monde infini, royaume de la pierre et des arbres. Si la créature prend pied dans cet univers, plus rien ne pourra l'arrêter, mais dans un formidable défi, elle se contente de danser en riant...

L'Etienne aperçoit les deux silhouettes, elles courent, les flammes voltigent tout autour. Elles essaient de regagner les bois, mais une barrière de feu leur barre le passage. Bloquées dans les hauteurs, elles tentent de redescendre, mais les herbes ne sont plus qu'un énorme brasier qui avance en rampant, alors elles longent le versant, poursuivies par la chose qui les enveloppe déjà dans son manteau de fumée noire.

Le peintre suit la scène de son perchoir, il les voit, juste au-dessous, à quelques centaines de mètres. Il appelle, il voudrait leur dire de faire front et de traverser carrément les flammes, là où elles sont le moins féroces, mais personne n'entend ses cris. Les deux formes s'agitent, elles perdent du terrain.

La gueule béante du feu va se refermer sur eux!

Le maire suit la bataille, lui aussi. Parfois, il laisse échapper quelques mots. Il dit qu'il sait, que la légende s'accomplit.

Il a complètement perdu la boule...

Et la fumée recouvre une nouvelle fois le versant, on ne distingue plus rien que des flammes qui jaillissent de partout. Où que se pose le regard, le feu ravage tout.

L'Etienne crie encore, mais il sait que les mots sont inutiles et tandis qu'il appelle, sa vie, toute sa vie se déroule en un instant devant lui, avec la force et la vitesse de l'éclair... Tout ce qu'il a rêvé de faire, tout ce qu'il a raté, ses lâchetés, ses reniements, ses succès aussi! Une grande vie qui s'inscrit en lettres brûlantes et qui l'appelle.

Il reste un instant immobile, puis se précipite dans la côte...

Il vient de choisir.

Il dévale la pente, il glisse, se récupère, repart... Ce n'est pas lui qui file en courant vers son destin, c'est une force montée du plus profond de la terre qui le porte. Sa jambe n'existe plus, son corps n'existe plus. Lui-même se fond dans un tourbillon.

Il dégringole encore et encore!

L'Etienne a roulé jusqu'en bas. Déjà la fumée tourbillonne autour de lui, pique ses yeux, brûle sa gorge. Il ne distingue rien, une horrible odeur de mort se répand. Il continue.

Il avance, tête baissée, la main sur les yeux, la chemise remontée sur la bouche. Il essaie de respirer. Il se dirige tout droit sur le brasier.

Il sait qu'ils sont tout près.

La chaleur devient suffoquante. Il distingue la gueule rouge du fauve à quelques pas. Il voit le corps chaud et fin des flammes s'agiter dans le noir. Elles l'appellent de leurs baisers torrides. Dans un immense effort, il crie, il appelle. Le hurlement du désespoir...

Il trébuche, se relève lentement, épuisé par l'air empoisonné... Encore un peu de courage, encore un peu de volonté... Il faut qu'il les trouve, qu'il les rejoigne pour d'ultimes retrouvailles.

Trop longtemps, il a refusé de comprendre. Toute sa vie ne prend son sens que dans cet instant d'offrande.

Les flammes dansent, toujours plus hautes, toujours plus chaudes, elles lui chuchotent mille choses à l'oreille. Il rassemble ses forces pour crier encore et soudain, il entend sa voix, toute proche... Le gosse lui répond! Il ne comprend pas les mots étouffés par le grondement du brasier, mais il sait... Il sait qu'il a réussi, que dans un instant il pourra les serrer contre lui. Il entend aussi d'autres voix et d'autres bruits, peut-être des appels de pompiers, mais tellement lointains...

De toute façon, il est trop tard.

L'Etienne traverse le rideau de feu et disparaît. On entend de grands cris qui s'élèvent dans la fumée et les flammes, mais ce ne sont pas des cris de douleur... Ce sont des cris de joie, des cris d'amour.

Là haut, sur sa butte, un bonhomme s'agite et danse. Il rit, il chante. Un homme qui fut le maire d'un village englouti dans les flammes. Un homme qui n'est plus qu'un pantin que la raison a fui.

*

Le versant ondule, mer de feu et de fumée. La chose poursuit sa course folle à travers les herbes et les arbustes, rapide comme un fauve en colère. Elle continue son horrible festin. Rien ni personne ne se dresse plus sur son passage, les hommes ont abandonné le vallon pour défendre le village...

Sur son promontoire, le maire débite ses fadaises. Il agite les bras, son corps se tortille dans d'étranges convulsions. Il psalmodie. On ne sait pas ce qu'il dit, louanges ou lamentations... Comment savoir ce qui se passe dans la tête d'un fou... C'est à peine s'il a vu le peintre dégringoler la côte et disparaître dans le brasier. Il est là, sémaphore perdu dans un océan de feu.

Il ne voit pas les flammes qui grimpent jusqu'à lui.

Mais en bas, dans le vallon, sa silhouette désarticulée n'est pas passée inaperçue et une dizaine d'hommes se sont lancés dans les flammes pour le récupérer. Etrange procession qui gravit pas à pas la butte, qui noie tout sur son passage, qui tranche les buissons en feu.

Très vite, les pompiers traversent les flammes. Maintenant, ils sont à découvert et courent jusqu'au sommet. Le bonhomme les observe, plus ils approchent et plus il s'excite, il hurle des mots insensés qui résonnent dans tout le vallon.

C'est une scène incroyable! Quand les pompiers atteignent son perchoir, il se débat, il frappe et puis se jette dans la pente... Comme l'Etienne! Oui, comme le peintre, il débaroule la côte en gueulant pour se jeter dans les flammes... Les autres se lancent à sa poursuite, ils le rattrapent et le ceinturent. La mer brûlante est là qui attend...

On les voit qui se bagarrent, qui tombent et roulent... Et puis, les hommes remontent leur fardeau jusqu'à la butte et disparaissent dans les bois en contournant le feu. La fumée les engloutit.

Le maire est tiré d'affaire, mais il ne reste rien de l'édile fringant et arrogant. Le bonhomme n'est plus qu'une ombre murée dans sa démence. Les habits en lambeaux, le visage tuméfié par les coups, il répète sans cesse une histoire à dormir debout.

*

A la ferme des Six Fesses abandonnée depuis longtemps par les trois vieilles filles qui vivaient là, la grange sert de quartier général. Dans la paille, au milieu des chars à foin oubliés, sous une charpente vermoulue, pompiers et gendarmes ont investi les lieux. La baraque, blottie dans le ventre rond d'une colline, domine le vallon, bien à l'écart des flammes, tour de guet inaccessible.

Assis sur sa chaise, sans même lever les yeux, sans accorder le moindre intérêt aux regards qui se posent sur lui, le maire ressasse depuis des heures ses inepties.

Les mêmes phrases se succèdent, les mêmes mots. Il ne bouge pas, il n'entend rien. Il n'a même pas reconnu les gens de Montcastel parqués là comme un troupeau en attendant que le feu s'apaise...

Il parle de Templiers venus contempler l'incendie. Il dit qu'il les a vus, tout habillés de blanc, avec leur casque et leur épée, avec leur cape qui flottait dans le vent brûlant. Il dit qu'ils descendaient de la montagne et commandaient aux flammes, qu'ils étaient deux...

Oui, il les a vus depuis le haut de la butte et même qu'il n'était pas seul... L'autre aussi a vu, le peintre... C'est le peintre qui l'a sorti du village, qui l'a amené sur les hauteurs! Il savait, lui... Et quand il les a vus au milieu des flammes, il a dévalé la colline pour les rejoindre. Oui, il s'est précipité dans le feu! La légende est consommée, le village est lavé de ses fautes, maintenant il pourra revivre...

Voilà ce que raconte le maire!

Le bonhomme rit. Comme il paraît heureux! Il rit et il pleure mais on ne saura jamais sur quoi. A peine achevée, il recommence sa litanie, au mot près, comme s'il récitait tout par cœur.

Les gens le regardent, à la fois fascinés par le spectacle de la démence et terrifiés par sa force de destruction. Leur maire n'est plus qu'un pantin de chiffon sur une chaise bancale. Ce jour d'été est maudit entre tous!

Mais la folie n'est qu'une coquille qui cache la vérité. Ils savent bien, dans leur silence, que le gaillard a la lucidité des fous.

Ils savent que la forêt n'a pas pu s'enflammer toute seule, que le feu n'a pas pu se répandre si vite, si facilement... Le vent n'explique pas tout! Et s'ils n'ont pas vu de Templiers, ils sont quand même quelques-uns à avoir aperçu comme des formes qui s'agitaient autour des brasiers... Des formes vaguement humaines qui disparaissaient dans la fumée. Des formes qui pourraient bien être celle d'un gosse et d'un idiot!

Ils savent, mais ils ne diront rien. Parce que c'est leur village. Parce que c'est leur légende.

Les pompiers aussi savent. Lorsqu'ils sont allés récupérer le maire, ils ont vu d'étranges silhouettes prises dans les flammes, ils les ont entendues crier, ils ont vu un autre larron disparaître dans la fournaise... Une histoire de dingues!

Ils étaient trop loin, les flammes étaient trop hautes, ils ont appelé mais personne n'a répondu. Ils ont abandonné.

Plus tard, lorsqu'ils ont vaincu le feu sur le versant, ils ont ratissé les champs moribonds. Ils n'ont rien retrouvé, pas l'ombre d'un corps... Les flammes avaient tout anéanti, il ne restait plus que des cendres.

Mais que sont des cendres au milieu d'autres cendres?

*

L'aube étire ses lueurs mauves par-dessus les montagnes. Dans le jour qui se lève lentement, de grandes colonnes noires grimpent encore dans le ciel, la promesse de cette journée d'été est déjà ternie par de vastes rayures sombres qui ne veulent pas mourir.

Le feu a disparu, mais ses énormes chiens noirs vagabondent dans le matin naissant, comme pour rappeler aux hommes que la créature n'a pas été vaincue.

Elle s'est retirée, c'est tout.

Après avoir joué des heures durant, après avoir semé la mort et la terreur, elle s'est lassée, tout simplement. Dans la nuit, elle a fui avec le vent...

Harassés, anéantis, les habitants de Montcastel l'ont regardée faiblir, puis disparaître comme on contemple la fin d'un cauchemar, sans savoir s'il ne va pas renaître. Ils ont scruté l'horizon toute la nuit et, maintenant qu'un jour nouveau s'approche, ils forment un long cortège qui s'ébranle en silence.

Ils retournent chez eux, escortés par les pompiers, encadrés par les gendarmes.

Les gosses se sont écroulés dans les bras de leur mère, les hommes ont vieilli, ils porteront à jamais la trace de cette journée terrible.

Ils ont tellement peur de retrouver les ruines de leur vie...

Mais quand ils arriveront, tout à l'heure, ils ne reconnaîtront rien. Ils pénétreront un monde étranger, calciné et puant.

Ils l'ignorent encore, mais le feu a transformé le vallon, c'est comme si tout à coup l'espace s'était élargi, comme si la montagne avait reculé.

Au-delà des champs, la forêt qui faisait face au village, n'est plus qu'un moignon noir où de hauts troncs épars dressent encore leurs squelettes hideux. Toutes les haies, tous les sous-bois ont disparu. Il ne reste rien, qu'un tapis de cendres chaudes... Les champs maigres ont été ravagés jusqu'aux portes des maisons... Sur le versant où s'étaient réfugiés le maire et l'Etienne, la friche n'existe plus, la terre noire est à vif, écorchée. Au-dessus, les flammes ont anéanti toute la lisière du bois et creusé de profondes entailles dans la pinède, dévorant tous les arbres tendres...

Partout une vision de mort ponctuée de fumerolles nauséabondes.

Et dans ce vallon désormais stérile, le village n'est plus qu'un monceau de pierres noires. Les maisons du quartier du bas n'ont pas résisté aux assauts des flammes. Les toits béants laissent apparaître quelques poutres rongées, les fenêtres éventrées sont autant de gouffres sans fond. Plus une seule trace de vie, de cette vie qui jaillissait hier encore en un chapelet de cris et de rires d'enfants...

De ce quartier, rien ne sera sauvé.

Mais le feu, malgré sa hargne, n'a pu atteindre le cœur du village, le courage des hommes l'a fait reculer... A moins que ce ne soit la chance! Les flammes ont dû se contenter des baraques qui l'entouraient. Leurs coups de boutoir ont ravagé les maisons les plus isolées. Les ruines fument encore.

Plus de la moitié du village a succombé. De cet immense champ de bataille, seule la partie haute a été épargnée, une poignée de maisons intactes, à peine noircies par la fumée rabattue par le vent. Partout ailleurs, le feu a léché les murs ou les toits et, quand il n'a pas pu les atteindre, c'est l'eau déversée par les hommes qui a tout ravagé...

Dans ce désert calciné, la chapelle émerge encore de tout l'éclat de son toit en lauzes. Perchée sur sa butte, elle semble contempler le malheur des hommes. Les flammes ne l'ont pas approchée!

Paysage de cendres et de désolation... Paysage de puanteur noire, mais aussi paysage neuf où il fait tout à coup plus clair... Une sorte de clarté venue d'on ne sait où, peut-être de ce tas de ruines, de cette terre brûlée qui se met soudain à respirer.

Le bois a disparu, la friche est anéantie... Ce carcan qui étouffait les hommes n'est plus. Ici, tout est nettoyé, comment dire... Presque propre.

Sensation folle qu'un souffle nouveau passe sur le vallon, le souffle d'une vie qui reste à inventer.

Chapitre 9

Même la chapelle pue! Cette saleté d'odeur qui empeste le vallon a fini par s'emparer de la butte, une odeur de charogne qui se fait chaque jour plus insoutenable sous le soleil qui ne veut pas s'arrêter de cogner.

Sous les voûtes de pierres grises, l'air sent mauvais et la chaleur est étouffante.

Ils attendent, blottis les uns contre les autres. Ils sont tous là, tous! Le village entier, il ne manque personne... Ils font corps contre le destin, contre le sort qui s'acharne sur eux et contre ces gens venus de partout regarder à quoi ressemble le malheur... Depuis que le village a brûlé, ils n'ont pu trouver la paix, toujours questionnés, toujours harcelés par des journalistes ou des poseurs de questions.

On vient désormais à Montcastel comme on va en pèlerinage.

Ils sont épuisés.

Ils sont là, mais la plupart sont déjà absents...

A quoi bon vivre dans ce qui est mort... Le village est mort, les forêts sont mortes, leur bonheur est parti en fumée et tous les discours ne changeront rien. Même la légende est morte. Elle a emporté avec elle l'Etienne, le gosse et le Toinet. Elle a raflé aussi la pauvre vie de la Chouette, prise dans sa cabane et la raison du maire, égarée quelque part dans le vallon.

Maudit incendie! Il a tout anéanti... Bien plus que des arbres et bien plus que des pierres! Il a tué l'envie de vivre, le bonheur de marcher dans les herbes, de sentir l'odeur des pins ou des genévriers.

Il a surtout insinué le doute, cette idée insupportable que le gosse et le Toinet ont peut-être allumé eux-mêmes le feu, prisonniers de leur chimère et qu'ils en ont payé le prix.

Dans la chapelle, ils ont tous cette pensée en tête en fixant le cercueil et les gerbes de fleurs, mais ils gardent le silence, ils le garderont toujours. Ce tourment est le leur, c'est le prix à payer pour trop de lâchetés, trop de faiblesses.

Sous les voûtes, en cet instant de recueillement, ils ont tous le sentiment d'avoir allumé le feu qui les consume.

Le curé se tait, il ne trouve pas ses mots. Il voudrait leur dire de belles choses sur la vie, sur la mort, mais la mort n'a rien à faire des mots. La mort se vit de l'intérieur, elle déchire les poitrines, enflamme les têtes, elle rend chaque respiration plus douloureuse.

Il a mal. Il n'a pas la force de porter tout ce malheur.

Il pleure.

Ce n'est pas un sermon qu'il dit, ce sont de simples larmes qu'il dépose sur l'autel. Il tient sa tête entre ses mains, épuisé, soudain incapable de bouger. Dans la chapelle, d'autres larmes lui répondent, silencieuses et ces larmes qui martèlent les dalles vont laver Montcastel de sa crasse, elles vont recouvrir la terre morte et la féconder. En cet instant, chacun le sait au plus profond de lui.

L'impossible pardon se fait dans le silence, autour d'un cercueil.

La voix du prêtre s'élève et vient remplir l'espace, lourde et presque parfumée. Il ne regarde pas les gens, ses yeux planent entre les colonnes.

«Il pourrait y avoir quatre cercueils devant nous et ce serait presque normal parce qu'aujourd'hui, il manque quatre personnes à Montcastel! Et pourtant, nous n'accompagnons qu'une pauvre vieille que les flammes ont prise au piège de leur fureur... Elle, elle est là, dans sa boîte en sapin, mais les autres... Où sont-ils?

Où est le Toinet? Où est le gosse qui le suivait partout? Où est l'Etienne? Personne ne le sait, ils ont disparu, mais les disparus ne sont pas des morts! Ils sont absents, c'est tout! Alors aujourd'hui, c'est davantage à une communion que je vous convie, une communion avec ceux qui ne seront plus jamais là, mais qui resteront toujours présents en nous, comme un souvenir... Comme une légende!»

Les têtes se redressent, les regards se collent sur ce visage carré, absent.

«Aujourd'hui j'ai compris la légende et vous tous ici, vous l'avez comprise aussi. Il aura fallu la mort et la destruction pour que, tous, nous comprenions. Les larmes que vous versez maintenant enterrent le passé, définitivement... Et à ceux qui hésitent, à ceux qui ont peur et qui doutent, je voudrais dire que la légende de Montcastel existe! Elle nous dit à tous d'oublier, de pardonner les erreurs d'hier, les différences... Elle nous dit d'espérer, d'accrocher nos ongles à cette terre, de la faire ressusciter. Elle nous dit de rebâtir un village, de replanter des arbres, de tout recommencer... Je sais que beaucoup d'entre vous renonceront, qu'ils quitteront à jamais ces montagnes et qu'ils garderont au fond d'eux une plaie ouverte. A ceux-là, je voudrais dire que leur place est ici et que l'on ne gagne pas la paix dans la fuite...»

Un silence épais s'est abattu sur l'assistance, on entend quelques pleurs.

«Les enfants sont là aujourd'hui... Presque tous les enfants! Ils seront l'avenir du village. C'est pour eux et ceux qui viendront derrière que vous devez rester, pour que ce vallon devienne un havre de paix et ceux qui sont absents aujourd'hui, restés dans les flammes et entrés vivants dans la légende, ceux-là ne doivent pas rougir de nous! Ils nous disent que le temps du Salut est venu et que Montcastel vivra si des femmes et des hommes acceptent de tout reconstruire dans la paix et l'amour. Voilà le sens de la légende. Voilà son message.»

Il se tait, son regard redescend lentement se poser sur les

visages qui le fixent. Il essuie les larmes qui remplissent ses yeux, il sourit.

«Les larmes, le souvenir… C'est une belle façon de dire qu'on aime.»

Il ne dira rien d'autre. Le curé de Montcastel n'est pas bavard, mais quand la petite communauté accompagnera le cercueil jusqu'au cimetière, tout à l'heure, chacun aura en lui l'écho d'une voix chaude, presque parfumée qui parlera d'amour et de Rédemption et tous se sentiront plus légers…

*

Le bistrot de la Marie-Jeanne fait grise mine. Sa façade triste et noire porte encore les traces douloureuses de son combat avec le feu. Les vitres ont éclaté sous la chaleur, les portes et les fenêtres ont plié sous les trombes d'eau. La vieille bâtisse a encaissé les coups, elle n'a pas cédé, elle dresse toujours sa carcasse en plein cœur du village. Les flammes n'ont pas pu abattre ses murs épais.

Elle a eu de la chance, la Marie-Jeanne… Le feu a englouti en quelques minutes tout le pâté de maisons et puis le vent l'a porté ailleurs. C'est tout juste s'il a caressé les murs et le toit. La baraque pointe sa silhouette intacte dans un champ de ruines. C'est comme ça, la chance peut-être…

Depuis, la bonne femme s'est métamorphosée, elle croit en sa bonne étoile. Elle a collé des bouts de carton sur les vitres brisées, elle a pris son balai et son seau et elle a tout astiqué… Elle a frotté et frotté encore comme si elle voulait enlever jusqu'à la dernière poussière de cendre! En quelques jours, elle a transformé son estancot. Elle dit qu'elle s'est réveillée, que ça faisait trente ans qu'elle dormait et qu'elle sait maintenant ce qu'elle doit faire… Elle dit aussi que, pour elle, il n'y a pas eu d'incendie… Jamais!

C'est étrange comme les gens peuvent changer.

Et de la voir trimer seule pour réparer sa boutique, d'autres ont retrouvé courage et se sont mis au travail. Peut-être qu'elle est en train de bâtir le village de demain…

Ils arrivent, par paquets. Ils reviennent du cimetière, le pas lourd. Ils parlent à voix basse, les mots du curé sont encore gravés en eux. La masse des corps forme comme une immense vague qui ondule. Ils s'immobilisent devant la façade noire.

La Marie-Jeanne s'avance, elle ouvre grandes ses portes et tout ce flot se déverse dans sa cuisine. Les hommes, les femmes et même les gosses… Tous ils entrent! Ils savent bien qu'ils ne pourront jamais tenir là-dedans, même tassés, même les uns sur les autres, mais ils continuent à avancer comme un troupeau s'en va à l'écurie, comme s'ils venaient chercher dans ce lieu quelque chose qui n'existe pas ailleurs.

Bien plantée devant sa boutique, la patronne veille. Quand tout le village s'est engouffré, sa grosse patte barre le passage, la Marie-Jeanne refoule tous les intrus…

Ils sont des dizaines, stupéfaits, à grogner, à crier au scandale. Des maires rappliqués des communes voisines, des amis, des parents et tous ces badauds qui arpentent les ruelles du village dévasté. Les journalistes jouent des coudes pour essayer de passer…

Mais la gaillarde ne bouge pas d'un poil, tous ces braillards ne la font même pas sourciller. Elle se contente de croiser les bras sur sa poitrine difforme, son regard de mépris fait le reste.

«C'est une réunion de famille et vous êtes pas invités! Passez votre chemin, y'a rien qui vous intéresse ici…»

Personne n'insiste, la stature de la Marie-Jeanne a toujours eu des vertus dissuasives. Lentement, les gens se dispersent à travers le village, entrent dans les cours, posent devant les ruines… Une balade ordinaire dans le malheur humain.

La patronne rentre enfin dans le petit bistrot. On étouffe ici, mais on ne dit rien, on attend. Pour la première fois depuis des générations, tout le village se trouve rassemblé dans le même lieu et il aura fallu la mort pour sceller ces retrouvailles.

Sur les tables, des bouteilles fraîches attendent. La Marie-Jeanne lève la main pour demander le silence, elle est pâle tout à coup, ses grosses pommettes rouges ont disparu, les plis qui parcourent son visage se sont creusés. Elle est minuscule au milieu de cette foule.

«Il s'est passé des choses terribles dans notre village ces derniers jours, mais je vous remercie tous d'être là. Depuis que je tiens ce bistrot, j'ai jamais eu la chance de vous accueillir tous à la fois et c'est sûrement de ma faute. J'ai jamais aimé que les femmes mettent les pieds ici... Je peux vous dire que c'était une sacrée bêtise!»

Elle regarde autour d'elle, presque confuse de parler.

«Aujourd'hui, il manque du monde autour de la table, des gens qu'on reverra jamais plus. Il manque aussi le maire... Le village est orphelin, mais il faut qu'il soit uni. C'est l'envie et la bêtise qui nous ont montés les uns contre les autres et c'est l'orgueil qui nous a empêchés de réagir. C'est vrai, on n'a pas mérité Montcastel, on a laissé crever le village et il s'est vengé! Je sais pas si vous croyez à la légende et, d'ailleurs, je m'en fous, mais ce que je sais, c'est que cette histoire s'est réalisée comme elle était écrite... Maintenant, nous voilà face à nous-mêmes. C'est à nous de dire si on veut vivre ici ou partir, mais ceux qui choisiront de rester pourront plus vivre comme avant, sinon c'est pas la peine... Moi, j'ai choisi de rester!»

Elle se tait, on entend quelques échos du fond de la salle, le père de Barbouzin fait donner sa grosse voix d'adjoint.

«Je veux bien qu'on parle de recommencer, de tout rebâtir, mais il faudrait pas oublier qu'on est quelques-uns à avoir tout perdu. Moi, j'ai plus de maison et je veux savoir ce qui s'est passé! Oh, je sais bien ce que vous pensez... Vous vous dites que si le feu a pris comme ça, c'est pas par hasard, qu'il a bien fallu que quelqu'un l'allume... Et vous savez qui c'est, ce quelqu'un, mais vous avez pas le courage de le dire! Pourtant, quand on discute entre nous, vous parlez tous du gosse et de cet autre idiot, alors pourquoi pas tout déballer aujourd'hui? Vous savez bien que cette légende, c'est des conneries, mais ces conneries, elles ont fait quatre morts et un fou! Vous pouvez pas fermer les yeux...»

Il a parlé, le silence est revenu. C'est la voix de la Mère qui monte maintenant, calme, froide.

«Chacun de nous a perdu un peu de lui-même dans cet incendie, mais personne n'a le droit de condamner! Dans les cendres, il y a une vieille, un peintre, un gosse et un idiot... Et ça devrait suffire. On ne gagnera jamais rien à accuser, ça ne ramènera pas les gens et ça ne rebâtira pas le village. Personne ne sait ce qui est arrivé, la seule chose qui compte aujourd'hui, c'est de tirer un trait sur le passé et c'est pas avec de la rancœur qu'on y parviendra!»

Nouveau silence, mais la voix de l'adjoint roule encore.

«C'est trop facile! On sait ce qui s'est passé... Le maire a tout vu et il arrête pas de le répéter! Il a vu deux gaillards qui couraient autour des flammes et qui ça peut bien être ces deux gaillards sinon le gosse et le Toinet... Et pourquoi ils étaient là, hein? Et le peintre, il les a vus aussi et quand il les a reconnus, il a essayé de les rejoindre et c'est comme ça qu'ils se sont retrouvés coincés. Nom de Dieu, c'est comme ça que ça c'est passé et vous le savez tous et vous restez là sans rien dire, c'est pas croyable!»

Cette fois, c'est la Mémoire qui répond, quelque part au fond de la salle. Sa voix coupe comme la bise.

«Ce que le maire a vu, personne ne peut dire si c'est vrai ou si c'est des histoires... Il a perdu la tête, le pauvre et c'est médisance de lui faire accuser des gens qui ont disparu! Je sais que t'as perdu tes biens, mais t'es pas le seul et le malheur ne donne pas le droit d'accuser. T'as toujours rien compris et si tu persistes, tu seras un danger pour le village. Tu n'auras plus ta place...»

Le gaillard accuse le coup, il regarde autour de lui, sent qu'il perd la face. Il sait aussi que d'autres sont prêts à le soutenir, alors il lâche toute sa haine. Montcastel vacille entre hier et demain.

«Mais qui t'es, toi, pour causer comme ça... C'est toi, la Mémoire, qui as raconté cette légende! C'est toi qui as mis ces histoires à dormir debout dans les têtes! C'est toi qui as parlé de destruction, de Templiers, de village maudit et je ne sais quelles conneries... S'il y a un responsable dans toute cette catastrophe, c'est toi et toi seul!»

Le vieux ne bronche pas, il ferme les yeux. On entend un bourdonnement de voix.

La Marie-Jeanne tape de sa grosse main sur une table, les bouteilles dansent..

«Tais-toi, l'adjoint! Tu devrais avoir honte de ce que tu dis... La Mémoire a raison, ta place n'est plus parmi nous! T'as rien à faire dans le village qui va renaître...»

Mais le gaillard est monté sur une table.

«Qu'est-ce que vous voulez que j'en fasse de votre village... Vous êtes tous des cinglés! Vous croyez encore à la paix, à l'amour, mais vous êtes aveugles, bon Dieu... Vous voyez pas les maisons détruites, les forêts brûlées? Et vous voulez reconstruire un monde meilleur, mais il faudrait tous vous enfermer! J'en veux pas de votre village! J'ai plus rien qui me retient ici, moi, et je suis pas le seul. Je vais partir, parce que pour moi, vous êtes tous morts! Vous êtes morts parce que vous avez pas le courage de réagir comme des hommes. C'est des femmes et des vieillards qui vous disent ce que vous devez faire...»

Il est descendu de son perchoir. Il jette des regards de braise autour de lui. On voit des têtes qui opinent. A grands coups d'épaules, il se fraie un passage jusque vers la sortie.

Dans son sillage, une quinzaine de personnes s'en vont, silencieuses...

La porte a claqué. Dans la pièce bondée, les gens se regardent, comme soulagés, ils se taisent. La Marie-Jeanne ouvre les bouteilles et remplit les verres.

Le village de demain vient de naître dans la chaleur étouffante d'un vieux bistrot.

Les discussions reprennent, étrangement calmes. On parle des maisons à reconstruire, des champs à remettre en état. Les gamins courent entre les tables.

Dans son coin, la Mère se tait. Elle observe la Mémoire, assis sur une chaise. Il tremble, des larmes coulent au coin de ses yeux plissés. Il est plus vieux que jamais. De l'autre côté de la pièce, elle aperçoit Hélène qui tient la main de Barbouzin, le gosse n'a pas suivi son père. C'est vrai que c'est un homme maintenant...

Elle sourit d'un sourire las.

Elle songe à elle. Une grande aventure l'attend maintenant, pleine de parfums et de couleurs. Une grande et belle vie, loin de ces montagnes où elle a laissé tant de larmes.

Elle se demande si elle a encore envie.

*

Elle rôde dans la maison trop grande, le regard vide. Elle ne sait même pas ce qu'elle fait là, à attendre le soir qui n'en finit pas de tomber. Ses pas la trimballent d'une pièce à l'autre, au hasard. Elle se laisse porter sans comprendre. Tous les objets, tous les meubles qui ont jalonné sa vie durant tant d'années lui sont devenus étrangers. Elle erre dans une baraque muette.

La Mère est revenue dans la ferme épargnée par les flammes. Dans sa furie, l'incendie semble l'avoir oubliée, c'est à peine si les tuiles sont roussies, les murs sales... Une solide baraque presque jolie dans un écrin noir! Pourtant, avant même de franchir le seuil, elle savait que cette demeure n'était plus la sienne. Elle est revenue par instinct, comme on revient sur une tombe pour un dernier adieu.

Elle a tout briqué, comme ça... Sans savoir pourquoi! Elle

s'est acharnée à gommer jusqu'à la plus infime trace de sa présence. Tout est rutilant, pas la moindre trace de l'incendie, même l'odeur a disparu, noyée dans un nuage d'encens.

Dans le soir qui enflamme le vallon, elle regarde la maison sombrer dans l'obscurité. Elle attend cet instant depuis des heures, comme on attend la paix qui vient avec la nuit. Elle veut graver chaque détail dans sa mémoire. Tout ce qui vivait ici appartient désormais au passé et la Mère ne veut plus du passé.

Elle se retourne. Dans la cuisine, deux valises cabossées attendent près de la porte. C'est tout ce qu'elle emmènera avec elle. Le reste ne lui appartient plus.

Ses pas l'ont menée jusqu'à l'atelier. Depuis la mort du Père, elle n'a jamais remis les pieds dans cette pièce. Ici, c'est un monde d'homme. C'est dans le ronronnement des machines qu'il camouflait ses peines, qu'il rêvait à des choses qui lui étaient interdites. Elle pousse la porte, les gonds rouillés gémissent.

Les énormes sacs de jute gisent, éventrés, gavés de babioles. Les gouges trônent encore dans les copeaux et la sciure. Une douce odeur de bois sec vient lui faire tourner la tête. Ici, la vie s'est arrêtée, comme suspendue.

Elle s'accroche au vieux poêle, elle ne peut plus avancer, plus même bouger… Autour d'elle, tout se met à danser. Là, au milieu des tours, comme un coup de bâton, le parfum du passé lui est tombé dessus. La Mère est en train de revivre cette sensation de bonheur qui l'avait submergée lorsqu'elle avait pénétré ce lieu pour la première fois. Il y a si longtemps… Elle croyait toutes ces émotions mortes avec le temps et voilà qu'elles émergent, fortes comme au premier jour.

On ne bâillonne pas sa vie si facilement.

Elle s'affale sur les sacs, la tête entre les mains. De grosses larmes tombent dans la sciure, qui dessinent des arabesques sur la terre battue.

Elle sait bien, la Mère, qu'elle n'a rien compris à la vie de son homme… Cette certitude la gifle comme une bise d'hiver et c'est pour ça qu'elle pleure. Pour tous les rêves qu'elle l'a empêché de vivre, pour tous les espoirs qu'elle a découpés au rasoir de son amour.

Elle comprend ça d'un coup, en pénétrant ces quatre bouts de murs, en redécouvrant les morceaux de bois qu'il a façonnés... Comme elle a vécu loin de lui! Comme elle l'a muselé avec sa tendresse! Elle sait en cet instant toute la solitude des hommes à travers le monde qui n'ont pas la force de vivre leurs rêves et se laissent enchaîner par la chaleur des femmes...

Elle voudrait tant lui demander pardon!

Alors, elle lui parle... Entre ses mains ruisselantes, d'une toute petite voix, comme si elle avait peur qu'il entende. Elle lui dit qu'elle regrette, qu'elle n'a pas su l'aimer, le comprendre et partager ses rêves, que trop de fois elle a eu honte de lui, de ses faiblesses d'homme... Toutes ces choses que les femmes gardent enfouies et qui pourrissent lentement. Elle dit tout ça parce qu'aujourd'hui, elle sent monter au fond de son ventre ce même désir de liberté, cette envie de rivages inconnus et qu'elle va s'accorder ce qu'elle lui a toujours refusé.

Elle a honte.

De sa main elle fouille le sac, la toile rêche lui donne le frisson. Elle saisit un objet au hasard. C'est un petit sifflet de berger, un bibi comme on les appelle au pays, couvert de poussière. Elle le porte à ses lèvres et souffle... Un sifflement strident remplit l'atelier, immense, qui bouscule le silence. Elle le serre au creux de sa main.

Tous ses souvenirs tiendront désormais dans ce minuscule bout de bois qui la suivra partout, lisse et chaud comme la peau du Père.

Elle se lève. La nuit est tombée à présent. Elle allume un vieux falot en ferraille qui balance de grandes ombres sur les murs. Une dernière fois, elle caresse les outils, les morceaux de buis. Elle serre entre ses mains la blouse encore couverte de copeaux, respire la bonne odeur de bois et le parfum épicé de son homme, puis elle sort.

La Mère se sent en paix maintenant.

Elle continue. La grange et tout là-haut, perchée dans la charpente, la cabane du Toinet... Où peut-il bien être, le gaillard, en ce moment? Un idiot peut-il aller en paradis? Elle ne sait pas répondre à ces questions, mais sa grande carcasse lui manque, comme lui manquent son odeur et le bruit infernal de ses silences...

La Mère verrouille la grosse porte, elle accroche la clé rouillée au clou, sur le montant, comme l'a fait tant de fois le Père. Puis elle fait pivoter un énorme morceau de bois qui vient bloquer l'ensemble, comme si elle fermait la grange pour l'éternité...

Avec ce geste, elle scelle un pan de sa vie.

Elle revient dans la cuisine. Près de la cheminée, la chaise du Vieux attend les cris incongrus de l'ancêtre, mais rien ne vient que le bruit des pas qui martèlent les tommettes. Le Vieux ne meublera plus les silences de la grande maison, ses ricanements iront maintenant se cogner aux murs gris et hauts d'un hospice jusqu'à ce que la mort le prenne.

La Mère se laisse tomber sur une chaise, elle revoit tous ses hommes autour de la table, ils mangent la soupe chaude et épaisse, ils rient, ils sont heureux d'être là, ensemble, autour du feu. Elle entend le bruit des cuillères, les coups de langue du Toinet...

Elle a mal.

De toute cette vie qui jaillissait en un bouquet joyeux, il ne reste rien... Rien qu'une femme, vieille soudain, écrasée par le vide de l'absence.

Sa tête tombe sur ses bras, elle pleure.

Le temps passe.

La Mère a chaviré dans un désert noir où de vagues fantômes viennent la harceler. Elle voudrait les toucher, mais ils s'enfuient dans d'énormes rires sinistres. Elle sait que la mort est plus forte, qu'elle ne pourra pas bâtir une vie sur des visages absents, alors elle veut disparaître elle aussi, mais personne ne commande à la mort et seul le silence lui répond.

Dans sa nuit froide, elle n'a pas entendu les coups au carreau, ni les appels. Elle n'a même pas réagi quand Hélène et Barbouzin ont poussé la porte et maintenant, elle les regarde, absente.

Ils n'osent plus bouger, fascinés par ce visage sorti d'un autre monde, ravagé par les larmes, pâle, tellement pâle... Ils hésitent, conscients d'avoir violé une intimité. Alors, la fille s'approche en silence, elle pose sa main sur l'épaule qui tremble. Un geste d'amour, comme une offrande, un geste simple qui réchauffe les corps depuis le fond des âges et ce geste ramène la Mère vers le monde des vivants.

Hélène sourit.

«Barbouzin et moi, on a quelque chose à vous dire...»

Elle lève ses yeux vides, essuie les larmes qui roulent sur ses joues. Elle regarde cette fille bien plantée, au regard profond, pas vraiment belle mais si fine. Une gamine comme celle-là possède tout pour éveiller les passions, elle en est presque jalouse... Son regard parcourt le corps long, elle imagine la peau souple et parfumée. Elle repense au gosse, aux caresses qui ont dû être les leurs...

Mais elle est si lasse!

La voix d'Hélène monte dans la cuisine.

«On voulait vous dire... On a tous été moches avec vous au village... On vous a pas tendu la main, on vous a pas acceptées, vous et votre famille, mais maintenant rien n'est plus pareil. Il faut oublier. Au nom du village, on est venu vous demander pardon.»

La Mère les fixe, ses yeux ont retrouvé leur éclat.

«Qu'est-ce que vous faites là, les enfants? Qu'est-ce que vous voulez? Personne ne demande pardon et vous le savez bien, alors qu'est-ce que vous voulez?»

Elle observe le rouquin, immobile dans l'ombre de la porte. Son regard reste collé à la fille, il se tait, tellement discret qu'il en est presque absent.

«On a besoin de personne pour vous demander pardon! Nous, on sait bien tout le mal qui a été fait... On sait bien que vous êtes malheureuse, alors on est venu pour vous parler...

— Mais y'a plus rien à dire! Tous ceux que j'aimais sont morts et j'ai rien fait pour les protéger. Je vais partir loin de ce village... J'aurais dû partir bien avant, mais j'ai jamais eu le courage et, maintenant, qu'est-ce que je vais emmener avec moi? Des fantômes! Regardez-moi, les enfants, j'ai vieilli, j'ai plus envie de rien, je parle toute seule, je pleure... Mes beaux rêves de liberté se sont écroulés. Je pourrai jamais rien rebâtir, j'ai plus la force!

— Il faut pas être triste, là ou vous allez une vie nouvelle va commencer pour vous. Il faut garder l'espoir...

— L'espoir, mais qu'est-ce que c'est, l'espoir? Tout à l'heure, je suis allée dans l'atelier et j'ai vu le Père, je lui ai même parlé... Vous comprenez ça... J'ai parlé à un mort! Et quand je suis montée dans la chambre du gamin, que j'ai rassemblé ses affaires, je l'ai vu, lui aussi! Il était là, assis devant sa petite table, et il souriait...»

La Mère pose ses grands yeux dans l'obscurité de la pièce. Maintenant, elle parle pour elle-même...

«Toute ma vie, j'ai rêvé d'être libre. Je voulais découvrir tous ces pays qui me parlaient dans les livres, tous ces gens qui me tendaient les bras... Quand j'en pouvais plus dans ma petite existence, je me disais qu'un jour viendrait où plus rien me retiendrait, que la grande roue tournerait forcément et j'espérais. C'était comme une certitude, comme un souffle au fond de moi qui me tenait debout, mais rien ne s'est passé comme je l'imaginais et aujourd'hui, tous ceux qui vivaient à côté de moi sont morts. Je sais que je les ai tués un petit peu... Pas beaucoup, mais un petit peu quand même, par manque d'amour. Vous savez, les enfants, on peut tuer par manque d'amour...»

La flamme de la lampe découpe des ombres difformes. La Mère lève ses grands yeux vers la fille.

«Vous autres, vivez pas comme moi! Défendez vos rêves, fabriquez votre vie... Dites merde aux vieux, aux parents, à tous ceux qui veulent vivre à votre place... Vous croyez avoir le temps, mais c'est pas vrai. La vie, elle se prend tout de suite, sans attendre; si vous vivez pas le moment présent, vous lui faites offense et alors, le temps vous rattrape, il vous ensevelit et vous êtes plus rien que des morts vivants. Si y'a quelque chose à dire, ce soir, c'est ça et rien d'autre!»

Elle est redevenue en un instant la belle femme qu'elle était. Sur son front, les plis se sont effacés, comme par magie... En quelques instants, la Mère a retrouvé la force.

Hélène et le rouquin se regardent, ils hésitent encore. Tant de vérité les cloue sur place. Ils ne savent plus s'ils doivent poursuivre.

«Je suivrai pas mon père parce qu'il sait pas aimer et moi, je veux pas être comme lui! J'ai compris bien des choses avec cette légende et d'abord qu'il faut apprendre à respecter les autres pour avoir le droit de vivre heureux...»

Le rouquin débite tout sur le même ton monocorde. On dirait qu'il récite une leçon. Sa voix tremble, il a peur de ce qu'il dit.

«Ma vie a changé quand je l'ai rencontré, mais je m'en suis pas aperçu... Il était de la ville, il savait plein de choses et moi j'étais qu'un petit paysan. J'ai été jaloux et je lui ai fait du mal, pourtant, je sais bien qu'on se ressemblait, on cherchait la même chose. Je crois bien que nos rêves étaient les mêmes... J'aurais voulu lui demander pardon et j'aurais été fier d'avoir son amitié. Je lui en veux pas pour tout ce qu'il m'a fait, même pour Hélène...»

Tout à coup, avec ces quelques mots du rouquin, c'est comme si le gosse était là, dans la cuisine. La Mère regarde ce petit homme avec ses taches de rousseur. C'est vrai que la légende l'a transformé. La fille s'est approchée de lui, elle lui tient la main.

«Je le dis devant Barbouzin parce qu'il le sait bien... Moi

aussi, il a changé ma vie et je l'aimais. Il m'a appris tellement de choses, il était si tendre, si mystérieux... Et fragile, aussi, mais j'ai pas su le comprendre. Je crois que je lui ai fait mal, mais je voulais pas... J'ai pas eu la force, il vivait pas avec nous!»

La Mère s'est levée, elle les fixe tous les deux.

«Le gosse, personne ne le connaissait vraiment, mais je peux vous dire qu'il aurait aimé vos paroles et qu'il aurait été fier de votre amitié. Ici, au village, personne n'a su le comprendre, à part le Toinet. Ils avaient pas besoin de se parler tous les deux, ils étaient comme deux frères, tellement seuls... tellement lointains... Y'a que l'Etienne, peut-être, et le Brantouille, qui ont pu pénétrer leur monde, mais ils sont plus là, eux non plus... Personne n'a fait le geste qu'il fallait. Je sais pas pourquoi, c'est comme une malédiction.»

La fille et le rouquin regardent cette femme se battre avec ses souvenirs. Ils écoutent.

«La légende, c'est une chance pour le village. Ceux qui resteront vont reconstruire quelque chose de nouveau et tant mieux! C'est terrible à dire, mais il fallait ça. Il fallait un malheur pour réveiller les gens! Mais moi, j'oublie pas que la légende m'a pris ceux que j'aimais... Pourquoi eux? Pourquoi le gosse? Pourquoi le Toinet? J'aurai jamais les réponses, je comprends pas. Je suis qu'une femme et tout ça, c'est des histoires d'hommes...»

La fille a fait un pas, elle lui prend le bras. Avec sa main dans celle du rouquin et l'autre qui tient la Mère, ils forment une chaîne. Elle sait bien qu'il faut aller plus loin, la fille... Qu'il faut tout dire maintenant, mais son secret est tellement lourd que les mots lui restent en travers du gosier. Elle a besoin de force. A moitié caché dans l'ombre, Barbouzin lui fait un signe, comme pour l'encourager.

«On est venu vous dire autre chose encore...»

La Mère, perdue dans les mystères de la vie, regarde une fois encore cette gamine aux yeux pétillants qui lui serre le bras à lui faire mal.

«La légende… Elle a un secret que personne connaît, même pas la Mémoire! Ce secret, c'est sa fin…»

Les yeux s'arrondissent. La Mère quitte définitivement ses pensées obscures, l'autre lui secoue le bras comme prunier en août.

«Oui, oui! C'est vrai… Et nous, on est les seuls à la connaître, la fin de cette histoire! On la connaît parce qu'on a vu de nos yeux ce qui s'est passé. C'est un secret qu'on n'a dit à personne… Il faut nous promettre de ne rien dire… Jamais… Jurez!»

La Mère acquiesce de la tête. Elle attend la suite, mais la fille revient à la charge, menton en avant.

«Ca suffit pas, il faut jurer sur la tête de votre homme. C'est trop grave!»

Sans savoir vraiment pourquoi, la Mère jure… Sur la mémoire du Père. C'est la première fois qu'elle jure…

«Le jour de l'incendie, avec Barbouzin, on n'est pas parti avec les autres. On voulait pas quitter le village, on voulait voir si la légende se réaliserait… Alors, on s'est caché et on a tout vu! Quand le feu a encerclé complètement le village, le maire a perdu la tête. Il courait d'une maison à l'autre et il causait tout seul, il fermait les portes et les volets, rangeait ce qui traînait… Tout ça sous les braises qui tombaient du ciel et dans la fumée… Et puis, d'un coup, l'Etienne est arrivé, on sait pas bien d'où il sortait mais il a voulu l'emmener et l'autre refusait. Il se roulait par terre, il disait n'importe quoi… Nous, on était caché dans le jardin de la Marie-Jeanne, on a bien vu ce qui se passait!»

La fille reprend son souffle, jette un coup d'œil au rouquin et continue son épopée. Les reflets de la lampe amplifient ses gestes, des ombres grotesques déchiquettent les murs.

«L'Etienne arrivait pas à tirer le maire, et puis il a dit quelque chose et l'autre s'est calmé. Ils ont quitté le village par les maisons du haut et ils ont grimpé la butte. On pouvait plus respirer, alors on les a suivis en longeant les dernières maisons pour pas qu'on nous voie... On s'est faufilé à travers les buis et on est monté jusqu'à la lisière du bois. De là-haut, on dominait tout, c'était terrible, aussi loin qu'on regardait, on voyait que des flammes! Le maire et l'Etienne sont restés longtemps sur la butte. Eux aussi, ils regardaient le feu et, au bout d'un moment, le maire a montré deux silhouettes, en bas, dans le champ... Au début, on voyait pas bien à cause de la fumée, mais c'était bien deux Templiers, tout au bord des flammes... Comme s'ils les suivaient et ces Templiers, c'était eux...»

La Mère a lâché un cri.

«Le gosse et le Toinet! C'était eux... Vous les avez vus...

— Oui, on les a vus! Ca, on vous le jure! C'était eux, habillés en Templiers avec des tuniques blanches, une croix rouge et des épées... Des vrais Templiers qui couraient derrière le feu. On n'a pas pu se tromper...»

Le rouquin a quitté sa nuit. C'est lui qui parle maintenant.

«Le maire aussi, il les avait reconnus et il les a montrés au peintre, mais à ce moment-là, le vent a tourné et il a rabattu les flammes. Le feu a pris dans les broussailles, juste derrière eux. Ils se sont trouvés encerclés...»

La Mère boit les paroles du rouquin. Les mots lui brûlent la tête et le ventre, mais elle veut savoir. Elle lui fait signe de poursuivre.

«La fumée les cachait, on voyait pas bien, mais le peintre les a reconnus... Ca, c'est sûr! Il a crié, il leur a fait des signes, et puis il s'est précipité dans la côte, il a roulé jusqu'en bas et il a foncé à travers le rideau de flammes. A l'autre bout du champ, les pompiers arrivaient, mais ils avançaient trop lentement...»

La Mère se tient le visage, elle le tord entre ses mains. Elle s'est assise de nouveau.

«Pourquoi vous n'avez rien dit puisque vous saviez?» Puis pour elle-même: «De toute façon, ça ne change rien!»

Le rouquin s'est planté devant elle.

«Si! Ca change tout au contraire! On n'a rien dit parce qu'ils ne sont pas morts dans les flammes…»

La Mère reste là, pétrifiée, le dos rond cassé sous le choc. Elle est livide, le rouquin lui prend les épaules.

«C'est ça, la fin de la légende… Ils ne sont pas morts et personne ne le sait, à part nous… Avant de dévaler la butte, le peintre a eu le temps de voir comment avançait l'incendie, il a vu les flammes embraser les buissons et quand il les a rejoints, il savait bien ce qu'il faisait… Il leur a montré le passage. Ils sont passés à travers les flammes, du côté de la montagne… Et ils ont regagné la forêt. Tout le monde a cru qu'ils s'étaient faits prendre dans l'incendie, mais c'est pas vrai et c'est pour ça qu'on n'a pas retrouvé les corps!

— Mais c'est de la folie cette histoire! Comment vous pouvez être sûrs de ce que vous dites?

— On les a vus! Les trois… Cachés où on était, on voyait bien le versant de la colline, là où les taillis ont pris feu. Nous aussi, on a cru qu'ils étaient pris au piège, mais on les a aperçus entre les nuages de fumée… Ils étaient sortis des flammes et ils se précipitaient dans le bois. Ca a duré quelques secondes, mais je vous jure qu'on les a vus et ils étaient bien vivants!»

Le silence a de nouveau enseveli la pièce. La Mère tremble, elle pleure aussi. De nouvelles pensées s'incrustent en elle, essaient de chasser les anciennes… Un combat entre la lumière et les ténèbres, un raz-de-marée intérieur.

«Je comprends pas. Pourquoi ils sont pas revenus? Pourquoi vous n'avez rien dit? Où sont-ils à présent?».

C'est la gamine qui répond. Sa voix profonde semble venir d'ailleurs, lente, parfaitement calme.

«Ce que vous devez savoir, c'est qu'ils portaient des torches quand on les a vus près du feu… Je sais pas leur secret et j'ai pas à juger, mais quoi qu'il se passe, leur vie n'est plus ici, ils n'ont plus rien à faire au village. Ce sont les instruments de la légende. En les sauvant, l'Etienne a fait un choix, lui aussi, celui de changer sa vie. Maintenant, ils sont face à leur destin, tous les trois...»

La Mère ne bouge plus. Devant elle, les visages se mélangent aux ombres, elle a besoin de temps, besoin de respirer. Ce récit lui tombe dessus, il la fait plier, il est trop lourd pour ses épaules fatiguées. Elle a peur de craquer.

Alors, elle se fige. Déchirée entre l'espoir et la tristesse, elle refuse de choisir. La limite entre la vie et la mort lui paraît si fragile, si artificielle... Elle n'entend même pas les ultimes mots de la fille.

«Vous devez partir en paix. Votre vie, celle que vous avez espérée, n'est pas ici. C'est un monde nouveau qui vous tend les bras, comme à eux, comme à tous ceux du village, comme à nous... Chacun doit suivre sa voie, c'est aussi ce que nous apprend la légende. Si Dieu le veut, la vie vous mettra peut-être un jour sur leur chemin, mais quoi qu'il arrive, il faut que vous sachiez qu'on ne dira rien, jamais! C'est notre façon, à nous, de faire vivre la légende. Pour tout le monde, une vie nouvelle doit commencer.»

Elle est loin, la Mère... Partie là où personne ne peut la rejoindre. Elle ne saura jamais que les paroles de la gamine ne sont pas les siennes, mais celles d'une force bien plus lointaine...

Quand elle émerge, la lampe s'épuise à jeter les restes d'une vieille flamme moribonde dans une cuisine qui danse, rafiot perdu dans l'immensité de la nuit.

*

La Mère a dormi pour la dernière fois dans sa maison. Elle a fait grincer l'escalier étroit, longé le couloir et poussé la porte. Puis elle s'est mise nue et s'est étendue sur le grand lit où tant de fois elle a fait l'amour. Le sommeil l'a prise dans ses bras parfumés. Elle a voyagé par delà les mers et les cieux, dans des univers gorgés de lumière.

Et la nuit s'est faite.

Bien avant l'aube, elle s'est habillée et, sans bruit, a regagné la cuisine. Elle a bien aligné les chaises, fermé les volets, puis elle a empoigné ses deux valises cabossées et elle est sortie, sans un regret. Elle a tourné la clé pour la dernière fois et sa vie s'est refermée…

Dans la nuit qui s'effilochait, la Mère a traversé le village, longé les maisons tordues et puantes. Tout dormait dans un silence étrange, pas un aboiement, pas même le chant fou d'un coq. Elle a pris l'étroit sentier qui grimpe jusqu'à la chapelle et elle a poussé la barrière en ferraille qui mène au cimetière. Ses pas ont crissé dans les allées, une petite brise du matin, tiède et coquine a retroussé sa robe…

Maintenant, elle se tient devant la pierre grise du caveau. A ses pieds, le Père repose parmi les siens… Trois générations de Baptiste, un clan qui ne fut jamais le sien. Elle lève les yeux, la lumière du jour naissant caresse la cime des pins et dégringole doucement le long des branches, bientôt le cimetière quittera la nuit. La Mère suit le jeu des ombres sur les troncs, une odeur poivrée de résine se répand, elle se laisse envahir par la paix de l'endroit. Elle ne songe plus à rien, elle s'efforce de retrouver cette sensation de plaisir quand la lumière se pose sur son corps comme le regard d'un homme. Elle est légère, tout à coup… Légère et vide. Sa tristesse l'a quittée.

Malgré elle, un petit sourire s'esquisse sur son visage.

Elle laisse son regard vagabonder entre les tombes. A quelques pas, deux tas de terre détonent dans la forêt de pierre et de marbre… Le Brantouille et la Chouette dorment côte à côte dans le coin des pauvres. Ils vivront leur mort comme ils ont traîné leur vie, à l'écart des autres et sûr qu'ils ne s'en plaindront pas…

Elle avance. De la poche de son gilet, elle sort deux roses rouges qu'elle a coupées dans son jardin, elle les dépose et ramasse une poignée de terre qu'elle fait jouer entre ses doigts. C'est tout. Elle vient de dire adieu à Montcastel.

D'un pas lent, elle revient sur la tombe du Père et dépose une autre rose. Puis elle s'immobilise. Ils sont en paix, tous les deux. Ils n'ont plus rien à se dire ou alors si peu... A peine quelques mots. On entend sa voix douce dans le matin qui naît.

«Je vais partir. Cette fois, c'est bien fini. Je sais que tu me comprends. Toi, tu resteras là et moi... Qui sait où je vais aller... Mais, en vérité, on ne sera jamais très loin l'un de l'autre! De toute cette vie passée avec toi, je n'emporte que des souvenirs et ton nom. Notre histoire ne laissera pas de traces, rien de vivant, je n'ai pas su donner la vie... Bientôt la maison sera vendue et personne ne se souviendra de nous, c'est mieux comme ça...»

Elle soupire, une grande respiration pour s'imprégner une dernière fois du lieu, pour l'inscrire au fond d'elle-même.

«De là où tu es, je voudrais que tu veilles sur eux, ils sont si fragiles... J'ai tellement peur qu'ils souffrent, qu'ils n'aient pas la force. Ils n'existent même pas, tu sais, ils ne sont rien! Pas de nom, pas de papiers, encore plus morts que s'ils avaient brûlé... Ils n'ont que leurs rêves et la liberté. Est-ce que ça suffit pour vivre?»

La Mère se tait, elle ouvre les yeux. La chapelle est baignée de la lumière bleue du matin. La journée sera belle, il faut se mettre en route.

Elle reprend ses valises et descend le chemin. Le jour commence à éclairer le vallon, les baraques dessinent leurs contours difformes. Elle s'arrête un instant.

A ses pieds, Montcastel dort dans la paix. Il ne reste du village où elle a vécu que quelques maisons mal en point, mais aussi loin que porte son regard, le paysage calciné s'est tout à coup élargi. Tout est vaste désormais, les bois ont reculé, les hommes étouffés par la forêt ont retrouvé l'espace qui leur manquait!

Elle reprend sa course en souriant. Bientôt, dans ce vallon

perdu, une herbe verte et tendre va repousser et les hommes reprendront goût à cultiver la terre. Lavé de ses fautes, vidé des forces obscures qui le rongeaient, le village pourra revivre.

Et la légende se perpétuera.

La Mère sait tout ça d'instinct, parce que les femmes portent en elles le sens de la vie. Elle hâte le pas. La route est longue qui la mène vers ses rêves.

Achevé d'imprimer en octobre
mil neuf cent nonante-huit

Imprimé en Suisse

Dessin de la jaquette :
Gian-Franco Brunetti

Réalisation :
Alain Bernard